国家社会科学基金（教育学）重大项目（VDA200004）阶段性研究成果

北京外国语大学"双一流"建设标志性项目（BW202018）阶段性研究成果

"一带一路"国家文化教育大系　　　　　总主编　王定华

意大利
文化教育研究

Repubblica Italiana
Cultura e Educazione

董丹　张媛　邢建军　著

外语教学与研究出版社
FOREIGN LANGUAGE TEACHING AND RESEARCH PRESS
北京 BEIJING

图书在版编目（CIP）数据

意大利文化教育研究 / 董丹，张媛，邢建军著. —— 北京 ：外语教学与研究
出版社，2022.10（2023.10 重印）
（"一带一路"国家文化教育大系 / 王定华总主编）
ISBN 978-7-5213-3981-9

Ⅰ. ①意… Ⅱ. ①董… ②张… ③邢… Ⅲ. ①教育研究－意大利 Ⅳ. ①G554.6

中国版本图书馆 CIP 数据核字 (2022) 第 176105 号

出 版 人　王　芳
项目负责　孙凤兰　巢小倩
责任编辑　蔡　喆
责任校对　张小玉
装帧设计　李　高
出版发行　外语教学与研究出版社
社　　址　北京市西三环北路 19 号（100089）
网　　址　https://www.fltrp.com
印　　刷　北京盛通印刷股份有限公司
开　　本　787×1092　1/16
印　　张　17　彩插 1 印张
版　　次　2022 年 10 月第 1 版 2023 年 10 月第 3 次印刷
书　　号　ISBN 978-7-5213-3981-9
定　　价　138.00 元

如有图书采购需求，图书内容或印刷装订等问题，侵权、盗版书籍等线索，请拨打以下电话或关注官方服务号：
客服电话：400 898 7008
官方服务号：微信搜索并关注公众号"外研社官方服务号"
外研社购书网址：https://fltrp.tmall.com

物料号：339810001

"一带一路"国家文化教育大系编写委员会

顾　问：顾明远　　马克垚　　胡文仲

总主编：王定华

委　员（按姓氏音序排列）：

常福良	戴桂菊	郭小凌	金利民	柯　静	李洪峰
刘宝存	刘　捷	刘生全	刘欣路	钱乘旦	秦惠民
苏莹莹	陶家俊	王　芳	谢维和	徐　辉	徐建中
杨慧林	张民选	赵　刚			

"一带一路"国家文化教育大系编审委员会

主　任：王　芳

副主任：徐建中　　刘　捷

秘书长：孙凤兰

委　员（按姓氏音序排列）：

蔡　喆	柴方圆	巢小倩	杜晓沫	华宝宁	焦缨添
刘相东	刘真福	马庆洲	彭立帆	石筠弢	孙　慧
万作芳	王名扬	杨鲁新	姚希瑞	苑大勇	张小玉
赵　雪	祝　军				

罗马城市一瞥

佛罗伦萨城市一瞥

西西里岛街头

利古里亚大区五渔村

意大利民间艺人

梅斯特雷当地幼儿园

罗马小学生秋游

锡耶纳小学生课后活动

圣·安塞尔莫艺术高中

意大利大学生

在意大利留学的中国学生

罗马大学校园一角

罗马大学校园文艺活动

威尼斯大学

威尼斯大学图书馆

佩鲁贾外国人大学

佩鲁贾外国人大学课外艺术交流活动

米兰圣心天主教大学孔子学院中文课堂

米兰圣心天主教大学孔子学院中秋节书法活动

出版说明

2013 年 9 月 7 日，国家主席习近平·提出共建"丝绸之路经济带"重大倡议。2013 年 10 月 3 日，习近平主席提出共建"21 世纪海上丝绸之路"重大倡议。两者合称"一带一路"倡议。以 2013 年金秋为起点，"一带一路"倡议作为构建人类命运共同体的伟大设想，在开拓和平、繁荣、开放、绿色、创新、文明之路的非凡征程中，孕育生机和活力，汇聚信心和期待，在世界范围内广受欢迎和响应。

文化交流、文明互鉴是构建人类命运共同体的人文基础。文化发展，教育先行。作为"共和国外交官的摇篮"、文化教育的主动践行者、"一带一路"倡议的踊跃响应者和构建人类命运共同体的积极参与者，北京外国语大学在党委书记王定华教授的带领下，放眼世界，找准坐标，勇于担当，主动作为，深耕文化教育相关领域，研究、策划并组织编写了"一带一路"国家文化教育大系（以下简称大系）。国内相关高校和研究机构的众多专家学者献计献策，踊跃参加，形成了一个范围广泛、交流互动、共同进步的"一带一路"国家文化教育学术研究共同体。大系旨在填补国内相关研究领域的学术空白，实现"一带一路"国家教育研究全覆盖，为中国教育"走出去"和相关国家先进教育理念"请进来"提供科学理论和实践指导，具有重要的学术价值。同时，大系服务国家重大战略，通过分期分批出版，形成规模和品牌，向中国共产党建党一百周年和"一带一路"倡议提出十周年献礼，具有深远的意义。

作为国家社会科学基金（教育学）重大项目"新时代提升中国参与全球教育治理的能力及策略研究"、北京外国语大学"双一流"建设标志性项目"'一带一路'国家文化教育研究"的课题研究成果和北京外国语大学党委的"奋进之举"，大系秉承学术性与可读性兼顾的原则，对"一带一路"国家文化教育理论与实践问题展开深入研究，从国情概览、文化传统、教育历史、学前教育、基础教育、高等教育、职业教育、成人教育、教师教育、教育政策、教育行政、教育交流等方面，全景擘画"一带一路"国家的教育风貌，帮助读者了解"一带一路"国家教育的历史与现状、经验与特点，为我国教育的发展和对外交流合作提供有益的借鉴、思考与启迪。

肆虐全球的新冠肺炎疫情严重影响了各国人民的生产生活，带来了二战以来人类面临的最严重的全球性危机，同时也再次阐述了人类命运共同体深刻内涵的世界性意义。在疫情防控常态化背景下，大系所有专家学者不畏困难，齐心协力，直面挑战，守望相助，化危为机，切实履行了响应和支持"一带一路"倡议的承诺。在此，特别感谢大系总策划、总主编王定华教授，以及所有顾问、编委和作者的心血倾注、智慧贡献和努力付出。

外语教学与研究出版社对大系的编写和出版工作给予了高度重视。自2019年项目启动以来，外研社抽调精锐力量成立大系工作组，多次组织相关部门和人员召开选题论证会，商建编委会，召开全体作者大会，制订周密、科学的出版计划，以保证项目的顺利开展和图书的优质出版。目前，大系的出版工作已取得阶段性成果，预计在2023年"一带一路"倡议提出十周年之前，将分期分批推出数量和规模可观的、具有相当科研价值和学术价值的系列专著。期望大系的编写和出版能为"一带一路"建设、中外教育交流及我国文化教育发展发挥基础性、服务性、广远性的作用。

外语教学与研究出版社

2021 年 4 月

总　序

王定华

改革开放以来，中国各项事业取得了巨大成就。中国经济和世界经济高度关联，中国一以贯之地坚持对外开放的基本国策，构建全方位开放新格局，深度融入世界经济体系。2013 年 9 月和 10 月，习近平主席在出访中亚和东南亚国家期间，先后提出共建"丝绸之路经济带"和"21 世纪海上丝绸之路"的重大倡议（以下简称"一带一路"倡议），得到国际社会的高度关注。其中，"丝绸之路经济带"东边牵着亚太经济圈，西边系着发达的欧洲经济圈，是世界上最长、最具发展潜力的经济大走廊；"21 世纪海上丝绸之路"串起连通东盟、南亚、西亚、北非、欧洲等各大经济板块的市场链，发展面向南海、太平洋和印度洋的战略合作经济带，以亚欧非经济贸易一体化为发展的长期目标。

一、精准把握"一带一路"倡议的时代意蕴

"经济带"概念是对地区经济合作模式的创新。其中经济走廊涵盖中蒙

俄经济走廊、新亚欧大陆桥、中国–中亚–西亚经济走廊、孟中印缅经济走廊、中国–中南半岛经济走廊等，以经济增长极辐射周边，超越了传统发展经济学理论。"丝绸之路经济带"概念不同于历史上所出现的各类"经济区"与"经济联盟"，同后两者相比，经济带具有灵活性高、适用性广以及可操作性强的特点，各国都是平等的参与者，本着自愿参与、协同推进的原则，发扬古丝绸之路兼容并包的精神。

"一带一路"倡议是我国在新时代推进全方位对外开放的重要举措，为当今世界提供了一个充满东方智慧、实现共同发展的中国方案，也是对历史文化传统的高度尊重，凝聚了世界各国利益的最大公约数。丝绸之路是起始于古代中国，连接亚洲、非洲和欧洲的古代陆上商业贸易路线，最初的作用是运输古代中国出产的丝绸、瓷器等商品，后来成为东方与西方之间在经济、政治、文化等方面进行交流的主要通道。1877 年，德国地质、地理学家李希霍芬（F. P. W. Richthofen）在其著作《中国》一书中，把公元前 114 年至公元 127 年，中国与中亚、中国与印度间以丝绸贸易为媒介的这条西域交通道路命名为"丝绸之路"，这一名词很快为学术界和大众所接受，并正式运用。其后，德国历史学家赫尔曼（A. Herrmann）在 20 世纪初出版的《中国与叙利亚之间的古代丝绸之路》一书中，根据新发现的文物考古资料，进一步把丝绸之路延伸到地中海西岸和小亚细亚，并确定了丝绸之路的基本内涵，即它是中国古代与中亚、南亚、西亚以及欧洲、北非的陆上贸易交往通道。进入 21 世纪，海上丝绸之路也被纳入丝绸之路的涵盖范围，即从中国沿海港口过南海到印度洋并延伸至欧洲，从中国沿海港口过南海到南太平洋。随着时代的发展，"丝绸之路"成为古代中国与西方所有政治经济文化往来通道的统称。

推进"一带一路"建设既是中国扩大和深化对外开放的需要，也是加强和世界各国互利合作的需要，中国愿意承担更多责任和义务，为人类和平发展做出更大的贡献。文明交流互鉴是构建人类命运共同体的重要途径，是推动人类文明共同进步、实现世界和平发展的重要动力。共建"一带一路"要顺应世界多极化、经济全球化、文化多样化、社会信息化的潮流，秉持开放的区域合作精神，致力于推动"一带一路"各国实现经济政策协调，开展更大范围、更高水平、更深层次的区域合作，共同打造开放、包容、均衡、普惠的区域经济合作架构，维护全球自由贸易体系和开放型世界经济格局。

"一带一路"贯穿亚欧非大陆，一头是活跃的东亚经济圈，一头是发达的欧洲经济圈，中间广大腹地国家经济发展潜力巨大。根据"一带一路"走向，陆上依托国际大通道，以中心城市为支撑，以重点经贸产业园区为合作平台，共同打造新亚欧大陆桥以及中蒙俄、中国-中亚-西亚、中国-中南半岛等国际经济合作走廊；海上以重点港口为基点，共同建设通畅安全高效的运输大通道。

"一带一路"建设是有关国家开放合作的宏大经济愿景，需要各国携手努力，朝着互利互惠、共同安全的目标相向而行：努力实现区域基础设施更加完善，安全高效的陆海空通道网络基本形成，互联互通达到新水平；投资贸易便利化水平进一步提升，高标准自由贸易区网络基本形成，经济联系更加紧密，政治互信更加深入；人文交流更加广泛深入，不同文明互鉴共荣，各国人民相知相交、和平友好。

"一带一路"倡议是具有开放性和包容性的友好建议。当今世界是一个开放的世界，开放带来进步，封闭导致落后。中国认为，只有开放才能发现机遇、抓住并用好机遇、主动创造机遇，才能实现国家的奋斗目标。"一带一路"倡议就是要把世界的机遇转变为中国的机遇，把中国的机遇转变为世界的机遇。正是基于这种认知与愿景，"一带一路"倡议以开放为导向，冀望通过加强交通、能源和网络等基础设施的互联互通建设，促进经济要素有序自由流动、资源高效配置和市场深度融合，开展更大范围、更高水平、更深层次的区域合作，打造开放、包容、均衡、普惠的区域经济合作架构，以此来解决经济增长和平衡问题。"一带一路"倡议的开放包容性是区别于其他区域性经济倡议的一个突出特点。

"一带一路"倡议是超越地缘政治的务实合作的广阔平台。"和平合作、开放包容、互学互鉴、互利共赢"的丝路精神是人类共有的历史财富，"一带一路"倡议就是秉承这一精神与原则提出的新时代重要倡议，通过加强相关国家间的全方位多层面交流合作，充分发掘与发挥各国的发展潜力与比较优势，形成互利共赢的区域利益共同体、命运共同体和责任共同体。在这一机制中，各国是平等的参与者、贡献者、受益者。因此，"一带一路"倡议从一开始就具有平等性、和平性特征。平等是中国坚持的重要国际准则，也是"一带一路"建设的关键基础。只有建立在平等基础上的合作才能是持久的合作，也才会是互利的合作。"一带一路"倡议平等包容的合作特征为其推进减轻了阻力，提升了共建效率，有助于国际合作真正"落地生根"。同时，"一带一路"建设离不开和平安宁的国际环境和地区环境，和平是"一带一路"建设的本质属性，也是保障其顺利推进所不可或缺的重要因素。这些就决定了"一带一路"倡议不应该也不可能沦为大国政治较量的工具，更不会重复地缘博弈的老路。

"一带一路"倡议是政府、企业、团体共同发力的项目载体。"一带一路"建设是在双边或多边联动基础上通过具体项目加以推进的，是在进行充分政策沟通、战略对接以及市场运作后形成的发展倡议与规划。2017 年 5 月发布的《"一带一路"国际合作高峰论坛圆桌峰会联合公报》强调了建设"一带一路"的合作原则，其中就包括市场运作原则，即充分认识市场作用和企业主体地位，确保政府发挥适当作用，政府采购程序应开放、透明、非歧视。可见，"一带一路"建设的核心主体与支撑力量并不是政府，而是企业，根本方法是遵循市场规律，并通过市场化运作模式来实现参与各方的利益诉求，政府在其中发挥构建平台、创立机制、政策引导等指向性、服务性功能。

"一带一路"倡议是与现有相关机制对接互补的有益渠道。参与"一带一路"建设的国家要素禀赋各异，比较优势差异明显，互补性很强。有的国家能源资源富集但开发力度不够，有的国家劳动力充裕但就业岗位不足，有的国家市场空间广阔但产业基础薄弱，有的国家基础设施建设需求旺盛但资金紧缺。我国目前经济总量居全球第二，外汇储备居全球第一，优势产业越来越多，基础设施建设经验丰富，装备制造能力强、质量好、性价比高，具备资金、技术、人才、管理等综合优势。这就为我国与其他"一带一路"建设参与方实现产业对接与优势互补提供了现实可能与重大机遇。因而，"一带一路"倡议的核心内容就是要加强基础设施建设和促进互联互通，对接各国政策和发展战略，以便深化务实合作，促进协调联动发展，实现共同繁荣。由此可见，"一带一路"倡议不是对现有地区合作机制的替代，而是与现有机制互为助力、相互补充。实际上，"一带一路"建设已经与俄罗斯主导的欧亚经济联盟、印尼全球海洋支点发展规划、哈萨克斯坦光明之路经济发展战略、蒙古国草原之路倡议、欧盟欧洲投资计划、埃及苏伊士运河走廊开发计划等实现了对接与合作，并形成了一批标志性项目，如中哈（连云港）物流合作基地。作为新亚欧大陆桥经济走廊建设成果之一，中哈（连云港）物流合作基地初步实现了深水大港、远洋干线、中欧班列、物流场站的无缝对接。该项目与哈萨克斯坦光明之路经济发展战略高度契合。

　　"一带一路"倡议是促进人文交流的沟通桥梁。"一带一路"倡议跨越不同区域、不同文化、不同宗教信仰，但它带来的不是文明冲突，而是各文明间的交流互鉴。"一带一路"倡议在推进基础设施建设、加强产能合作与发展战略对接的同时，也将"民心相通"作为工作重心之一。民心相通是"一带一路"建设的社会根基。民心相通就是要传承和弘扬丝绸之路友好合作精神，广泛进行文化交流、学术交流、人才交流往来、媒体合作、青年和妇女交往、志愿者服务等，为深化双边和多边合作奠定坚实的民意基础。一是扩大相互间留学生规模，开展合作办学；国家间互办文化年、艺术节、电影节、电视周和图书展等活动，深化国家间人才交流合作。二是加强旅游合作，扩大旅游规模，联合打造具有丝绸之路特色的国际精品旅游线路和旅游产品。三是强化与周边国家在传染病疫情信息沟通、防治技术交流、专业人才培养等方面的合作，提高合作处理突发公共卫生事件的能力。四是加强科技合作，共建联合实验室（研究中心）、国际技术转移中心、海上合作中心，促进科技人员交流，合作开展重大科技攻关，共同提升科技创新能力。五是整合现有资源，开拓和推进参与国家在青年就业、创业培训、职业技能开发、社会保障管理服务、公共行政管理等共同关心领域的务实合作。六是充分发挥政党、议会交往的桥梁作用，加强国家之间立法机构、主要党派和政治组织的友好往来，互结友好城市。七是加强各国民间组织的交流合作，重点面向基层民众，广泛开展教育、医疗、减贫开发、生物多样性和生态环保等主题的各类公益慈善活动，改善贫困地区生产生活条件；加强文化传媒领域的国际交流合作，积极利用网络平台，运用新媒体工具，塑造和谐友好的文化生态和舆论环境；通过强化民心相通，弘扬丝绸之路精神，开展智力丝绸之路、健康丝绸之路等建设，在科学、教育、文化、卫生、民间交往等领域广泛合作，使"一带一路"建设的民意基础更为坚实，社会根基更加牢固。"一带一路"建设就是要以文明交流超越文明隔阂，以文明互鉴超越文明冲突，以文明共存超越文明优越，为相关国家人民加强交流、增进理解搭起新的桥梁，为不同文化和文明加强对话、交流互鉴织就新的纽带，推动各国相互理解、相互尊重、相互信任。

"一带一路"是促进共同发展、实现共同繁荣的友谊之路。共建"一带一路"旨在促进各国发展战略的对接和耦合，有利于发掘区域市场的潜力，推动经济要素有序自由流动、资源高效配置和市场深度融合，促进投资和消费，创造需求和就业，增进各国人民的人文交流与文明互鉴，从而让各国人民相逢相知、互信互敬，共享和谐、安宁、富裕的生活。共建"一带一路"符合国际社会的根本利益，彰显了人类社会的共同理想和美好追求，是国际合作及全球治理新模式的积极探索，将为世界和平发展增添新的正能量。中国政府倡议秉持和平合作、开放包容、互学互鉴、互利共赢的理念，全方位推进务实合作，打造政治互信、经济融合、文化包容的利益共同体、命运共同体和责任共同体。

"一带一路"倡议已经得到世界上众多国家和地区的积极响应，成为维护全球自由贸易体系和开放型世界经济的重要支撑。截至 2021 年 1 月 30 日，中国已经同 171 个国家和国际组织签署 205 份共建"一带一路"合作文件。[1] 特别是 2017 年 5 月第一届"一带一路"国际合作高峰论坛、2019 年 4 月第二届"一带一路"国际合作高峰论坛和 2019 年 5 月亚洲文明对话大会的成功举办，充分彰显了我国开放、包容的大国外交风范。在此背景下，我们一方面应致力于向世界介绍中国，推动中国文化"走出去"，讲好中国故事；另一方面也应加强对"一带一路"国家的历史、文化、语言、教育、艺术等方面的介绍和研究，让中国人民更多地了解"一带一路"国家的具体国情，特别是文化传统和教育体系。

"一带一路"倡议合作范围不断扩大，合作领域愈加广阔。它不仅给参与各方带来了实实在在的合作红利，也为世界贡献了应对挑战、创造机遇、强化信心的智慧与力量。

当今世界，新冠肺炎疫情带来诸多挑战，局部战争风险依然存在，经济增长动能不足，"逆全球化"思潮涌动，地区动荡持续，恐怖主义蔓延。和平赤字、发展赤字、治理赤字带来的严峻问题，已摆在全人类面前。这充分说明现有的全球治理体系面临结构性问题，亟须找到新的破解之策与应对方略。作为一个新兴大国，中国有能力、有意愿同时也有责任为完善全球治理体系贡献智慧与力量。面对新挑战、新问题、新情况，中国给出

---

[1] 中国一带一路网. 我国已签署共建"一带一路"合作文件 205 份 [EB/OL]. （2021-01-30）[2021-02-23]. https://www.yidaiyilu.gov.cn/xwzx/gnxw/163241.htm.

的全球治理方案是：构建人类命运共同体，实现共赢共享。"一带一路"倡议正是朝着这个目标努力的具体实践。"一带一路"倡议强调各国的平等参与、包容普惠，主张携手应对世界经济面临的挑战，开创发展新机遇，谋求发展新动力，拓展发展新空间，共同朝着人类命运共同体方向迈进。正是本着这样的原则与理念，"一带一路"倡议针对各国发展的现实问题和治理体系的短板，创立了亚洲基础设施投资银行、丝路基金等新型国际机制，构建了多形式、多渠道的交流合作平台。这既能缓解当今全球治理机制代表性、有效性、及时性难以适应现实需求的困境，在一定程度上扭转公共产品供应不足的局面，提振国际社会参与全球治理的士气与信心，又能满足发展中国家尤其是新兴市场国家变革全球治理机制的现实要求，大大增强了新兴国家和发展中国家的话语权，是推进全球治理体系朝着更加公正合理方向发展的重大突破。

"一带一路"倡议涵盖了发展中国家与发达国家，实现了"南南合作"与"南北合作"的统一，有助于推动全球均衡可持续发展。"一带一路"建设以基础设施建设为着眼点，促进经济要素有序自由流动，推动中国与相关国家的宏观政策的对接与协调。对于参与"一带一路"建设的发展中国家来说，这是一次搭中国经济发展"快车""便车"，实现自身工业化、现代化的历史性机遇，有利于推动"南南合作"的广泛展开，同时也有助于增进"南北对话"，促进"南北合作"的深度发展。不仅如此，"一带一路"倡议的理念和方向同联合国《2030年可持续发展议程》也高度契合，完全能够加强对接，实现相互促进。联合国秘书长古特雷斯表示，"一带一路"倡议与《2030年可持续发展议程》都以可持续发展为目标，都试图提供机会、全球公共产品和双赢合作，都致力于深化国家和区域间的联系。

二、深入推动"一带一路"国家的教育交流

2020 年 6 月印发的《教育部等八部门关于加快和扩大新时代教育对外开放的意见》指出，教育对外开放是教育现代化的鲜明特征和重要推动力，要以习近平新时代中国特色社会主义思想为指导，坚持教育对外开放不动摇，主动加强同世界各国的互鉴、互容、互通，形成更全方位、更宽领域、更多层次、更加主动的教育对外开放局面。

教育为国家富强、民族繁荣、人民幸福之本，在共建"一带一路"中具有基础性和先导性作用。教育交流为各国民心相通架设桥梁，人才培养为各国政策沟通、设施联通、贸易畅通、资金融通提供支撑。各国间教育交流源远流长，教育合作前景广阔，大家携手发展教育，合力共建"一带一路"，是造福各国人民的伟大事业。推进"一带一路"国家教育共同繁荣，既是加强与各国教育互利合作的需要，也是推进中国教育改革发展的需要，中国愿意在力所能及的范围内承担更多责任和义务，为区域教育大发展做出更大的贡献。

（一）教育合作的原则

"一带一路"国家教育合作应遵循四个重要原则。

一是育人为本，人文先行。加强合作育人，提高区域人口素质，为共建"一带一路"提供人才支撑。坚持人文交流先行，建立区域人文交流机制，搭建民心相通桥梁。

二是政府引导，民间主体。政府加强沟通协调，整合多种资源，引导教育融合发展。发挥学校、企业及其他社会力量的主体作用，活跃教育合作局面，丰富教育交流内涵。

三是共商共建，开放合作。坚持共商、共建、共享，推进各国教育发

展规划相互衔接，实现各国教育融通发展、互动发展。

四是和谐包容，互利共赢。加强不同文明之间的对话，寻求教育发展最佳契合点和教育合作最大公约数，促进各国在教育领域互利互惠。

（二）教育合作的重点

"一带一路"各国教育特色鲜明、资源丰富、互补性强、合作空间巨大。中国将以基础性、支撑性、引领性三方面举措为建议框架，开展三方面重点合作，对接各国意愿，互鉴先进教育经验，共享优质教育资源，全面推动各国教育提速发展。

1. 开展教育互联互通合作

一是加强教育政策沟通。开展"一带一路"国家教育法律、政策协同研究，构建各国教育政策信息交流通报机制，为各国政府推进教育政策互通提供决策建议，为各国学校和社会力量开展教育合作交流提供政策咨询。积极签署双边、多边和次区域教育合作框架协议，制定各国教育合作交流国际公约，逐步疏通教育合作交流政策性瓶颈，实现学分互认、学位互授联授，协力推进教育共同体建设。

二是助力教育合作渠道畅通。推进"一带一路"国家间签证便利化，扩大教育领域合作交流，形成往来频繁、合作众多、交流活跃、关系密切的携手发展局面。鼓励有合作基础、相同研究课题和发展目标的学校缔结姊妹关系，逐步深化和拓展教育合作交流。举办校长论坛，推进学校间开展多层次、多领域的务实合作。支持高等学校依托优势学科和专业，建立"产学研用"相结合的国际合作联合实验室（研究中心）、国际技术转移中心，共同应对各国在经济发展、资源利用、生态保护等方面面临的重大挑战与机遇。打造"一带一路"国家学术交流平台，吸引各国专家学者、青年学生开展研究和学术交流。推进"一带一路"国家优质教育资源共享。

三是促进语言互通。研究构建语言互通协调机制，共同开发语言互通开放课程，逐步将国家语言课程纳入各国的学校教育课程体系。拓展政府间语言学习交换项目，联合培养、相互培养高层次语言人才。发挥外国语院校人才培养优势，推进基础教育多语种师资队伍建设和外语教育教学工作。扩大语言学习国家公派留学人员规模，倡导各国与中国院校合作在华开办本国语言专业。支持更多社会力量助力孔子学院和孔子课堂建设，加强汉语教师和汉语教学志愿者队伍建设，全力满足不同国家的汉语学习需求。

四是推进民心相通。鼓励学者开展或合作开展中国课题研究，增进各国对中国发展模式、国家政策、教育文化等各方面的理解。建设国别和区域研究基地，与对象国合作开展经济、政治、教育、文化等领域研究。逐步将理解教育课程、丝路文化遗产保护纳入各国中小学教育课程体系，加强青少年对不同国家文化的理解。加强"丝绸之路"青少年交流，注重通过志愿服务、文化体验、体育竞赛、创新创业活动和新媒体社交等途径，增进不同国家青少年对其他国家文化的理解。

五是推动学历学位认证标准联通。推动落实联合国教科文组织《亚太地区承认高等教育资历公约》，支持联合国教科文组织建立世界范围学历互认机制，实现区域内双边、多边学历学位关联互认。呼吁各国完善教育质量保障体系和认证机制，加快推进本国教育资历框架开发，助力各国学习者在不同种类和不同阶段教育之间进行转换，促进终身学习社会的建设。共商、共建区域性职业教育资历框架，逐步实现就业市场的从业标准一体化。探索建立各国教师专业发展标准，促进教师流动。

2．开展人才培养培训合作

一是实施"丝绸之路"留学推进计划。设立"丝绸之路"中国政府奖学金，为各国专项培养行业领军人才和优秀技能人才。全面提升来华留学人才培养质量，把中国打造成为深受各国学子欢迎的留学目的地。以国家公派留学为引领，推动更多中国学生到"一带一路"其他国家留学。坚持"出国留学和来华留学并重、公费留学和自费留学并重、扩大规模和提高质量并重、依法管理和完善服务并重、人才培养和发挥作用并重"，完善全链条的留学人员管理服务体系，保障平安留学、健康留学、成功留学。

二是实施"丝绸之路"合作办学推进计划。有条件的中国高等学校开展境外办学要集中优势学科，选好合作契合点，做好前期论证工作，构建科学的人才培养模式、运行管理模式、服务当地模式、公共关系模式，使学校顺利落地生根、开花结果。发挥政府引领、行业主导作用，促进高等学校、职业院校与行业企业深度产教融合。鼓励中国优质职业教育配合高铁、电信运营等行业企业"走出去"，探索开展多种形式的境外合作办学，合作设立职业院校、培训中心，合作开发教学资源和项目，开展多层次职业教育和培训，培养当地急需的各类"一带一路"建设者。整合资源，积极推进与各国在青年就业培训等共同关心领域的务实合作。倡议国家之间开展高水平合作办学。

三是实施"丝绸之路"师资培训推进计划。开展"丝绸之路"教师培训，加强先进教育经验交流，提升区域教育质量。加强"丝绸之路"教师交流，推动各国校长交流访问、教师及管理人员交流研修，推进优质教育模式在各国的互学互鉴。大力推进各国优质教学仪器设备、教材课件和整体教学解决方案的输出，跟进教师培训工作，促进各国教育资源和教学水平均衡发展。

四是实施"丝绸之路"人才联合培养推进计划。推进国家间的研修访学活动。鼓励各国高等院校在语言、交通运输、建筑、医学、能源、环境工程、水利工程、生物科学、海洋科学、生态保护、文化遗产保护等国家发展急需的专业领域联合培养学生，推动联盟内或校际教育资源共享。

3．共建丝路合作机制

一是加强"丝绸之路"人文交流高层磋商。开展国家间的双边、多边人文交流高层磋商，商定"一带一路"教育合作交流总体布局，协调推动各国建立教育双边和多边合作机制、教育质量保障协作机制和跨境教育市场监管协作机制，统筹推进"一带一路"教育共同行动。

二是充分发挥国际合作平台作用。发挥上海合作组织、东亚峰会、亚太经合组织、亚欧会议、亚洲相互协作与信任措施会议、中阿合作论坛、东南亚教育部长组织、中非合作论坛、中巴经济走廊、孟中印缅经济走廊、中蒙俄经济走廊等现有双边、多边合作机制的作用，增加教育合作的新内涵。借助联合国教科文组织等国际组织力量，推动各国围绕实现世界教育发展目标形成协作机制。充分利用中国–东盟教育交流周、中日韩大学交流合作促进委员会、中阿大学校长论坛、中非高校20+20合作计划、中日大学校长论坛、中韩大学校长论坛、中俄综合性大学联盟等已有平台，开展务实的教育合作交流。支持在共同区域、有合作基础、具备相同专业背景的学校组建联盟，不断延展教育务实合作平台。

三是实施"丝绸之路"教育援助计划。发挥教育援助在"一带一路"教育共同行动中的重要作用，逐步加大教育援助力度，重点投资于人、援助于人、惠及于人。发挥教育援助在"南南合作"中的重要作用，加大对相关国家尤其是最不发达国家的支持力度。统筹利用国家、教育系统和民间资源，为相关国家培养培训教师、学者和各类技能人才。积极开展优质教学仪器设备、整体教学方案、配套师资培训一体化援助。加强中国教育培训中心和教育援外基地建设。倡议各国建立政府引导、社会参与的多元化经费筹措机制，通过国家资助、社会融资、民间捐赠等渠道，拓宽教育经费来源，做大教育援助格局，实现教育共同发展。

三、精心组织"一带一路"国家文化教育大系的编著出版

在编写"一带一路"国家文化教育大系过程中，应当全面了解国内外对"一带一路"倡议的响应情况，关注进展，总结做法；应当在新冠肺炎疫情得到控制后到对象国去走一走，看一看，实地感受其教育情况和发展变化；应当广泛收集对象国一手资料，认真阅读，消化分析，吐故纳新；应当多方检索专家学者已经开展的相关研究，虚心参阅已有的研究成果。肆虐全球的新冠肺炎疫情，给人类身体健康和生命安全带来了巨大威胁，对世界格局和世界治理体系产生了重大影响，给全球各行各业带来了巨大挑战。教育置身其间，影响十分明显。因而，对"一带一路"国家文化教育进行研究时，必须观察分析疫情对相关国家文化教育和全球教育治理的深刻影响。

"一带一路"倡议提出后，中外已形成多个"一带一路"多边大学联盟。2015年5月22日，由西安交通大学发起的新丝绸之路大学联盟成立，迄今已吸引38个国家和地区的150余所大学加盟。该联盟是海内外大学结成的非政府、非营利性的开放性、国际化高等教育合作平台，以"共建教育合作平台，推进区域开放发展"为主题，推动"新丝绸之路经济带"国家和地区大学之间在校际交流、人才培养、科研合作、文化沟通、政策研究、医疗服务等方面的交流与合作，增进青少年之间的了解和友谊，培养具有国际视野的高素质、复合型人才，服务"新丝绸之路经济带"及欧亚地区的发展建设。

2015年10月17日，丝绸之路（敦煌）国际文化博览会筹委会文化传承创新高端学术研讨会在敦煌举行。中国的复旦大学、北京师范大学、兰州大

学和俄罗斯乌拉尔国立经济大学、韩国釜庆大学等 46 所中外高校在甘肃敦煌成立了"一带一路"高校战略联盟,以探索跨国培养与跨境流动的人才培养新机制,培养具有国际视野的高素质人才。46 所高校当日达成《敦煌共识》,联合建设"一带一路"高校国际联盟智库。联盟将共同打造"一带一路"高等教育共同体,推动"一带一路"国家和地区大学之间在教育、科技、文化等领域的全面交流与合作,服务"一带一路"国家和地区的经济社会发展。

2016 年 9 月,中国、中亚及丝绸之路经济带沿线 7 个国家的 51 所高校共同发起成立了中国–中亚国家大学联盟,旨在打造开放性、国际化互动平台,深化"一带一路"科教合作。

此外,高等教育合作研讨会也日渐增多,既有官方推动形成的研讨会,也有民间自发举办的研讨会。比如,中外大学校长论坛、新加坡–中国–印度高等教育论坛、"一带一路"教育对话论坛,以及北京师范大学举办的"一带一路"国家教育交流与合作高端研讨会,北京外国语大学举办的"一带一路"与行业国际化人才培养高峰论坛,北京理工大学主办的"一带一路"高等教育研究国际会议,浙江大学举办的"一带一路"背景下的工程科技人才培养国际研讨会等。这些多边研讨会的召开,不仅吸引了大量"一带一路"沿线国家的教育研究者与实践者参会,推动了研究与实践合作,而且创新了教育合作模式,促进了国际化高端人才培养,为"一带一路"建设奠定了民意基础。

"一带一路"倡议提出之后,中国学术界迅速开展了关于"一带一路"的研究活动,有关"一带一路"主题的图书主要有以下五类。第一类是倡议解读类图书,一般是梳理"一带一路"倡议的提出、发展及其理论内涵与外延。第二类是经济贸易类图书,专业性较强,主要为理论研究型图书。第三类是国情文史类图书,多为介绍"一带一路"国家国情概览、历史情况、发展概况的工具书,语言平实,部分图书学术性较强。第四类是丝路历史类图书,一般回顾古代丝绸之路的形成与发展、丝绸之路上的人物和大事记等，追古溯源，以便更好地开启"一带一路"新篇章。第五类是法律税收类图书，多为法律指引、税务规范手册等。

可以看出，国内对"一带一路"国家的研究已有一定基础，但是囿于语言翻译的障碍，已经出版的"一带一路"图书，大多是政策解读、数据报告、概况介绍等，对对象国的研究广度和深度还很不够，尤其是针对"一带一路"国家文化教育的系统研究还比较少。

在"一带一路"国家中，遴选具有代表性的对象，对其文化、教育进行系统性的研究，并在此基础上编写"一带一路"国家文化教育大系，分期分批出版，对于帮助中国普通读者和研究人员了解"一带一路"国家的文化教育情况，以及对于拓展我国比较教育研究领域、丰富比较教育研究文献，乃至对于促进中外文明互通、更好地参与推进"一带一路"建设，都具有重要意义。基于对选题背景与意义、相关出版产品调研和北京外国语大学比较优势的分析，"一带一路"国家文化教育大系坚持学术性、可读性兼顾原则，分批次推出，不断积累，以形成规模和品牌。

大系在内容上，一方面呈现"一带一路"国家的文化概貌，展示"一带一路"国家教育发展的文化背景和社会依托。大系采用专题形式，力求用简洁平实的语言生动活泼地介绍"一带一路"国家的自然地理、人文景观、历史发展、风土人情、文化遗产等内容，重点呈现对象国独有的文化现象和独特风貌，集中揭示其民族文化内涵、民族精神、人文意蕴。另一方面，大系重点研究、评价、介绍"一带一路"国家教育的基本情况、发展历史、发展战略、政策法规、现存体系、治理模式与师资队伍等，这方面内容占较大篇幅，是全书的重点和主要内容。

"一带一路"倡议正在成为我国参与全球开放合作、改善全球治理体系、促进全球共同发展繁荣、推动构建人类命运共同体的中国方案。作为国家社会科学基金（教育学）重大项目"新时代提升中国参与全球教育治理的能力及策略研究"的部分研究成果和北京外国语大学"双一流"建设重大标志性成果，"一带一路"国家文化教育大系计划在 2021 年中国共产党建党 100 周年和北京外国语大学建校 80 周年之际，推出首批图书。2023 年"一带一路"倡议提出 10 周年时，推出该项目二期成果。同时积极参与党和国家相关主题纪念活动，以及国家重大图书项目的申报评选工作。

北京外国语大学以外语见长，国际交往活跃，被誉为"共和国外交官的摇篮"，先后培养了 400 多位大使、2 000 多位参赞，以及更多的外交外事外贸工作者。凡是有五星红旗飘扬的地方，都能看到北外人的身影。北外不仅承担着培养各类国际化人才的任务，更担负着向中国介绍世界、向世界介绍中国的历史使命。迄今为止，北外已获批开设 101 种外国语言，成立了 37 个区域与国别研究中心，丰富的涉外资源正在助力"一带一路"国家的研究。

大系由外研社具体组织实施。外研社隶属北外，多年来致力于"一带一路"国家的合作交流，服务讲好"中国故事"，在中华思想文化传播、打造中外出版联盟、推动中外学术互译等方面积累了丰富经验，对于协助研究、编著、出版"一带一路"国家文化教育大系具有良好的工作基础。这也是北外及外研社的使命和担当之所在。

大系编著者以北外教师为主。服务国家重大战略，北外人责无旁贷。同时，国内有研究专长和研究意愿的专家学者也踊跃参与，他们或独自撰著一书，或与北外同仁合作。大系还邀请了驻外使领馆的同志和对象国的学者参加撰写或审稿，他们运用一手资料，开展实地调研，力图提升大系的准确性。

四、结语

"一带一路"倡议植根历史，更面向未来；源于中国，更属于世界。"一带一路"作为文明互鉴的桥梁，从亚欧大陆延伸到非洲、美洲、大洋洲，与世界各国发展战略及众多国际和地区组织的发展实现对接联通，在通路、通航的基础上更好地通商，进而开展文化教育交流与沟通，加强商品、资金、技术、文化、教育流通，达成互学互鉴的文明愿景。"一带一路"倡议的目标是中国与"一带一路"国家在互联互通基础上分享优质产能，共商项目投资，共建基础设施，共享合作成果，内容包括政策沟通、设施联通、贸易畅通、资金融通、民心相通"五通"。"一带一路"倡议肩负重大使命，它要探寻经济增长之道，将中国自身的产能优势、技术与资金优势、经验与模式优势转化为市场与合作优势，实行全方位开放，共享中国改革发展红利；它要实现全球化再平衡，鼓励向西开放，带动西部开发以及中亚、蒙古等内陆国家和地区的开发，在国际社会推行全球化的包容性发展理念，主动向西推广中国优质产能和比较优势产业，惠及沿途、沿岸国家，避免西方国家所开创的全球化造成的贫富差距和地区发展不平衡情况，推动建立持久和平、普遍安全、共同繁荣的和谐世界；它要开创地区新型合作，强调共商、共建、共享原则，超越了马歇尔计划和传统的对外援助活动，给 21 世纪的国际合作带来了新的理念。所以，新时代中国的教育学者应当将"一带一路"国家文化教育研究作为比较教育新的增长点，全面深入开展研究，以自己的聪明才智丰富学术，为国出力，服务国家重大发展战略；在加强与"一带一路"国家的交流合作中，推动"一带一路"建设高质量发展，努力建设高质量的中国教育体系，并积极参与全球教育治理体系改革，加快构建以国内大循环为主体、国际国内双循环相互促进的新发展格局。

2021 年春
于北京外国语大学

（王定华，北京外国语大学党委书记、博士、教授、博士生导师，国家督学。历任河南大学教师、中国驻纽约总领事馆教育领事、教育部基础教育一司司长、教育部教师工作司司长等。）

本书前言

2013 年 9 月和 10 月，习近平主席在出访中亚和东南亚国家期间，先后提出共建"丝绸之路经济带"和"21 世纪海上丝绸之路"的重大倡议，得到了国际社会的高度关注。"一带一路"倡议的目标是要建立一个政治互信、经济融合、文化包容的利益共同体、命运共同体和责任共同体，构建一个包括欧亚大陆在内的世界各国都参与的互惠互利的利益、命运和责任共同体。

"一带一路"倡议提出后，得到世界范围内各国的积极响应和热烈回应。作为中国长期的贸易合作伙伴和文明互鉴益友，意大利于 2019 年 3 月 23 日正式签署"一带一路"合作倡议谅解备忘录。意大利政府对这一国际性倡议的正式背书，展现出两国自古以来的友好交往基础和相互信任，以及意大利对深化对华经贸合作的高度期待。

作为被誉为"共和国外交官摇篮"的北京外国语大学，自建校至今，已先后培养了 400 多位大使、2 000 多位参赞以及众多的外语、外交、外事、外贸工作者。凡是有五星红旗飘扬的地方，都能看到北外人的身影。作为与学校共成长的北外意大利语专业，也即将迎来专业创建 60 周年的喜事。多年来，北外意大利语教研室一直以服务国家重大战略、培养复合型优秀人才为己任，强化教学科研，构建立体育人格局，为共建"一带一路"提供人才支撑，教师们自觉把个人学术追求同国家和民族发展紧密相连。

近年来，国内外对"一带一路"的关注和研究成为新的热点，相关工作也取得了一些进展。但是，囿于语言翻译的障碍，国内对"一带一路"国家和地区的研究还很不足，普遍集中在一般性政策研究，对对象国的深度研究也远远不够，往往是中文或英文二手资料的转述。有鉴于此，本书利用一手资料，进行多种形式调研，坚持学术性、可读性兼顾原则，力求全面准确呈现意大利教育发展的文化背景和社会依托，平实地介绍意大利的自然地理、人文景观、风土人情、文化传统等内容，集中揭示其民族的文化内涵、民族精神和人文意蕴。在此基础上，意大利教育研究是全书的重点和主要内容。本书主要围绕意大利教育的发展历史、基本现状、教育政策、发展战略、相关法规、现存体系、治理模式与师资队伍等进行详细介绍和研究，同时，探寻意大利在教育发展领域值得我国借鉴的经验，通过分析中意两国教育交流合作的现状，探索教育合作与发展的新途径。

本书分为五个部分。第一部分为国情概况和历史沿革，包括第一至二章；第二部分为教育历史梳理，包括第三章；第三部分为意大利教育现状研究，于第四至九章分章介绍意大利学前教育、基础教育、高等教育、职业教育、成人教育、教师教育的发展现状、特点经验以及挑战对策；第四部分为国家教育政策及行政，包括第十至十一章；第五部分为中意教育交流现状与展望，包括第十二章。

"一带一路"建设是跨越不同区域、不同文化、不同宗教信仰的人文交流的桥梁，是促进共同发展、实现共同繁荣的合作共赢之路，是增进理解信任、加强全方位交流的和平友谊之路，目的是让各国人民相逢相知、互信互敬，共享和谐、安宁、富裕的生活。国家间的教育合作交流也是"一带一路"倡议中实现共商、共建、共享、共赢局面的重要组成部分。本书正是这一背景下的有益尝试，以期对我国教育事业的发展和国际教育交流与合作贡献学术智慧。

感谢北京外国语大学党委书记、中国教育学会国际教育分会理事长、"一带一路"国家文化教育大系总主编王定华教授和大系编写委员会、编审委员会提供的专业支持、指导和鼓励，感谢北京外国语大学文铮教授在本书撰写全程给予的专业指导和帮助，感谢外语教学与研究出版社的充分信任和对书稿编写、修改、出版的大力支持，感谢外研社期刊出版分社各位编审人员的专业帮助和默默付出。

董丹

2022 年 9 月于北京外国语大学

目　录

第一章 国情概览

第一节 自然地理

一、地理位置

意大利位于欧洲南部，其地理位置战略意义重大。亚平宁半岛自古便扮演着欧洲十字路口的角色，形似长靴的半岛，连同西西里岛一起伸向地中海中央，把地中海分成东西两个部分，并构成了由中欧到非洲的天然陆桥。意大利北接中欧和西欧，从中世纪起便是欧洲腹地通向地中海的必经之地。

意大利国土面积约为 301 333 平方千米。[1] 主要领土包括亚平宁半岛（又称意大利半岛）、西西里岛、撒丁岛及坐落于瑞士卢加诺湖湖畔的境外领土坎皮奥内。亚平宁半岛三面环海，东临亚德里亚海，与巴尔干半岛相望；南临第勒尼安海，与西西里岛被墨西拿海峡分隔；西临伊奥尼亚海，与撒丁岛遥相呼应。意大利与克罗地亚、波斯尼亚和黑塞哥维那、阿尔巴尼亚、希腊、马耳他和突尼斯隔海相望；北部阿尔卑斯山地区由西向东，依次与

[1] 中华人民共和国外交部. 意大利国家概况 [EB/OL]. （2020-06）[2021-04-05]. https://www.mfa.gov.cn/web/gjhdq_676201/gj_676203/oz_678770/1206_679882/1206x0_679884/.

法国、瑞士、奥地利以及斯洛文尼亚接壤；其领土完全包围了两个微型国家——圣马力诺和梵蒂冈。意大利领土最北端是阿尔卑斯山区的普雷多伊小镇，最南端是位于地中海的兰佩杜萨岛，最西端是与法国接壤的巴尔多内基亚市，最东端是与阿尔巴尼亚隔海相望的奥特朗托市。

二、地形地貌

意大利海岸线长达 7 914 千米 [1]，天然港湾资源较丰富。主要地形类型包括丘陵（41.6%）、山区（35.2%）和平原（23.2%）[2]。长约 1 200 千米的亚平宁山脉是半岛的主干山脉，山脉北起阿尔卑斯山南麓，南至半岛南端，全境属意大利管辖；亚平宁山脉和部分阿尔卑斯山脉共同构成意大利大部分山地面积。北部与法国分界的勃朗峰（实际岩石高度 4 792 米）是意大利的最高峰，同时也是欧盟境内的最高峰，境内超过 4 000 米的山峰还有罗莎峰和马特峰等。

由于意大利境内山脉坐落在由一系列山地和丘陵组成的年轻褶皱带上，故半岛多地震，也是欧洲著名的火山区，形成了独特的多悬崖峭壁的断层式海岸。意大利拥有 14 座火山，其中有 3 座仍有爆发的可能，分别是靠近那不勒斯的维苏威火山、位于卡塔尼亚附近的埃特纳火山（欧洲最高的火山）与位于第勒尼安海南部的斯特龙博利火山。意大利的火山活动活跃，但大多数为死火山或休眠火山，这些火山形成了南方的诸多小岛屿，如伊斯基亚岛和潘泰莱里亚岛。

意大利平原主要分布在海岸地区与河谷，波河平原又名伦巴第平原，为意大利最大的平原，总面积达 4.6 万平方千米，占全国平原总面积的 70%

---

[1] 资料来源于意大利国家历史艺术自然遗产保护协会官网。

[2] 资料来源于意大利国家统计局官网。

以上，是由波河及其源自阿尔卑斯山脉、亚平宁山脉及多洛米蒂山脉的众多支流冲积而成。

波河是意大利最长的一条河流。位于意大利北部，发源于阿尔卑斯山地区，向东在威尼斯附近入海，全长652千米，流域面积71 000平方千米。[1] 意大利其他著名河流包括阿迪杰河、台伯河和阿尔诺河等。由于山脉众多，意大利的河流大多短促，不利于通航，大多数的河流流入亚得里亚海（如波河、皮夫河、阿迪杰河和布伦塔河等）或利古里亚海（如阿尔诺河、台伯河和沃尔图诺河等），另有一些边境地区的河流，分别通过多瑙河注入黑海，或通过莱茵河注入北海。

意大利面积排名前五的湖泊分别是加尔达湖（约370平方千米）、马焦雷湖（约212平方千米，北部湖域位于瑞士境内）、科莫湖（约146平方千米）、特拉西梅诺湖（约124平方千米）与博赛纳湖（约113平方千米），其中加尔达湖是意大利北部高山冰碛堰塞湖的典型代表，马焦雷湖和科莫湖属于高山湖泊。[2]

三、气候

意大利的气候类型并不单一。北部地区由于山脉阻隔，受海洋影响较小，气候比较接近中欧，是温和的大陆性气候，气温温差较大，如米兰、波隆那等地；利古里亚沿海地区及大部分南方地区都是属于地中海气候，夏季炎热干燥，冬季温和多雨。沿海地区的气候随海拔及地势的改变而大幅变化，高海拔地区在冬季时呈现寒湿的特征。但总体来说，意大利气候条件普遍比较优越，偏温暖，主要是由于阿尔卑斯山脉横亘在北方，阻隔

---

[1] 资料来源于意大利费拉拉省洛镇官网。
[2] 资料来源于意大利国家统计局官网。

了从北欧南下的寒流；而地中海水温较高，可增加地面温度。雨量分布情况也受海洋和山脉的影响较大。在全国范围内，北部大陆比半岛多雨，而在半岛内部，西部雨量又比东部丰沛。降雨季节的分布各地也不同，北部春秋多雨，夏季雨量较少；南部则冬季多雨，夏季干旱少雨。

四、自然资源

意大利是自然资源比较贫乏的国家，除水力、地热、硫碘、汞、大理石和天然气等资源外，还有少量铅、铝、锌和铝矾土等。主要的工业原料和燃料，如煤和石油，几乎没有矿藏；铁矿也仅有少量存储，但沿海能源储量具有较大的潜力。意大利的水力资源藏量有限，约为 380 万千瓦，但仍可部分弥补煤和石油的不足，其总藏量有 70% 分布在北部阿尔卑斯山脉的南麓。森林面积约占全国总面积的 20%。全国近 3/4 的能源和主要工业原料均依赖国外进口。[1]

第二节 国家制度

一、国家象征

意大利全名为意大利共和国，于 1946 年 6 月 2 日建立。共和国国旗是由绿色、白色和红色三条垂直且尺寸相同的条纹组成的三色旗，其长宽比为

---

[1] 中华人民共和国商务部. 对外投资合作国别（地区）指南：意大利 [EB/OL]. （2021-12）[2022-02-01]. http://www.mofcom.gov.cn/dl/gbdqzn/upload/yidali.pdf.

3∶2。普遍认为，国旗上的绿色代表希望，白色代表信仰，红色则代表爱。

意大利国徽启用于 1948 年，徽章整体呈圆形，中间为一颗白色红边五角星，象征意大利共和国；五角星背后是象征劳动者的银灰色五轴齿轮，齿轮周围环有象征和平的橄榄枝和象征力量和尊严的橡树枝条，徽章下用红色的绶带装饰，绶带上有 REPVBBLICA ITALIANA（意大利共和国）的字样。

意大利国歌为《意大利人之歌》（亦称《马梅利之歌》），歌词由意大利爱国诗人戈弗雷多·马梅利于 1847 年 9 月创作，由米凯莱·诺瓦洛于同年谱曲。共和国成立后，《意大利人之歌》被定为意大利共和国代国歌，被 2017 年 12 月 4 日第 181 号法律正式赋予国歌的地位，2018 年 1 月 1 日正式成为国歌。

二、行政区划

罗马是意大利的首都，是全国政治、经济、文化和交通中心，也是世界著名的历史文化名城和旅游胜地。作为古罗马文明的发祥地，罗马因其建于山丘之上和建城历史悠久被称为"七丘之城"和"永恒之城"。作为基督教的中心，罗马是世界上唯一囊括梵蒂冈城国的城市，宗教地位特殊。罗马是意大利人口最多的城市，城内居民人口多达 283 万，也是意大利最大的城市兼欧盟第一大城市。

意大利全国划分了 20 个大区，其中包括 5 个由于文化原因和少数民族的存在而设立的特别自治区，包括瓦勒-德奥斯塔、特伦蒂诺-阿尔多-阿迪杰、弗留利-威尼斯-朱利亚、西西里和撒丁。其余 15 个大区分别是皮埃蒙特、伦巴第、威内托、利古里亚、艾米利亚-罗马涅、托斯卡纳、翁布里亚、拉齐奥、马尔凯、阿布鲁佐、莫利塞、坎帕尼亚、普利亚、巴西利卡塔、卡拉布里亚。大区是意大利的最高行政区划级别，类似中国的省，大区以下又被分为 14 个超大城市，93 个省，7 904 个市（镇）。[1] 除了首都罗马外，意大利重要的城市还包括米兰、都灵、热那亚、博洛尼亚、佛罗伦萨、那不勒斯和威尼斯等。

三、政体

意大利现行《宪法》于 1947 年 12 月 22 日由立宪大会通过，于 1948 年 1 月 1 日正式生效，是意大利的基本法。《宪法》共有 139 条（5 条已被废除：115、124、128、129、130），加上 18 条过渡和最终条款。《宪法》全文共分为四个部分，第一部分阐明了《宪法》的基本原则，第二部分规定了共和国公民的权利和义务，第三部分规定了共和国的组织架构，第四部分是过渡和最终条款。

《宪法》规定，意大利是一个建立在劳动基础上的民主共和国。意大利是议会共和制国家，是一个实行行政、立法、司法三权分立的国家。总统为国家元首，总理行使管理国家职责。

四、总统

总统是国家元首，拥有象征性权力，对外代表国家。总统由议会两院联席会议选举产生，任期 7 年。总统的权力主要有：颁布法律和具有法律效力的法令，要求议会重新审议法律，解散议会及宣布举行议会选举，统领武装部队，根据议会决定宣布战争状态，担任最高司法委员会主席，任命终身参议员，任命总理并根据总理的提名任命其他内阁成员，任命宪法

---

[1] 资料来源于意大利国家统计局官网。

法院三分之一的法官，批准国际条约等。现任总统塞尔焦·马塔雷拉于2015 年 2 月 3 日开始任职，并于 2022 年 1 月 29 日再次赢得选举并连任。

五、议会

议会是意大利最高立法和监督机构，采用对等两院制议会形式，由共和国参议院和众议院组成。两院权力相等，可各自通过决议，但两院决议相互关联。议会的主要职能是：制定和修改宪法和法律，选举总统，审议和通过对政府的信任或不信任案，监督政府工作，讨论和批准国家预算、决算，对总统、总理、部长有弹劾权，决定战争状态和授予政府必要的政治决定权力等。[1] 参、众两院分别有 315/200 个和 630/400 个席位 [2]，参、众议员均由普选产生（意大利公民年满 18 岁即可享有选举权，但年满 25 岁方可有权参选议员），总统有权在任期内任命 5 位终身参议员。两院议员任期最长为 5 年，但总理有权向总统要求提前解散国会。国会议员的选举实行比例代表制，各政党和政治组织按所获选票的比例分配议席。为了防止权力过于分散，法律规定了获得议席的最低选票限额。全国有 32 个众议员选区，按多名选举制选出 630 名众议员，即一个选区内可选举两名以上众议员。参议院选举以大区为单位，按单名选举制产生 315 名参议员，即按选区内应选参议员名额划分选举分区，每个分区只选一名参议员。本届为战后第 18 届议会，于 2018 年 3 月 4 日选举产生，玛利亚·伊丽莎白·阿尔贝蒂·卡塞拉蒂和罗伯托·菲科分别当选参、众议长。

---

[1] 中华人民共和国外交部. 意大利国家概况 [EB/OL].（2020-06）[2021-04-05]. https://www.mfa.gov.cn/web/gjhdq_676201/gj_676203/oz_678770/1206_679882/1206x0_679884/.

[2] 2020 年 9 月，意大利以 69.64% 的支持率通过修宪公投，赞成削减议员人数，参众两院将据此正式修正《宪法》相关条文，自下届议会起，参众两院总议席数将从 945 个减少至 600 个。其中参议院将从 315 席减少至 200 席，众议院从 630 席减少至 400 席。

六、政府

政府是国家最高行政机关，其内阁是国家权力的核心，由内阁总理及各部部长组成，一般由执政的政党或政党联盟的议员担任。新政府经总统批准成立后，应在 10 天内向议会报告施政纲领，取得议会信任。议会对政府可随时提出不信任动议，政府也可随时要求议会进行信任投票。总理是政府首脑，主持内阁会议，领导整个政务工作，对政府总政策负责。[1]

意大利现政府包括 23 个部：外交与国际合作部，内政部，经济财政部，经济发展部，国防部，司法部，教育部[2]，大学与研究部，南方与领土团结部，青年政策部，文化部，技术创新与数字转型部，环境、生态转型部，基础设施与交通部，卫生部，议会关系事务部，公共管理部，农业政策部，机会均等与家庭部，大区事务与自治部，残疾人政策部，劳动与社会政策部，旅游部。[3]

七、司法机构

司法机构是独立于其他国家机构的自主机构，职责是通过解决在贯彻法规过程中可能出现的争执来维护国家的法律秩序。

最高法院设在罗马，包括 3 个民法庭和 6 个刑法庭。最高法院与其他各级法院不同，它不审理案件的事实问题，只审理法律问题，即审理其他各

---

[1] 中华人民共和国商务部. 对外投资合作国别（地区）指南：意大利 [EB/OL].（2021-12）[2022-02-01]. http://www.mofcom.gov.cn/dl/gbdqzn/upload/yidali.pdf.

[2] 2020 年 1 月，意大利总理签署法令，正式将意大利教育、大学和研究部分立为教育部和大学与研究部，其中，教育部主要负责基础教育阶段相关事务，大学与研究部主要负责高等教育阶段相关事务。为便于理解，文中在叙述时多以"教育部"概念统一体现。

[3] 中华人民共和国商务部. 对外投资合作国别（地区）指南：意大利 [EB/OL].（2021-12）[2022-03-01]. http://www.mofcom.gov.cn/dl/gbdqzn/upload/yidali.pdf.

级法院在审理和判决某个案件时是否严格执法，这种审理被称为"三审"。现任最高法院院长为乔瓦尼·马莫内。

最高司法委员会是最高司法权力机构，有制定独立司法体制的权力和法官的任命、分配、调遣、晋升和规定措施权力，由33人组成，总统任主席，最高法院院长和总检察长为当然成员，其他成员由议会选举的10位委员（基本为律师和司法教授）和全体法官选出的20位法官组成，任期4年，不得连任和兼职。[1]

宪法法院负责处理法律法规的合宪性，由15名法官组成，任期9年，不得兼职，享有豁免权。该机构主要解决中央政府各部门间、中央与地方间、地方与地方间权力划分争议，对宪法的增减删改提案的合宪性进行考察，并依据宪法处理对总统和部长的指控。[2]现任宪法法院院长为卡洛·克拉焦。

检察机关有权干涉所有涉及公共利益的民事和刑事案件，刑事案件必须由检察机关提出诉讼。每个法庭管辖区设有检察院，由共和国检察官主持，每个上诉法院管辖区设有检察院，由检察官主持，设在罗马的检察院由最高检察院检察官主持。现任总检察长为里卡尔多·富齐奥。

此外，还依次设有地方调解法官、初审法院（轻罪）、法庭、初审法院（负责民事和刑事案件）、上诉法院、审计院（主管公共账目及养老金）等。

八、政党

意大利实行多党制，主要政党包括：（1）五星运动，具有民粹色彩的非传统政党，主要执政党；（2）民主党，中左翼最大政党，主要执政党；

---

[1] 中华人民共和国外交部. 意大利国家概况 [EB/OL]. （2020-06）[2021-04-06]. https://www.mfa.gov.cn/web/gjhdq_676201/gj_676203/oz_678770/1206_679882/1206x0_679884/.

[2] 中华人民共和国外交部. 意大利国家概况 [EB/OL]. （2020-06）[2021-04-06]. https://www.mfa.gov.cn/web/gjhdq_676201/gj_676203/oz_678770/1206_679882/1206x0_679884/.

（3）意大利活力党，走中间路线；（4）联盟党，前北方联盟党，中右翼政党；（5）意大利力量党，中右翼政党；（6）意大利兄弟党，极右翼政党。

九、军事国防

在军事国防方面，总统为武装部队最高统帅，总理对国防政策及军队建设负责。国防部是最高军事行政机关，负责武装力量的建设和管理，实行以国防部长（文官）为首、国防参谋长和国防秘书长分别主管军事和后勤的双轨制。国防参谋部是最高军事指挥机构，下辖陆军、海军、空军参谋部和宪兵总部。参谋长委员会为国防部最高咨询机构，成员有国防参谋长、三军参谋长、国防秘书长和宪兵总部司令，由国防参谋长任主席。国防参谋长是最高军事长官，通过国防参谋部、国防秘书厅和军种参谋部对三军实施行政管理，通过三军作战司令部、舰队司令部、空军作战司令部指挥部队的作战和演习。根据 2004 年出台的法令，意大利从 2005 年开始实施军队职业化，目前是志愿兵与职业军人相结合的兵役制度，志愿兵可通过不同等级考试成为职业军人。意大利从 1997 年开始逐步裁军，2019 年国防预算为 214 亿欧元。意大利是北大西洋公约组织成员国之一，北约南欧盟军司令部设在那不勒斯。美国在意大利设有数十处军事基地，在加埃塔、那不勒斯等地设有海军基地，在阿维亚诺设有空军基地，在维琴察、里窝那设有陆军基地。[1]

---

[1] 中华人民共和国外交部. 意大利国家概况 [EB/OL].（2020-06）[2021-04-06]. https://www.mfa.gov.cn/web/gjhdq_676201/gj_676203/oz_678770/1206_679882/1206x0_679884/.

十、外交

意大利对外政策基本点是立足欧洲，积极参加欧盟建设，促进欧洲一体化进程；依靠北约，重视发展跨大西洋盟友关系；主张联合国安理会改革，但坚决反对增加常任理事国，强调联合国在建立国际新秩序和解决地区冲突中的主导作用，积极参加联合国框架下的维和与人道主义救援行动，力促欧盟及其成员国在难民问题上承担更多责任；在反恐问题上主张加强国际合作、标本兼治；主张世界多极化和加强地区性合作；认为应对现行国际金融体制进行改革，加强全球经济治理，增进与中国等新兴国家在国际金融机构的合作，是亚投行创始成员国之一。[1]

意大利是欧洲共同体——欧洲联盟前身的创始成员之一。意大利在1955年加入联合国，也是北大西洋公约组织、经济合作与发展组织、关税与贸易总协定/世界贸易组织、欧洲安全与合作组织、欧洲委员会与中欧倡议组织的成员与主要拥护者。

2019年3月，中意双方签署了中意政府间关于共同推进"一带一路"建设的谅解备忘录，意大利成为首个签署这一协议的"七国集团"（G7）国家。

第三节　社会生活

一、人口与民族

意大利人口约为6 036万人，其人口密度大致为每平方千米19 942名

---

[1] 中华人民共和国外交部. 意大利国家概况 [EB/OL].（2020-06）[2021-04-06]. https://www.mfa.gov.cn/web/gjhdq_676201/gj_676203/oz_678770/1206_679882/1206x0_679884/.

居民，高于欧盟平均水平，常住人口主要分布在平原地区（占总人口数的49.0%）和丘陵地区（占总人口数的38.8%）。人口近年来呈现的特点有：生育率较低，持续负增长，人口老龄化情况较严重。生育率持续走低，平均每个妇女有1.32个孩子。男性预期寿命为80.8岁，女性为85.2岁，原始死亡率为每10万居民中1 019人死亡，婴儿死亡率有所下降，为3‰。结婚人数减少，离婚或分居情况增多，单亲家庭比例上升。[1]

意大利是一个移民大国，2018年有175 364人向境外移民，排名前五的目的国是阿根廷、德国、瑞士、法国和巴西。2019年意大利外国常住人口为5 255 503，占常住人口总数的8.7%。[2]

在意大利，94%以上的人口为意大利人，主要的少数民族包括但不限于：撒丁人、弗留里人、拉第尼亚人、法兰西人、日耳曼人、斯拉夫人、希腊人和阿尔巴尼亚人等。

意大利城市化整体水平较高，其中小城市居多，人口主要集中在大型城市：46.0%的城市面积不超过20平方千米，69.7%的城市人口少于或等于5 000名居民，而仅占城市总数量3.4%的高城市化城市，容纳了占总人口数量33.4%的居民。[3]

二、语言

意大利语是意大利官方语言（《宪法》中未明确指出），也是欧盟的官方语言之一，起源于13世纪的佛罗伦萨方言。西北部的瓦莱·达奥斯塔、东北部的特伦蒂诺-上阿迪杰和弗留利-威尼斯·朱利亚等少数民族聚居地

---

[1] 资料来源于意大利国家统计局官网。
[2] 资料来源于意大利国家统计局官网。
[3] 资料来源于意大利国家统计局官网。

区分别讲法语、德语和斯洛文尼亚语。[1] 意大利人英语水平一般，政府部门和工商界人士英语水平较高，北部地区英语水平高于南部地区。

三、宗教

意大利没有官方宗教。意大利最广泛的宗教是基督教。根据欧盟委员会2018 年 12 月公布的欧洲晴雨表显示，85.6% 的意大利人声称自己是基督教徒（78.9% 天主教徒、4.6% 东正教徒、0.6% 新教徒、1.5% 其他基督教徒），2.6% 的人信奉非基督教（包括犹太教、伊斯兰教、佛教、印度教、锡克教等），11.7% 的人自称不信教（7.5% 无神论者、4.2% 不可知论者）。

四、农业

意大利是世界传统农业大国和农业强国。2019 年，意大利农业体系产量价值 319 亿欧元 [2]，农产品出口保持良好发展，占出口商品总额的 9%。主要农作物包括玉米、西红柿、硬粒小麦、橄榄和酿酒葡萄。意大利农业有以下几方面的特点。其一，意大利农业是欧洲多功能农业，得益于直销和可再生能源生产，以及其他经营活动，在第三方服务和土地维护方向投入了大量资金。其二，意大利在优质农业（如有机生产和地理标志）方面有较大优势，是欧洲最绿色的农业，拥有 300 种社区级特产、415 种葡萄酒、5 155 种传统地区性产品。180 万公顷土地被投入有机产业，打造出超过 6 万

---

[1] 中华人民共和国外交部. 意大利国家概况 [EB/OL].（2020-06）[2021-04-06]. https://www.mfa.gov.cn/web/gjhdq_676201/gj_676203/oz_678770/1206_679882/1206x0_679884/.

[2] 资料来源于意大利国家统计局官网。

个有机农场。意大利还处在全球食品安全保护的首要地位，同时也是欧盟内部获得"原产地保护""地理标志保护"和"传统特色产品保护"认证最多的国家。出口最多的意大利制造产品为葡萄酒和起泡酒、新鲜干果、蔬菜豆类水果制品、意大利面、奶酪等。

五、工业

意大利是工业发达国家，为欧洲第四大、世界第八大经济体，科技水平较为发达，在机械制造、工业设计、工程机械、航空航天、纺织服装、食品加工等领域居世界先进地位。意大利对国际原料市场和商品市场依赖性强，地区经济发展不平衡，北方工商业发达，工业带沿亚得里亚海脊线分布。中小企业发达，被誉为"中小企业王国"，中小企业数量占企业总数的 98% 以上。

六、金融与贸易

近年来，意大利宏观经济发展较为稳定。2020 年受新冠肺炎疫情影响，意大利国内生产总值（GDP）下降 8.9%，为 15 726.4 亿欧元，人均GDP 2.62 万欧元。2020 年，意大利投资、消费和出口分别为 2 005.4 亿欧元、12 564.4 亿欧元和 4 729.6 亿欧元，占 GDP 的比重分别为 17.8%、79.9% 和30.1%。2020 年，意大利政府总收入 7 893.6 亿欧元，总支出 9 462.2 亿欧元，财政赤字 1 568.6 亿欧元，占 GDP 的比重为 9.5%。2020 年，意大利零售额下降 5.4%，为有统计以来最大降幅。[1]

---

[1] 中华人民共和国商务部. 对外投资合作国别（地区）指南：意大利 [EB/OL].（2021-12）[2022-03-01]. http://www.mofcom.gov.cn/dl/gbdqzn/upload/yidali.pdf.

七、大众传媒

意大利新闻出版业比较发达，全国有杂志 52 种。主要报纸包括《晚邮报》《共和国报》《新闻报》《24 小时太阳报》《体育报》《信使报》和《日报》等。此外，还有一些地方报和主要政党的机关报。主要综合性期刊包括《展望》周刊、《快报》周刊、女性周刊《现代妇女》、宗教性期刊《基督教家庭》等。受新媒体发展影响，传统报刊的发行量出现了逐年下滑的趋势，但各大媒体也纷纷紧跟时事，转向在线网站，并积极运用各种社交媒体。

意大利广播电视电台事业发达，全国有私人广播电视台 500 余家。主要电视台有意大利广播电视公司、安莎通讯社，以及以意大利天空电视台为代表的卫星电视台。

第二章 文化传统

第一节 历史沿革

作为公认的文明古国，意大利在长期的人类活动中创造了灿烂的古代文明，留下了丰硕的精神财富和宝贵的文化遗产。然而在历史上的很长时间里，意大利只是一个地理概念，没有形成真正的统一国家。

一、意大利的起源及罗马帝国

约在公元前 5000 年左右，意大利人的祖先从地中海的其他地方航行到亚平宁半岛，并在其南部地区定居。公元前 1800 年左右在意大利半岛出现了具有印欧语系血统的部族，主要有撒丁岛上的利古里亚人及意大利南部和中西部（今拉齐奥大区）的海洋西古巴人。公元前 10 世纪以前，拉丁人迁徙到意大利半岛，在中西部地区定居，主要从事牧业生产，将罗马作为自己的生存基地。随后，伊特鲁里亚人在意大利半岛中部的西海岸定居，他们拓荒改造，兴建水利，开展农牧业和海上贸易，成为当时半岛上最富有、最发达的民族。公元前 8 世纪，腓尼基人从北非来到意大利半岛，在西西里岛和撒丁岛上建立殖民地，与此同时，与意大利半岛部分地区长期有生意往来的古希腊人也开始选择在此长期居住，阿克拉加斯和卡塔纳（今阿格里真托和卡塔尼亚地区）等独立的希腊人城市在意大利南部地区和西西里崛起，形成了大希腊。在与伊特鲁里亚人、古希腊和腓尼基殖民地居民的接触过程中，半岛上原有的相对落后的各民族开始改变生活方式，学会了种植农作物，掌握了冶铁技术，并开始使用文字。在这些早期居民中，伊特鲁里亚人的文明十分重要，对后来罗马文明的诞生和早期发展影响巨大。公元前 5 世纪，伊特鲁里亚文明开始衰败。公元前 396 年，伊特鲁里亚人被罗马击败，其文明随之消亡。

公元前 9 世纪，在台伯河两岸的低矮山丘上坐落着许多分散的村庄。当时这个地区是伊特鲁里亚人和拉丁人的领土之间的战略要地。在接下来 3 个世纪的时间里，该地区通过贸易繁荣发展起来，并由伊特鲁里亚国王统治。公元前 509 年，罗马市民赶走了伊特鲁里亚的最后一个国王，结束了王政时代，意大利半岛由此先后进入共和时期（公元前 509 年—公元前 27 年）和帝国时期 [1]（公元前 27 年—公元 1453 年）。经过了漫长的三次与迦太基人的布匿战争之后，罗马对外占领了地中海的部分地区，但在国内却发生了大规模的奴隶暴动以及由著名的斯巴达克斯领导的奴隶起义。在镇压奴隶起义的过程中，统帅苏拉的权力膨胀。他死后，恺撒、庞贝和克拉苏形成了前三头联盟。公元前 48 年，恺撒被罗马元老院任命为罗马的终身执政。公元前 44 年，在恺撒被阴谋家刺杀后，恺撒养子屋大维和雷必达、安东尼形成了后三头联盟。在 12 年的权利斗争之后，屋大维于公元前 27 年登上了元首宝座，改名为奥古斯都，开启了罗马的帝国时代。经过了朱利奥–克劳狄王朝、弗拉维安王朝和安东尼王朝的统治，罗马帝国走向了衰落，并于 395 年最终分裂为东、西两个罗马帝国。476 年，西罗马帝国的灭亡，标志着欧洲进入中世纪。

---

[1] 395 年后分为西罗马帝国（395—476 年）和东罗马帝国（395—1453 年）。

二、中世纪的意大利

536—552 年，拜占庭帝国（东罗马帝国）皇帝查士丁尼夺回了意大利半岛的大片土地，实行拜占庭式的统治。567—774 年，伦巴族人的到来打破了霸权局面，并在半岛北部与中部的非拜占庭地区建立了自己的公国。法兰克人的卷入使半岛领土呈现出罗马各族王国势均力敌的景象。800 年，教皇利奥三世加冕法兰克王国查理曼为罗马人的皇帝，使之成为世俗权力和宗教权威的保护者，这象征着欧洲封建时代的开始。为感激教皇，他把从伦巴族人手里夺取的意大利中部领土送给了教皇，这就是后来教皇国的萌芽，这些领土首次为教皇提供了行使世俗权力的经济来源，也为之后意大利统一进程中的教权之争埋下了伏笔。

同时期的意大利南部是另一番景象。7 世纪，在欧洲被北方外族搅得天翻地覆时，地中海东南岸的阿拉伯人悄然兴起。800 年，阿拉伯人驱逐了东罗马帝国在西西里岛的势力，占领该岛。在他们统治西西里的 200 年间，巴勒莫等西西里城市逐渐成为地中海贸易交往的战略要地。阿拉伯人也给西西里带来了许多重要的农作物。统治期间，阿拉伯人致力于对古希腊经典文献进行搜集和翻译，为文艺复兴的萌芽打下了坚实的基础。阿拉伯人和拜占庭人后都被诺曼人征服。1030 年，诺曼人在普利亚建立了王国，并以此为据点在 1061 年侵入西西里岛建立了王朝。诺曼人的霸权后被粉碎，西西里统归罗马教廷和神圣罗马帝国统治。

11 世纪开始，欧洲人口大量增长，刺激经济发展，社会的进步带动着文明的前进，意大利的城市再次兴起，贸易逐渐恢复，教廷重获了权力，并开始了对抗神圣罗马帝国的长期战斗。12—13 世纪，意大利发展出了独特的僭主政治模式。许多独立的城市国家通过商业繁荣起来，具有了银行业的雏形，海上共和国兴起。这些城市为发展贸易和自我防卫建立了强大的舰队，这些舰队为十字军东征提供了有利条件，也借由东征积累财富。

威尼斯和热那亚成为了欧洲与东方贸易的主要门户。中世纪晚期，佛罗伦萨发展成为一个高度自治的商业和金融城邦，成为当时欧洲贸易的中心。

三、文艺复兴与意大利城邦

独特的社会政治结构为意大利出现罕见的文化繁荣提供了必要条件，建立在古罗马建筑废墟之上的各城邦地区，为文艺复兴的古典性增添了历史的积淀，将商人和商业作为其基础的社会组织形态，使当时的意大利具备了相对民主的特征，客观上也对学术和艺术的发展起到了推动作用。威尼斯等位于重要贸易中心的意大利城市，也成了文明交汇的枢纽。城市国家的兴起和城市中大家族的命运息息相关，在文艺复兴时期前后，涌现出了诸如佛罗伦萨的美第奇家族、米兰的维斯孔蒂家族、曼多瓦的贡萨加和维罗纳的斯卡利杰尔等大家族，他们在促进商业发达、经济繁荣的同时，维护了社会的安定，向艺术家慷慨地提供资助，使得艺术家可以安心创作优秀的艺术作品。自此，教廷不再是艺术唯一的赞助者，反映世俗生活的作品在新兴势力的保护下开始涌现。

从 14 世纪开始，以意大利中部的佛罗伦萨为发源地，兴起了一场以复兴古希腊古罗马文化为名，实质上为了改变中世纪社会严重腐败状况的新形态文化变革。对古典文化的重新学习和思考，使人文主义者对人性有了新的发现，继而引发了一系列的教育变革，以及对人体结构、化学、天文学和科学知识的新追求。这些极重要的近代科学发展，打破了神权时代的桎梏，将人作为中心进行考量。这一运动在 14—17 世纪的整个欧洲蓬勃发展，后被称为"文艺复兴"。其意大利语为 Rinascimento，由 ri-（意为"重新"）和 nascere（意为"出生"）构成。

这是一个人才辈出的时代。在文学领域，出现了但丁、彼特拉克和薄伽丘，还有浦尔契、波利齐亚诺、阿里奥斯托、塔索等文学巨匠。在绘画领域，出现了布鲁内莱斯基、多那泰罗、马萨乔、波提切利、达·芬奇、米开朗琪罗和拉斐尔等艺术大师。在新政治理论研究领域，出现了马基雅维利、圭恰尔迪尼等政治理论家。在航海领域，热那亚航海家哥伦布发现了美洲新大陆。在新科学技术领域，透视学、解剖学得以产生，火器被发明，金属活字印刷得以实现。天文学领域出现了哥白尼的日心说，彻底颠覆了中世纪的传统观念。在物理学领域，伽利略奠定了新科学的基础。

四、意大利的统一

美洲新大陆的发现使意大利逐步丧失了与地中海国家和东方进行贸易的地理优势，国际贸易中心开始转向大西洋，意大利的经济走向衰落，而西班牙的腐朽统治加速了其衰落的进程。

18 世纪后半叶，启蒙主义思想对欧洲大陆产生了巨大影响，法国大革命为 19 世纪乃至后来人类历史的发展奠定了基础，在法兰西和拿破仑占领过的地区，教会与贵族所占土地锐减，各国资产阶级从中获取了巨大利益。随着工业在欧洲的蓬勃发展，资产阶级成为推动 19 世纪欧洲历史发展的主角。拿破仑帝国灭亡后，法国大革命之前的各国统治者几乎全都恢复了原来的统治地位，意大利半岛又重新被分成许多小国。

1820 年，在烧炭党鼓动下，两西西里王国的部分军官率领所属骑兵发动兵变，同年，西西里宣布独立。1831 年，席卷欧洲的革命浪潮波及意大利，烧炭党在意大利半岛中部组织了武装暴动，但最终失败。

1852 年，加富尔出任撒丁王国首相，在他的灵活外交政策和不懈努力下，1860 年 11 月，除罗马和威内托等地区外，意大利基本实现了统一。1861 年 3 月 17 日，在撒丁王国首都都灵召开首次意大利民族议会会议，宣布维托里奥·埃马努埃莱二世为意大利王国首任国王。1866 年，威尼斯和威内托也并入了王国。1870 年，由于法国在普法战争中失败，法军撤出罗马。罗马被收回后，教皇成为意大利王国的"囚徒"，彻底丧失手中的世俗权力。1871 年，罗马成为意大利王国的首都。

1861 年，意大利王国实现了政治统一，建立了统一的政府，但由于历史因素和语言割裂，意大利人民缺乏民族认同感，政治的统一并未带来相应的语言统一。当时社会中 98% 的意大利人不懂意大利语，既不会读书也不会写字，只会讲方言，各地的货币标准不统一，严重阻碍了民族经济的发展。国内南北方存在巨大差异，农民和地主的贫富差距悬殊，绿林匪帮问题突出，黑手党活动猖獗。因而，推广教育和扫除文盲便是亟待解决的问题。随着政治与社会的深刻变革，19 世纪的意大利产生了一种新的文化运动，即浪漫派运动，主张尊重民族情感，把民族情感作为解决国与国之间问题的基础，浪漫派思想成为推动欧洲各国民族复兴运动的进步思想。

20 世纪初，意大利工业进入飞速发展时期，工业资本、金融资本、国家资本紧密结合，商业银行和信贷银行相继诞生，铁路实现国有化，钢铁业、电力生产突飞猛进的同时，意大利汽车工业诞生。

第一次世界大战中，意大利先持中立态度，后站在英国、法国、俄罗斯协约国一边对德奥宣战，并取得胜利。1922 年 10 月，墨索里尼组成新政府，开始推行法西斯统治。第二次世界大战中意大利与德国、日本组成轴心国，向英国、法国宣战。1943 年 7 月墨索里尼政权被推翻。1946 年 6 月 2 日意大利首次举行真正意上的全民公投，正式宣告废除君主制，同年 7 月 12 日组成意大利共和国第一届政府。

可以看出，由于各种复杂的历史原因，意大利半岛上一直呈现出四分五裂的态势，意大利始终缺乏一个强有力的凝聚力代表，因而意大利人对现代国家的概念并不敏感。即便在统一之后，各个大区仍然有自己骄傲的文化传统，也有自己的中心城市，今天的意大利仍能看到曾经城邦国的影子，意大利人可以说是乡土情结主义或者地方主义的代表。这种历史造就的政治传统，也形成了意大利人相对自由开放的民族性格，直到今天还深深影响着意大利社会生活的方方面面。

第二节　风土人情

一、文化遗产

2021 年，在中国福州举行的第 44 届世界遗产大会上，意大利凭借新增的 3 项世界遗产，成为世界遗产数量最多的国家。截至 2021 年 7 月，意大利共拥有 58 项世界遗产，其中文化遗产 53 项，自然遗产 5 项。意大利拥有多项跨国遗产，其中 1 项与梵蒂冈共有，2 项与瑞士共有，1 项与克罗地亚、黑山 2 国共有，1 项与瑞士、奥地利、法国、德国、斯洛文尼亚 5 国共有，1 项与奥地利等 6 国共有，还有 1 项与阿尔巴尼亚等 12 国共有。

文化遗产包括梵尔卡莫尼卡谷地岩画、绘有达·芬奇《最后的晚餐》的圣玛丽亚感恩教堂和多明各会修道院、罗马历史中心、佛罗伦萨历史中心、威尼斯及潟湖、比萨大教堂广场、圣吉米尼亚诺历史中心、马泰拉的石窟民居和石头教堂花园、维琴查城和威内托的帕拉迪恩别墅、阿达的克里斯匹、锡耶纳历史中心、那不勒斯历史中心、文艺复兴城市费拉拉城以及波河三角洲、皮恩扎历史中心、帕多瓦植物园、意大利伦巴第人遗址、博洛尼亚拱廊、帕多瓦壁画等。自然遗产包括伊奥利亚群岛、圣乔治山、多洛米蒂山脉、埃特纳火山等。

生活在历史文化气息浓厚的环境中，意大利人热爱参与文娱活动，包括但不限于参观名胜古迹、参观博物馆、参加各式音乐会等。2018 年，文化参与率达到 64.9%。

二、饮食与节庆

意大利人热爱美食，意大利料理被誉为"西餐之母"，是世界上最著名和最受欢迎的菜系之一。意大利的美食种类繁多，因地区而异，受历史因素和地域性的气候因素影响较大。意大利面和比萨饼是公认的意大利美食的象征。近年来，慢食运动兴起，人们致力于保护传统和区域性美食，并鼓励养殖当地生态系统特有的蔬果和牲畜。

意大利全年约 1/3 的日子是节假日，有的是宗教节日，有的是民间传统节日，有的是国家纪念日。全国性的节日、纪念日有：1 月 1 日，新年；1 月 6 日，主显节，也是意大利的儿童节；每年春分月圆后的第一个星期日，复活节；2 月，各地都会举行狂欢节，尤以威尼斯最为著名；6 月 2 日，国庆节；8 月 15 日，八月节；11 月 2 日，万圣节；12 月 25 日，圣诞节。意大利人每年 8 月还有 2—3 周的假期。除此之外，著名节日或地方性假日还有锡耶纳的赛马节等。意大利人每周工作 5 天，周六、周日是法定假日。

三、礼节

意大利人有独特的广场文化和咖啡文化，每一个城市皆有很多大大小小的空地及周边咖啡馆组成的散步聊天区域。说话爱用手势，每一个手势都有其代表的意义。天主教徒较多，宗教生活在日常生活中随时可见。意大利人热情好客，待人接物彬彬有礼，在正式场合，穿着十分讲究，在各种社交场合奉行女士优先。意大利人见面礼是握手或招手示意；亲吻是比较亲近的朋友间的礼节，一般两人的脸要贴两次。在意大利两个男性好友间也行亲吻礼。意大利人常饮葡萄酒，忌讳交叉握手，忌讳数字"13"，忌讳送菊花。

第三节 文化名人

意大利是欧洲文化的摇篮，有着灿烂辉煌的文明，从哲学、语言、文学、艺术和思想政治等各方面深刻影响着整个欧洲的文化发展。

诞生于罗马共和国晚期的古罗马哲学，深受希腊哲学的影响，其中伊壁鸠鲁学派和斯多葛学派的思想都曾风行一时，卢克莱修和西塞罗分别是这两个学派在罗马共和国晚期最具代表性的人物。在罗马帝国早期，斯多葛派成为占据统治地位的哲学派别，其最重要的代表是塞内加。经院哲学是西欧中世纪中晚期主要哲学思想的总称，13世纪是经院哲学的鼎盛时期，出现了许多著名哲学家，代表人物是托马斯·阿奎那。

意大利语由意大利半岛所流行的拉丁语俗语演变而成，其词汇大部分来源于古典拉丁语，其结构本质上源自14世纪的托斯卡纳方言。13世纪上半叶，意大利出现了最初的"俗语"作家和诗人，其中广为人知的就是文艺复兴三杰（但丁、彼特拉克、薄伽丘）。但在他们之后的时期里，意大利的文人墨客把精力主要集中到对古典语言和文化的研究上，意大利俗语文学的发展由此陷入低谷，这一状况一直持续到15世纪中叶（因而在意大利文学史中，14世纪下半叶和15世纪上半叶被称作"无诗世纪"）。15世纪40年代，俗语文学的地位逐步恢复，俗语的捍卫者也越来越多。

15世纪下半叶和整个16世纪是意大利文学的黄金时代，即文艺复兴时期。文艺复兴时期的诗人和作家的共同特点是，以人文主义思想指导创作，作品中充满了对人的赞美和人对现世生活的追求，他们歌颂爱情、智慧、探索精神和创造力，在这一时期的文学作品中，人性得到了充分的张扬，为意大利文学以及欧洲其他国家文学的发展产生了深远的影响。16 世纪，人文主义进一步发扬光大，人们更加自由地研究世俗哲学和探索新的生活准则，更加勇敢地宣扬人的创造力和捍卫人的尊严，更加追求深刻的文学内涵和高雅的文学形式。此时意大利进入了文艺复兴的鼎盛时期，成为整个欧洲文明发展的典范和导师，杰出的文学家和优秀的文学作品层出不穷，如阿里奥斯托的《疯狂的罗兰》、塔索的《被解放的耶路撒冷》和《阿明达》、马基亚维利的《君主论》和《论李维乌斯罗马史的前十卷》、卡斯蒂利奥内的《侍臣论》、圭恰尔迪尼的《意大利史》和《政治和社会问题杂感》、切利尼的《切利尼自传》等。在文学飞速发展的同时，意大利的艺术也步入了灿烂辉煌的时代。乔托、布鲁内莱斯基、多那太罗、马萨乔、达·芬奇、波提切利、米开朗琪罗、提香都是文艺复兴时期家喻户晓的大师。

巴洛克文学艺术于 16 世纪下半叶在意大利产生，17 世纪风靡欧洲各地，18 世纪逐渐走向衰落。意大利巴洛克时代的艺术主要有以贝尔尼尼和科尔托纳等人为代表的巴洛克艺术、以卡拉瓦乔等人为代表的现实主义艺术及以安尼巴莱·卡拉齐和雷尼等人为代表的古典主义艺术。

到了 16 世纪末，在意大利诞生了一种新的艺术形式，即文学与音乐相结合的产物——歌剧。歌剧的诞生迎合了音乐家加强音乐表现力的要求，也迎合了一种极端强调抒情的文学倾向。许多音乐家、诗人和学者为它的快速发展做出了卓越的贡献。他们赞成以歌唱代替朗诵，主张把歌唱与文学剧本所要表达的思想情感结合起来，认为配有音乐的田园抒情诗剧的朗诵已经远远不能满足抒情的要求，需要创造出一种能够更好地与音乐相融合、更好地抒发情感的剧本。歌剧从诞生之日起就成为王公贵族们的宠儿，很快就由其诞生地佛罗伦萨迅速传播到意大利各地及欧洲各国。

面对文艺复兴所引发的深刻且剧烈的社会变革，天主教会内部也兴起了革新思潮，耶稣会应运而生。他们在欧洲兴办大学，试图培养出一批既有坚定宗教信仰和高尚道德情操，又具备丰富的自然及人文科学知识的传教士。

政治与社会的深刻变革改变了欧洲的面貌，随之也诞生了新思想、新思维方式、新政治态度和新文化。19世纪，作家和艺术家等知识分子的作用越来越大，成为传播新思想的主角。他们不再把注意力只放在统治者身上，而更重视民众的作用，希望通过传播新思想创造出一种社会舆论，以影响社会的变革。启蒙运动和法国大革命增长了人们的知识，培养了人们阅读、讨论与发表意见的习惯，在这种文化气氛下，新的文化运动——浪漫派运动应运而生，它不仅影响了欧洲的文学艺术，也影响了人们的政治理想。

19世纪下半叶，欧洲的科学技术飞速发展，人们开始相信科学，崇拜科学，强调现实的实验主义开始逐步取代浪漫派的理想主义。实验主义是一个以自然科学数据为哲学基础的新的哲学派别，法国的自然主义和意大利的真实主义是它在文学和艺术上的具体体现。19世纪末20世纪初是欧洲经济、政治、社会、哲学思想等各个领域发生巨变的时期。曾经对社会生产力起到过巨大推动作用的资本主义向帝国主义转变，人们开始崇拜尼采的超人哲学；民族主义、殖民主义、帝国主义成为一些人向往的目标，也成为一些风行一时的文学作品的主要思想内容。

一、但丁·阿利吉耶里

但丁·阿利吉耶里（1265—1321）是欧洲中世纪最后一位诗人，又是文艺复兴时期第一位诗人，是人文主义思想最早的代表。但丁生活的年代正是意大利处于分裂和动荡的时期。在佛罗伦萨城邦里，代表新兴市民阶级和城市小贵族的教皇派拥有最高的权威和世俗权力，代表封建贵族的皇帝却拥有政治实力，两派的斗争日趋激烈。随着社会经济的发展，市民阶级不断壮大，教皇派最终战胜了皇帝派。然而，教皇派内部又分裂成势不两立的黑白两党。1300 年，但丁被选为佛罗伦萨共和国 6 个执政官之一。当黑白两党发生冲突后，但丁坚决反对教皇干涉佛罗伦萨的内政的态度激怒了教皇。1303 年，但丁被判永久流放，并没收家产，至死未返回佛罗伦萨。

但丁的一生创作了《神曲》《飨宴》《新生》《诗集》《论俗语》《帝制论》等多部作品。其中，《神曲》(原名《喜剧》)是但丁渊博的才学和非凡智慧的结晶，全诗抒发了但丁对古希腊和古罗马诗人、哲人们的崇敬之情。诗人旁征博引，既有引自圣经故事、福音书中的人物和片段，又引用希腊神话、古罗马历史人物和古代神话传说以及伊索寓言故事。《神曲》也是一部艺术珍品，既有多层次的色彩变化和鲜明的画面，又有生动的形象和深刻的寓意。

在但丁生活的时代，争取摆脱神秘主义与禁欲主义精神束缚的思想倾向已经出现。所以，尽管但丁写作的指导思想是维护旧的道德与秩序，他在作品中还是多次流露出后来人文主义者多具有的思想感情。他认为人具有理性和自由意志，可以自己判断善恶，对自己的行为负责。他谴责教会的堕落，鞭挞腐化的教皇、主教和其他高级教士，批评僧侣被资产阶级的金钱所腐蚀，成为加速社会堕落的"伪装的牧人"和"凶狠的豺狼"。虽然这些谴责和批评是为了维护天主教的纯洁，使教会重新回到禁欲、谦卑的道路上来，但客观上却起到了揭露虚伪教会的作用，勇敢地举起了反对罗马教廷的大旗，为后人树立了反抗精神束缚的光辉榜样，动摇了天主教会这根中世纪西欧社会上层建筑的重要支柱。

二、达·芬奇

达·芬奇（1452—1519）是开创意大利文艺复兴鼎盛局面的杰出艺术家，也是一位集画家、雕塑家、设计家、音乐家、乐器制作家、科学家、哲学家、作家于一身的全才。

他非常重视绘画，视绘画为"艺术王后"。他不仅运用感觉去认识世界，还利用理性来揭露自然界的规律。达·芬奇的作品不仅运用了解剖学、透视学等科学技巧，而且能够生动地展示人物的精神状态、环境与人物造型之间的关系、人体的质感以及光线的变幻等。他还首创了"晕涂法"和人物肖像画的"金字塔造型"，为绘画的发展做出了重大贡献。

达·芬奇的绘画作品不多，有些尚未完成，有些还只是素描草稿，但件件都被公认为文艺复兴时期的艺术珍品，如《圣母领报》《岩间圣母》《最后的晚餐》《蒙娜丽莎》等。他对拉斐尔等同代画家的影响也很大，他的人物造型、画面设计以及"晕涂法""明暗对比法"也给后来的画家以重要启示。

三、利玛窦

面对文艺复兴所引发的深刻且剧烈的社会变革，天主教会内部也兴起了革新思潮，耶稣会应运而生。他们在欧洲兴办大学，试图培养出一批既有坚定宗教信仰和高尚道德情操，又具备丰富的自然及人文科学知识的传教士，利玛窦（1552—1610）无疑是其中的佼佼者。利玛窦从小进入耶稣会学校学习，1582 年奉耶稣会远东巡阅使范礼安之命到中国澳门学习中文。次年随另一意大利耶稣会士罗明坚前往中国广东定居。在他之后来华的许多西方传教士也奉行他"学习东方"的理念，为中西方文化的交流做出了永载史册的贡献，身体力行地完成了他们"东学西传"和"西学东渐"的使命。

利玛窦通过他的西文作品，将灿烂的中国文化引入西方。他和后来的许多西方传教士都精通中文和中国文化，为西方的现代汉学打下了基础，并在西方掀起了一股"中国文化热"。

1584—1588年，利玛窦与罗明坚合作编写了一本葡华字典，中文名称为《平常问答词意》，首次使用拉丁字母为汉字注音。之后，他又在华人修士钟鸣仁的帮助下，与郭居静编写了几套字词表，首次采用五种记号来表达汉语的声韵。这些工具书对西方人学习汉语及汉语拼音的发展都具有重要的意义。此外，利玛窦还是第一个将《四书》翻译成拉丁文的西方人。他之后的西方传教士又分别以《中国智慧》和《中国政治道德学》为名，将《四书》中的篇章《大学》和《中庸》翻译成法文;《五经》和朱熹的著作以及《赵氏孤儿》等中国文学作品也纷纷被翻译成多种西方文字在欧洲发行。利玛窦和其他传教士从中国发回欧洲的大量信件，向欧洲系统地介绍了中国的自然地理、历史文化、社会风俗、人文思想、教育体制、官僚机构等情况，大大加深了欧洲学术界对中国的认识。与《马可·波罗游记》等类似传奇小说的作品相比，这些介绍具有更高的史料价值。

四、阿莱桑德罗·曼佐尼

阿莱桑德罗·曼佐尼（1785—1873）是意大利民族复兴运动时期的文学巨匠，为意大利历史小说的发展奠定了基础。他致力于争取民族独立、国家统一的民族复兴运动，强调语言规范化的重要性，创作了诸多爱国主义诗篇、悲剧和小说，其代表作是历史长篇小说《约婚夫妇》。

《约婚夫妇》是意大利最重要的浪漫主义作品之一，通过讲述伦佐和鲁齐娅这对即将举行婚礼的情侣的故事，表达了当时意大利人民渴望自由解放、反对强权的民主精神。故事塑造了一系列栩栩如生的人物形象，通过描述一对年轻恋人坎坷的经历，抒发了对普通平民不幸命运的深切同情，表达了对国家因遭受外国统治而造成民不聊生的局势的关切。

《约婚夫妇》同时也是一部政治性极强的小说，它向读者展示了 17 世纪西班牙对意大利的腐朽统治，从而影射了 19 世纪奥地利统治者在意大利犯下的罪恶，激发了意大利人民为民族复兴而战的爱国主义精神。

第三章 教育历史

第一节 历史沿革

一、从意大利王国建立到 19 世纪下半叶

意大利王国于 1861 年 3 月 17 日成立。统一运动时期，撒丁王国于 1859 年 11 月 13 日颁布了以时任教育大臣加布里奥·卡萨蒂命名的第 3725 号法令——《卡萨蒂法》。该法令规定的教育体制随后通用于整个意大利王国，被普遍认为是意大利教育史的重要开端。

《卡萨蒂法》的颁布旨在改善当时社会广泛存在的文盲现象。[1] 同时，该法律亦致力于摆脱当时天主教会在教育方面的专权，以将其转交给国家。

《卡萨蒂法》将公共教育划分为三个阶段：初级教育，技术教育、文科中等教育以及高等教育（大学）。其中，初级教育（小学）共 4 年，2 年初级阶段为免费义务教育。文科中等教育在完成小学教育后进行，分为 5 年中学教育和 3 年高中教育 2 个层次。技术教育则是在小学毕业后进入技术

---

[1] 1861 年意大利王国成立之时，国内文盲率约为 80%。

学校学习 3 年，随后可在技术学院接受 3 年高级教育。关于高等教育，法令第 47 条指出其目的在于引导年轻人学习更专业的知识，为加入公共事业和开展个人职业做充分的准备，同时也旨在维护和发展全国各地的科学文化与文学文化。

1876 年，右翼政府接替自意大利王国成立后执政 15 年的左翼政府，并于 1877 年 7 月 15 日发布了第一条改革法——第 3961 号法令，亦称为《科比诺法》。该法将初级义务教育增至 3 年，小学即初级教育因而变为 5 年。彼时，在私立学校接受义务教育也被认可，如家长能够证明具备足够的文化能力或方法为子女提供私人教育，家庭教育亦被认可。

二、20 世纪上半叶

20 世纪初的意大利在教育方面存在诸多问题：文盲现象始终存在，尽管十年间文盲率逐渐下降，但仍有一半的国民处于文盲状态；市政府存在资金缺口，难以保证小学校舍和教师的供应；合格教师短缺，供不应求，教师培训不足，且薪资微薄；职业教育不到位，而正处于第二次工业革命的国家对精通业务的工人提出了更多需求。为应对以上问题，意大利政府先后出台了多部法令。

1904 年，时任教育大臣维托里奥·埃马努埃莱·奥兰多提出的《奥兰多法》将学生接受义务教育的年龄延长到 12 岁，并规定在五年级和六年级为小学毕业后不打算继续学习的学生提供"大众化课程"，保证其继续处于教育环境中。同时，法令开始关注小学课程结束后的教育问题，提出建立中学，将愿意继续升学的学生和选择进入技术学校的学生集中在一起进行教育。然而，该提议并未得到实施。

1911 年颁布的《达内奥–克雷达罗法》为保证贫穷地区人民的受教育

权利提出了一些重要规定：小学由国家通过各省直接管理，只有省会和文盲率低于 25% 的城市学校才有权自主管理；法令规定了教师的薪资底线，并建立了退休基金，教师状况有所好转；政府必须向困难家庭提供教育资助，保证他们接受义务教育。此外，除了文科高中，法令提出增设现代高中（后来被称为理科高中）。《达内奥–克雷达罗法》是意大利教育向现代公共教育过渡的重要标志。

1923—1928 年，为重组意大利教育体系，政府推行了一系列改革。改革的关键举措可概括为以下九点：（1）重整文科学校教育，文科学校主要培养有志进入大学和高等学校的学生；（2）建立师范学院，培养小学教师，每一所师范学院都有附属幼儿园或儿童之家；（3）重整理科高中，致力于发展和深化对有志进入大学学医的年轻人的教育；（4）建立女子高中，为那些无意接受高等教育也无意攻读学位的年轻女性授予文化通识课；（5）将技术学校分为三年初级课程，完成三年初级课程之后可以进入理科高中学习或选择攻读学制四年的高级技术课程；（6）设立升入大学前的高中毕业考试；（7）批准将天主教课程作为小学必修课，并将其视为初级教育的基础；（8）限制每个班级最多容纳 35 名学生；（9）为聋哑盲学生建立专门的学校。

此外，改革将学生接受义务教育的年龄延长至 14 岁。学生结束五年的小学学业之后，共有四种出路可选：（1）初中，即升高中之前的预科教育；（2）技术学校，含初级课程和高级课程两个层次；（3）师范学院，亦分为初级课程和高级课程两个层次；（4）综合学校，包含技术方向、商业方向和农业方向，后被称为职业学校，学制三年，但不再教授基本学业。

20 世纪 20 年代，社会上还存在一种文化教育贵族理念，文化和教育被视为挑选优质人才的标准。技术文化和职业教育并没有得到足够重视，且被认为是普通社会阶层的后初级教育，不属于真正的教育。

与此同时，自 1870 年 9 月 20 日军队攻入罗马以来，意大利的"天主教问题"始终没有得到解决。1871 年出台的《保障法》[1] 也不足以缓和教皇对新政权的反对，相反，《谬说要录》[2] 的发布更加激化了意大利王国和教廷之间的矛盾，使得天主教徒很长时间里都远离世俗和政治生活。为促使双方取得最大程度的一致，意大利王国与教廷于 1929 年 2 月 11 日签订《拉特兰条约》。条约规定，除大学以外，所有层次的学校都应设立天主教课程，拒绝上宗教课的学生将不能注册入学，授课教师须通过教会认可。《拉特兰条约》后来经过修改，于 1984 年 2 月 18 日由意大利共和国和教廷重新签订协议，并于 1985 年 3 月 25 日得到第 121 号法律认可。协议中关于在公共学校教授天主教课程的规定，于 1985 年 12 月 16 日得到第 751 号法律的认可。

意大利教育史上最黑暗的一页当属 1938 年 9 月 5 日第 1390 号法令——《法西斯学校种族捍卫办法》的颁布。法令规定，犹太裔人不得进入学校或大学教书，犹太裔儿童和学生不得进入公立学校或法律认可的学校上学。1938 年 9 月 23 日颁布的第 1630 号法令规定，为犹太裔少年建立专门的小学，须由犹太教师进行授课。

由于政府于 20 世纪 20 年代推行的改革被认为缺乏全民性，20 世纪 30 年代末，时任教育大臣朱塞佩·博塔依再次开展改革，其内容被写入 1939 年的教育章程。章程通过了八年义务教育的规定，结束小学教育之后，学生需进入中学接受三年中等教育，或进入某一特定方向的职业学校学习三年。根据章程，幼儿园必须设置相应课程或活动，以开发 4—6 岁儿童的智力并注重培养他们的性格。然而，由于二战的原因，博塔依改革的各项举措并未得到实质落实。

---

[1] 1871 年意大利颁布的《保障法》，规定了意大利王国和教廷之间的关系，保证教皇的个人豁免权、政治独立和其他特权。

[2]《谬说要录》是罗马教廷于 1864 年 12 月 8 日在教皇庇护九世的圣母无染原罪大节期间发布的一份文件，谴责了总共 80 个错误或异端邪说，并通过该天主教会颁布了许多关于哲学和政治问题的教义。

三、二战后至 20 世纪 80 年代

二战后，《意大利共和国宪法》（1948 年 1 月 1 日生效）建立以民众选举为基础的议会民主制，《宪法》中涉及教育的条款主要有以下九项。（1）条款 3：法律面前，人人平等，人们应当追求全面发展。（2）条款 7：意大利国家与天主教会的关系，《拉特兰条约》。（3）条款 29：建立在婚姻基础上的家庭所享有的社会权利。（4）条款 30：父母的义务和权利。（5）条款 31：对家庭的支持，对母亲、儿童和少年的保护。（6）条款 33：教学自由，学校体制，国考。（7）条款 34：学校面向所有人开放，教育义务。（8）条款 35：工人的专业培训。（9）条款 117：国家和大区在教育和培训方面的能力。

1962 年，随着社会党人的加入，意大利政府实施了两项历史性改革：电力国有化和将中学教育定为义务教育。重拾博塔依教育章程的同时，政府将 11—14 岁之间的教育合并，取缔先前三年中学教育同职业课程并行的模式，规定所有人必须接受统一的中学教育。至此，宪法第 34 条规定的八年义务教育终于得到真正落实。

设立中学的第 1859/1962 号法和其后的第 348/1977 号法以及第 517/1977 号法如下诠释《宪法》第 3 条的规定："所有公民都享有同等的社会尊严，在法律面前一律平等，不分性别、种族、语言、宗教、政治见解、个人和社会条件。共和国应努力消除经济和社会障碍，这些障碍限制了公民的自由和平等，阻碍了人的全面发展和所有工人对国家政治、经济和社会组织的有效参与。"

19 世纪 60 年代是经济爆炸式迅猛发展的时期，国家从农业经济向工业经济过渡，出现了从农村向城市转移的大规模移民。入校学习的有效贯彻逐渐结束了童工现象，但是在农村地区（尤其是在南方地区）依然存在很多例外。对于战后出生的这一代人来说，进入学校学习被越来越多地理解

为一种提升社会地位的手段。

1968 年，意大利设立公立幼儿园，并于 1969 年颁布《幼儿园管理方案》。

1969 年 1 月 20 日的部级法令《素罗法令》废除了中学五年级学生升入文科高中所需参加的入学考试。同年，尽管学生运动激烈，政府依然顶着压力批准了关于开放大学学习的规定（在此之前只有获得文科高中文凭，才可以进入大学各系学习），并修改了高中毕业考试内容，采用两门笔试和一次口试的考核方式。两门笔试中，一门为意大利语，另一门根据具体学院而定。口试则一次考核两个科目，分别由考生和考试委员会从教育部指定的四个科目中各自选定。教授小组共四人，由教育部提前指定。考试委员会由学院外部的教师组成，同时包含一名本年级的教师。这种考试形式当时被定义为临时实验性考试结构，但此后一直持续了 30 年。

除此之外，国家还颁布了其他法令支持家庭，例如，根据 1968 年 3 月 18 日第 444 号法《国立托儿所条例规定》，国家认可 3—6 岁儿童学校的教育和慈善机构资质，并致力于在全国范围内建立国立托儿所；第 820/1971 号法授权批准设立第一批全日制实验小学，以支持父母双方都忙于工作的工业化地区家庭。

1973 年 7 月 30 日第 477 号法令授权政府颁布有关国立托儿所、小学、中学和艺术学校管理人员、视察人员、教师和非教学人员法律地位的相关法规，被视为具有划时代转折意义的革新。直至今日，1974 年 5 月 31 日的第 416、417、419 和 420 号总统令仍被称为"授权法令"，以突显其创新措施的重要性，具体来说，改革主要体现在以下几方面：（1）重新调整学校、家庭和高中生之间的关系，设立学校的校务委员会；（2）重新定义教师、管理人员和视察人员的法律地位；（3）开展和管理创新实验活动，尤其是高中范围内进行的实验创新；（4）重新定义非教学人员的法律地位。

后来的第 517/1977 号法令对义务教育阶段学校的评估进行了改革，并规定将残疾学生纳入正常班级。其中值得指出的措施有：（1）限制"特殊情况下"的小学留级；（2）取消小学和中学的补考；（3）在小学和中学内引入非分数制的评估标准；（4）用评估表代替成绩单；（5）将有残障的学生纳入正常班级（每班最多有 20 名学生）；（6）将助教这一职位引入班级团队。

20 世纪 80 年代，意大利一直致力于提高义务教育水平，但始终没能取得良好的成效。不过，教学创新一如既往地进行，比如启动了针对高中的布罗卡项目和针对职业教育进行重组的 92 项目。1985 年和 1990 年出台的法律提出了为小学同一班级引进多领域教师的规定，这一规定对于初等教育有着重要意义，标志着又一次改革的落实。

四、20 世纪 90 年代的教育改革

1994 年春，意大利政府在解散议会之前，通过了两项有关学校的重要决议：（1）建立包括幼儿园、小学和初中在内的综合机构（第 97/1994 号法令）；（2）通过法令的法律汇编（第 297/1994 号法令）。

20 世纪 90 年代末，意大利采取了更为尖锐的改革措施：第 253/1995 号法令取消了高中的补考，以综合教育和教学干预取而代之。

第 9/1999 号法令将义务教育增加至九年，但自相矛盾的是，只有高中一年级被规定为义务教育。事实上，这项创新与教育体制改革法（第 30/2000 号法律）有关，改革法第 3 条规定将"基础教育"减为七年，因而第 9 号法令本应将高中的前两年归为义务教育。但是第 30 号法始终未能生效，上述两条法令后来也随着莫拉蒂改革的开展而被取消。

然而，值得强调的是，1997 年 3 月 15 日第 59 号法令的批准是意大利教育史上十分重要的一步，法令第 21 条引入了学校自治，并在后来得到第 3/2001 号宪法法令第 117 条的承认。这次立法通过的其他重要规定还有：

（1）与第 249/1998 号总统令一同颁布的学生章程，有关中学教育机构的法规都是从中得出的；（2）第 62/2000 号法令引入了学校平等的概念，创建了公共教育体系和由公立学校和非公立学校组成的平等教育体系。

1997 年 4 月 11 日《里斯本公约——欧洲高等教育领域文凭互认的协议》在里斯本签署，优先级高于欧洲委员会和联合国教科文组织先前通过的所有有关承认学历的公约。意大利于 1997 年 4 月 11 日签署该公约，随后由 2002 年 7 月 11 日第 148 号法令批准。该公约的创建是为了促进大学之间的流动，在可能的情况下保证签署国之间学位的相互承认。意大利国家法律完全接受《里斯本公约》的内容，并重申大学和大学教育机构有权承认学生在国外学习和获得外国学历的学习周期和学习时间，以便学生返回后继续大学学业并获得意大利大学学位。

值得一提的还有诞生于 1999 年的博洛尼亚进程。该进程是高等教育领域的政府间合作协议，该倡议受到 1998 年法国、德国、意大利和英国上届部长会议的启发（1998 年《索邦宣言》），发起于 1999 年 6 月在博洛尼亚举行的欧洲高等教育部长会议中的博洛尼亚会议，目的是建立一个以签署国之间共同的原则和标准为基础的欧洲高等教育区，致力于实现学术自由、学校自主以及师生参与高等教育管理；提高学术质量，促进经济发展和增强社会凝聚力；鼓励学生和教师自由流动；从社会层面发展高等教育；培养毕业生的最大就业能力和终身学习能力；考虑将学生和教师视为同一学术团体的成员；鼓励对外开放，与世界其他地区的高等教育系统合作。后来的成员国部长会议又对博洛尼亚进程进行了多次修订。

在欧洲高等教育区范围内，各国政府已经进行了一些重要的结构性改革，例如，引入学位对等体系，尽可能统一分为第一、第二和第三阶段的教育体系；通过统一的学分系统实现学习课程透明化，该学分系统不仅应当考虑课程持续时间，还应将单门课程的工作量、学习成果、文凭补充文件证明纳为重要元素；认证学习时长和学位；采用共同机制保障质量；实施针对欧洲高等教育区的学位共享框架。

第二节 教育家

一、玛利亚·蒙特梭利

（一）生平

玛利亚·蒙特梭利于 1870 年 8 月 31 日出生于马尔凯大区安科纳省的基亚拉瓦莱，是一名教育者、教育学家、医生、儿童神经精神病学家、哲学家和科学家。她是意大利最早从医学院毕业的女性之一。著名的儿童教育法，即"蒙特梭利教育法"，使她闻名于世。这种方法最初在意大利使用，但很快在世界范围内被采用，直到今天，蒙特梭利式的学校依然很受欢迎。

蒙特梭利是亚历山德罗·蒙特梭利和雷尼尔·斯托帕尼的女儿，然而她一直以来引以为榜样的对象却是舅舅安东尼奥·斯托帕尼。安东尼奥·斯托帕尼是一位修道院院长和科学家，一直致力于证明信仰与科学之间的共存关系。年轻的玛利亚·蒙特梭利是从斯托帕尼院长那里开始学习知识并了解那个时代的，她的母亲也坚定地支持她的创新理念和一些就当时那个时代而言过于超前的选择。

因为工作原因，蒙特梭利随父母搬到了佛罗伦萨，而后又搬去了罗马。在罗马上学时，蒙特梭利对文学的兴趣浓厚。在此期间，她学习了法语和钢琴，后因风疹使她身体受到影响而被迫放弃学习钢琴。就在同一时期，蒙特梭利决定就读罗马米开朗琪罗皇家科技学校（现为莱奥纳尔多·达·芬奇学院）。蒙特梭利拥有非凡的才智，并迅速成为学校最优秀的学生之一。

在以优异的成绩毕业后，蒙特梭利越来越关注生物科学。由于医学专业只招收文科高中毕业的学生，蒙特梭利不得不放弃注册医学专业的想法。她决定先注册科学学院，并在两年后转到医学院。后来她以优异的成绩顺利毕业，成为该学院第三位获得医学学位的女性。

1898 年，由于其在都灵教育学大会上的精彩演讲，蒙特梭利被任命为罗马低能儿教育学校的校长。1907 年，蒙特梭利在罗马劳工区圣劳伦佐成立了第一个儿童之家，她的教育方法成为教育不同类别儿童的典范。

1926 年，蒙特梭利组织了第一届国家培训课程，向教师传授蒙特梭利教育法。毋庸置疑，此举十分成功，来自意大利各地的 180 多名教师均通过培训课程学习到蒙特梭利颇具革命性的思想，但也正是这些使她不得不在 1934 年离开意大利。当时，意大利和德国所有按照她的教育法授课的学校都被关闭。第二次世界大战爆发时，她与儿子一起前往印度，在那里蒙特梭利曾因为来自敌对国家而被拘留，直到 1946 年她才回到自己心爱的意大利，随后又搬到荷兰的朋友家。1952 年 5 月 6 日，蒙特梭利于荷兰南部的诺德韦克逝世。

（二）教育理念和教育方法

蒙特梭利教育法始于玛利亚·蒙特梭利对精神疾病儿童的研究。直到后来，该方法才扩展应用到所有儿童的教育上。蒙特梭利看到，她应用于患有精神疾病的儿童的方法取得了激励人心的效果，因此，她认为如果将其应用于正常儿童，可以获得更好的效果。

基于自己的教育法，蒙特梭利坚信孩子需要"自由"。自由是孩子提升创造力所必需的要素，自由本是孩子与生俱来的，却受到社会规则和成年人不断干预的压制。自由衍生责任，从而带来自律性。

1906 年，爱德华·塔拉莫聘请蒙特梭利为罗马圣劳伦佐地区的工人子女提供教育。1907 年，她利用由塔拉莫领导的罗曼诺·贝尼·斯塔比利学院的一栋新建筑，建立了自己的第一座儿童之家。儿童之家的布置和陈设旨在使孩子在其中能够感受到归属的感觉，这就是它被称为儿童之家的原因。这是第一所不是为残疾儿童而是为附近居民儿童建立的学校，就此儿童之家开始在整个意大利和欧洲建立。随着时间的推移，蒙特梭利教育法取得了极大的成功，在世界各地也得到广泛推广。

1920 年前后，玛利亚·蒙特梭利开始对新生儿教育产生兴趣，她甚至决定在婴幼儿中推广自己的教育法。因此，她针对婴幼儿创建了 2—15 个月幼儿的托儿所和 15 个月至 2 岁半儿童的儿童社区。

儿童之家的主要工作集中在提升孩子的运动能力上，通过系统的锻炼帮助其发展。在这里，孩子有机会接触适合自己的定制环境，并使用专门为其成长创造的方法，通过该方法提供的活动能够帮助孩子提高运动能力并促进他们感官的发展和完善。比如"静默课程"可以使孩子从中体验到完美的静止感。在这里，孩子的注意力转移到聆听门后所呼唤的名字，孩子需尝试以协调一致的无声动作来回应呼唤的声音，以免撞到物体而打破这种沉默。蒙特梭利认为，孩子必须自由地为特定目的做出行动，只有当他协调自己的行动并将其与目的相关联时，他才真正做好了遵守纪律的准备。

在儿童时期，孩子具有很强的创造力。对于蒙特梭利来说，孩子身上有许多潜力，正是这些潜力帮助他们在环境中自发地成长，孩子在成长环境中自觉吸收其智力发展所需的一切。科学认为，孩子成长过程中存在一些敏感时期（称为"星云"），在这些时期孩子具有"吸收性心智"，用以发展自己的各种特定能力。例如，3—4 岁的敏感时期是孩子发展运动神经的时期，在这一时期如果受到环境的刺激，孩子有能力完美地握住钢笔或铅笔。因此，蒙特梭利的目标是在这些"星云"时期，在环境的刺激下，发掘儿童的潜能。

蒙特梭利教育法中一个非常重要的理念是促使学生发现和识别自己的语言声音，并能够将它们与相应的文字符号匹配。视觉媒介有助于分析单词的发音，有限的字母通过不同组合可以构成无限的单词，这些发现能够激发儿童对学习书写的兴趣。因此，蒙特梭利设置了不同学习阶段，并配以不同的练习、技巧和工具，提出了教授写作时要让学生独立自主地练习和体验的教学方法。

面对世界性的文盲现象，蒙特梭利始终坚持强调解决文盲问题的重要性。只会讲话而不懂得书写，相当于处在语言障碍状态，完全切断与他人之间应有的关系，这不仅会阻碍人们建立社会关系，还会使文盲群体成为社会边缘人士。蒙特梭利认为，一个人不懂得使用书面语言，就会被排斥在社会之外。蒙特梭利指出，文字是全人类最重要的成就，文字的力量并非仅仅使人理解话语的含义，而是通过词汇赋予语言新的特性。对文字的掌握使人类更加强大，拓展了人类的自然表达能力，文字在时间和空间上传递，使得人类文明得以延续。

意大利法西斯统治时期，蒙特梭利离开了意大利。在周游世界期间，她曾在印度定居并执教过一段时间，同时她接触到了印度的自然和文化风光，这极大地启发了她的思想，促使她将宇宙教育的概念引入了她的教学法（1942 年左右）。宇宙教育旨在培养和发展对自然、动物、和平与生命本身的了解和热爱。后来学校引入了园艺教学以及在可能的情况下照顾小动物的活动。

1942 年之后，蒙特梭利发表了许多作品，并继续在世界各地任教，在儿童教育中传播她的热情和信念，她认为"世界的未来是他们的"。如今，这种教学方法仍然存在并且依然活跃，许多学校都采用蒙特梭利教学法进行儿童教育。

蒙特梭利的著作有《蒙特梭利教育方法》《自由教育》《从儿童期到青春期》《蒙特梭利：一种新的教育方法》《吸收性心智》《发现孩子》《童年的秘密》《天才背后的秘密》《自我教育》《家庭中的孩子》等。

二、阿加茨姐妹

（一）生平

罗莎·阿加茨和卡洛琳娜·阿加茨是两位实验型教育家，被称为阿加茨姐妹。

修完硕士学位后，阿加茨姐妹于1889—1890年在布雷西亚省纳韦市一个经济较为落后的村庄开始了她们的教学生涯。在彼得罗·帕斯夸里的建议下，1896年，阿加茨姐妹决定在蒙皮亚诺建立了一所托儿所。

1968年的第444号法令中再次使用"托儿所"一词，该法建立了面向儿童的国立学校，即幼儿园。第一次世界大战之后，阿加茨姐妹二人均为特伦托、博尔扎诺和威尼斯–朱利亚大区的教师们授课。1926年，她们停止了教学工作，与此同时，托儿所在意大利广泛推广开来。

（二）教育理念

阿加茨姐妹的教育方法与蒙特梭利教育法一起开创了意大利行动主义时代，这是20世纪初诞生的一种教育潮流，以"经验是学习的中心；在培训过程中，孩子不再是观众，而是演员"这一理念为基础。

增强儿童时代的活力和自发性，是阿加茨姐妹教学思想的重点。她们反对过早的教育，因此她们致力于培养幼儿和非学龄儿童。阿加茨姐妹认为，儿童应当在能够激发其创造力的家庭环境中成长，并且必须不断与成人进行对话。教育者必须扮演母亲的角色。儿童活动是教育过程的中心，儿童活动的环境应当是简单的，并且由其日常生活的部分组成。尽管都是在教育者的监督下进行，但还是应当进行更多自由的个人活动而不是集体活动。孩子在遵守规则的同时，也要能够自由地做自己的事情，并且能够按照互相学习的方法与他人合作，最有经验和知识最丰富的孩子向经验不足的同伴提供信息和示范。

在阿加茨姐妹的教育方法中，直觉教学法成为学习的主要途径。教育者采取间接行动，在尊重儿童自发性的同时，提前布置环境。直觉教学法将教学作为一种培养经验的方法，利用这种方法，孩子们可以通过行动和观察来直接和自发地学习。

根据阿加茨-帕斯夸里的设想，新的幼儿园被称为"托儿所"，宗旨为建立从家庭环境中得到启发的新幼儿园。所谓的家庭环境指的是模范、有序、干净、彼此相爱并互相帮助的家庭环境。之所以将托儿所定义为"学校"，是因为在那里会教授很多东西，但避免学业主义，托儿所应当是一所儿童能够像在家里一样行动、交谈和生活的学校。在幼儿园中会进行生活实践练习，比如，孩子可以通过自主绘画的方式描绘自己的内心世界，还可以唱歌和进行简单的装饰工作。

同时，教学材料多样化且出乎意料。由于观察到孩子喜欢收集鹅卵石、纽扣之类微不足道的物品并将其放在口袋里，阿加茨姐妹开始创建"杂物博物馆"。为了使小东西从无用之物变为教学材料，她们认为有必要按标准整理，这样孩子可以根据物品颜色对其进行排列归类，以此锻炼感官。

托儿所最典型的活动之一是园艺活动，罗莎·阿加茨在她的著作中多次提到，做园艺有多种目的，既可以让孩子们在露天场所愉快地从事有意义的活动，使他们开心地看到自己栽种出的花朵或果实，又能教会她们懂得植物自然生长周期与季节周期的关系，同时还能培养他们的主人翁意识和责任感。

阿加茨教育法不是一劳永逸的教学程序系统，而是需要教师在教育实践中进行严格的观察，通过生活经验逐步建立教学方法。因此，与其说是阿加茨教育法，不如称其为阿加茨姐妹的教学经验，即她们在教育实践中凭直觉找到并实施的手段和方法。这种方法更多的是一种研究方法，用来指导和建议哪些可以作为实现特定目的的合适手段，并非一套需要严格遵守的程序。

阿加茨教育法能使孩子们避免久坐，孩子们只有在祈祷、娱乐和唱歌的时候才需要待在教室里，其他时间都可以自由活动。

与蒙特梭利不同的是，阿加茨姐妹认为语言是一种表达能力。因此，与学习相关的活动同需求的表达和情感的抒发一样，都是创造性活动。孩子会基于对知识的掌握和所采取的行动而逐渐自发地发展自己的才能。

在语言教学方面，阿加茨姐妹设计了一种实用有效的方法，即用不同符号标记每个孩子各自的物品。通过重复被记号所代表的物品的名称（如树、树叶、马等），孩子们学会将自己的东西与别人的东西区分开。这种原始的方法能够明确语言的社会作用，培养儿童正确的所有权意识和严谨态度，同时还可以拓宽他们的兴趣范围。

另一个值得一提的方法是建立穷人博物馆，博物馆中存放着日常收集来的各种各样便宜且简单的物件，如纽扣、旧报纸、杂志、管子、丝带、贝壳等，简而言之，这是一个集满各种小东西和废品的商场。由此可见，阿加茨教育法对不同人格的培养均有教育意义。同时，阿加茨姐妹教育法也重视情感教育，通过建议年长的孩子帮助年幼的孩子，鼓励他们共同玩游戏和开展活动，以激发儿童的社会情感。品德教育首先要从培养儿童养成爱整洁、爱干净的习惯开始，同时辅以教育场景和故事说教。

罗莎·阿加茨是一位著作等身的女作家，她的作品均是她教学经验的结晶。她的著作中包含幼儿园的所有活动，如语言练习、唱歌和家务等。她的主要作品有《口语》《唱歌教学的基础知识》《"孩子们，唱出来！"》《我为什么建立关于儿童教育的教育博物馆》等。阿加茨姐妹倡导幼儿园完全脱离福禄贝尔[1]式人造、严格的教学材料，使用真实自然的事物来代替福禄贝尔式符号，以唤起孩子的好奇心和同情心。

三、贾尼·罗达里

（一）生平

贾尼·罗达里是 20 世纪意大利儿童文学作家和诗人，1970 年国际安徒生作家奖得主，其代表作《洋葱头历险记》在 1954 年被译为中文出版，是 20 世纪 50—60 年代在中国为数不多被译介且影响广泛的经典儿童文学作品。

罗达里 1920 年出生在奥梅尼亚，获得硕士学位后执教过数年。第二次世界大战后，他开始从事新闻事业，曾与多家报刊合作，其中包括《团结报》《先锋报》和《国家晚报》。20 世纪 50 年代，他开始出版一些儿童读物，并很快获得巨大成功。罗达里的作品被广泛翻译并获得多个奖项，包括 1970 年享有盛誉的汉斯·克里斯蒂安·安徒生奖，这被认为是儿童文学的"诺贝尔奖"。

---

[1] 弗里德里希·福禄贝尔，德国教育家，被公认为是 19 世纪欧洲最重要的教育家之一，现代学前教育的鼻祖。他不仅创办了第一所称为"幼儿园"的学前教育机构，他的教育思想迄今仍在主导着学前教育理论的基本方向。

20 世纪 60—70 年代，罗达里多次参加学校组织的与老师、图书馆员、家长和学生的会面和讲座。他正是从这一系列见面会中收集到的笔记中获得灵感和启发，1973 年出版了《想象力的文法》，这部作品很快成为儿童文学和阅读教育领域人士的标杆式模范。

贾尼·罗达里 1980 年在罗马逝世。他最重要的作品包括《洋葱头历险记》《假话国历险记》《天上和人间的儿歌》《电话里的童话》《错误的书》和《兰贝托伯爵来过两次》等。

（二）教育理念

贾尼·罗达里同时还是一位教育家。由于工作上经常与孩子接触，他发现了许多现实且广为熟知的问题，同时借助记者工作，他引入了新的教育方法推动了儿童文学理念的创新。

罗达里从教育场所出发，通过创新和差异化的教育策略制定了一个对于人类、社会和文化都极有意义的理想化目标，这些创新策略使他通过写作成为教育家。他的作品中由词语的押韵所构成的节奏，被以符合儿童认知和心理的方式呈现，打破了传统的叙事方式，形成了一种新风格。罗达里的教育学既容纳经典文学主题，也融合当代文化。

1960 年《天上和地下的儿歌》的出版标志着罗达里风格发生了明显的转变，由之前的为儿童写作转变为与儿童对话。在作品的文字游戏、某种节奏、某个笑话和某个微笑中，均有梦幻想象领域与逻辑理性领域之间的对话，这两种领域都有助于阐释现实世界，而这种想象与理性的对话也为作者带来了极高的声誉，尤其是在儿童读者中广受欢迎。罗达里通过创作描绘出了他理念中的童年，以及他对于儿童文学理论家和教育理论家角色的构建。他认为童年应当富于创造性和热忱，充满幻想与自由，其作品为诠释儿童内心深处的精神生活提供了模范。

此外，作为《想象力的文法》一书的作者，罗达里对要求创造力的主张持开放态度。他始终将童年与社会发展相联系，认为社会应当在发展中形成自身的自主性，以创造马克思主义理论所要解放的新人类。罗达里认为，一种创新的、开放的、注重儿童自主性发展的教育是十分必要的，这种教育有助于理解儿童的复杂天性。他通过游戏和革命人类学视角揭示了童年的纯粹道德，并在这超脱了纯粹叙事的作品中讨论了社会伦理、道德价值、政治价值和底层阶级的问题。

可以肯定的是，罗达里的教育理念和其著作中有关社会革新的主题，同他的文学作品一样有着现实意义。他的作品不仅对社会问题十分敏感，还能够引导读者以不同的方式理解事物的真相，并在将读者们置身真相周围之后向他们传递希望。

四、罗伦佐·米兰尼

（一）生平

罗伦佐·米兰尼 1923 年 5 月 27 日出生在佛罗伦萨一个受过良好教育的富裕家庭。父亲是化学家，对文学充满热情。母亲来自波希米亚，是一位知识渊博的犹太妇女，年轻时就了解过詹姆斯·乔伊斯和西格蒙德·弗洛伊德的相关研究。米兰尼的祖父是考古学和钱币学教授，曾祖父多美尼戈·孔帕雷蒂是资深文献学家和参议员。在这样文化氛围浓厚的环境中成长，米兰尼接受了良好的教育。

1930 年，米兰尼七岁时，一家人离开佛罗伦萨，搬到了米兰。这个富有的家庭不可避免地受到了当时经济危机的冲击，父亲在米兰接受了某公司经理的职务，米兰成为米兰尼度过部分童年和整个青春期的城市。德国纳粹主义的兴起和法西斯主义当权下意大利的反犹太主义促使米兰尼的父母在教堂中按照宗教仪式举行婚礼，并为其子女施洗。

米兰尼就读于米兰的贝谢特高中时学习成绩并不突出，高中毕业后不愿读大学，这使他和父亲之间产生了许多矛盾和争吵。1941 年，他高中一毕业便搬到佛罗伦萨，加入画家汉斯·约阿希姆·斯戴德的工作室。同年秋天，他回到米兰就读布雷拉艺术学院，一直学习到 1943 年春天。

后来米兰尼一家人离开米兰返回佛罗伦萨，他们深信佛罗伦萨这座城市将免于轰炸。在此期间，米兰尼做出了一个极为重要的选择，他决定皈依天主教。佛罗伦萨大主教达拉·科斯塔 1943 年 6 月为其行坚信礼，几个月后，他进入了神学院。历史背景、战争和法西斯主义以及对极端特权阶级的认识，使他对社会的不公平和专制主义持有根本性的批判立场。第二次世界大战后，1947 年 7 月罗伦佐成为一名神父。

（二）教育活动和教育理念

罗伦佐·米兰尼的第一份工作是在圣多纳托教区担任神父，这个教区位于普拉托和佛罗伦萨之间一个叫卡伦扎诺的村庄。他在这里建立了自己的第一所平民学校，一所对所有工人和农民免费开放的学校。米兰尼对语言和教学进行了一些深入思考，他认为掌握语言对于所有人而言，都是实现平等和消除社会不公的必要工具。理解和被理解是个人和集体解放的基础，因此，教育是解放和救赎的政治手段。

他激进的立场不仅令他遭受批评和指责，甚至还遭到人事调动。在1951 年的行政选举以及 1953 年的政策投票时，他没有遵守梵蒂冈不违背教堂投票的指示，在公众场合表达了自己支持投票自由的观点，认为每个人都应该遵循自己的良知投票。教堂将他的这种姿态视为极度挑衅的举动，因此他被迫离开卡伦扎诺，1954 年秋天被送往偏僻的巴比亚纳。

巴比亚纳是维契奥市穆杰罗山谷中的一个村镇，位于吉维山山坡上的一片贫瘠土地，由农民耕种，没有道路，也不通水电。这里直到20世纪50年代中期仍然没有中学，米兰尼决定利用仅有的条件为当地的年轻人和贫穷的农民子女建立一所学校。

他的教育方法是创新又激进的，学校让孩子们每日都在忙碌中度过，学校没有娱乐活动，他认为娱乐是不必要且浪费时间的。学生们练习集体写作技巧，阅读报纸，共同讨论并一起撰写评论，每周与工会主义者、政客和知识分子举行会议或开展讲座，第一批提问的人必须是受教育程度最低的人。该教育项目旨在解放底层阶级，缩小阶级差异。

巴比亚纳学校是一所全面的学校，致力于解放和实现平等。在巴比亚纳的那段时期，米兰尼发表了《田园经历》《服从不再是一种美德》和《致一位教授的信》，这些作品引起了广泛讨论，并在学校引起关于学校、教会改革必要性，如何理解社会不公以及消除社会不公手段的争论。

《致一位教授的信》是米兰尼最著名的作品，是他在他的两个学生国考落榜后同巴比亚纳的孩子们一起写的，对不民主的意大利学校制度进行了严厉谴责。同时，他提出了一项能够对社会产生一定影响的学校改革方案，指导并支持那些来自贫困地区的学生。该作品还通过图表进行细致的定量研究，对意大利公立学校几年前才引入的单一中学制度进行了严厉批评。作品还谴责了学校教学中固有的阶级主义和不断加剧的社会差异。学校偏向特权阶级而拒绝来自贫困地区的孩子，使得他们无法解放自己、无法改善自己的生活条件。米兰尼在作品中提议通过三项改革对学校进行革新，分别为：（1）不拒绝任何学生的申请；（2）给"那些看起来有些愚笨的学生"充分的时间；（3）为无心学习的学生制定目标。这部作品引起广泛讨论，并成为1968年学生抗议活动的宣言，极大地影响了公众和知识分子关于学校和教育模式的辩论。

五、阿尔贝托·曼兹

（一）生平

阿尔贝托·曼兹 1924 年 11 月 3 日出生于罗马，是电车司机埃托和家庭主妇玛利亚的儿子。曼兹曾在航海学院学习，梦想成为一名远洋船长，但同时他还拿到了对男性免学费的师范学院的毕业文凭。第二次世界大战期间，曼兹在意大利海军的潜艇中服役。1943 年后，他进入隶属于英军第八集团军的圣马可陆军营。海军的经历改变了他，在他选择从事教育和成为小学教师这一方面有着决定性影响。

后来曼兹继续在罗马大学科学学院学习生物学并取得文凭，然后在路易吉·沃尔皮切利教授的指导下学习哲学和教育学，1953 年教授希望曼兹作为助理辅助他领导罗马师范实验学校。曼兹在这里工作了一年，后来因为更倾向于担任小学教师而辞职。

取得生物学学位后，1946—1947 年，曼兹被派遣到罗马的阿里斯蒂德·加贝利少年监狱任教，在那里他开始从事教育工作。当时曼兹必须在一个宽敞的"教室"里教 90 名 9—17 岁的少年（因为他们年满 18 岁就会被转移到罗马科埃里王后监狱）。他们的语言和经历各不相同，教室里没有桌椅和书本，环境十分艰苦，致使在他之前的四位老师都相继辞职。

面对十分艰辛的教学任务，曼兹设法通过讲述一系列为了自由而战斗的海狸的故事来吸引孩子们的注意。被囚禁的少年们一起写故事，并把这些故事表演出来。这一方式十分奏效，孩子们变得更加具有凝聚力。由于监狱长和神父的信任，孩子们还出版了一份报纸——《军用列车》，这是监狱里第一份报纸。

后来，曼兹从与孩子们的工作中得到灵感，精心创作了他的第一部长篇小说《海狸的故事》。该小说 1948 年获得科洛迪未出版作品奖，两年后由邦皮亚尼出版社出版，随后被翻译成 28 种语言，1953 年又被意大利广播电视公司改编成广播剧。

（二）教育活动及教育理念

阿尔贝托·曼兹在他的教学职业中倾注了大量热情，他乐于尝试，不断寻求方法，质疑所有东西并为之冒险。1954 年，曼兹撰写了《奥佐维》并获得了国家教学中心的佛罗伦萨未出版作品奖，次年在佛罗伦萨的瓦莱基出版社出版，并于 1956 年进入了邦皮亚尼书目。同年，该书获得安徒生奖，后来被翻译成 32 种语言，在国际上取得了巨大的成功。1980 年，意大利国家广播电视台与奥尼罗影视公司合作将作品改编成了电视剧和电影。

1955 年夏，曼兹作为毕业于生物学和地理专业的自然学研究者，从日内瓦大学接受了亚马孙雨林科学研究的任务，从而发现当地土著人由于未接受教育而被剥削，过着极为艰苦的生活。在 20 多年的时间里，曼兹多次前往亚马孙雨林教印第安人阅读和写作。这项工作一开始是他一个人进行，然后是和一群大学生合作，接着得到了鲍斯高慈幼会传教士的支持。这一活动同时还推动了农业合作社的发展，引导农民从事小型企业活动。由于被当局指控为与叛乱分子有联系的格瓦拉主义者，他曾受到过监禁和折磨。他在南美的所有经历都在小说《茅屋里的月亮》《疯子》《然后周六来了》《居古》等作品中得以再现。

1960 年 11 月，曼兹被派往意大利广播电视台试镜，当时电视台正在为新的文盲成年人教育计划寻找老师，他被选中并担任了《永远不晚》节目的主持。该节目持续播出到 1968 年，节目的名称和创意来自教育部处长拿撒勒·帕德拉罗。电视节目《永远不晚》被认为是最重要的成人教育实验之一，在组织结构、拍摄风格和教学语言上都极具创新性。

1965 年，在东京举行的国际广播电视机构大会上，该节目被联合国教科文组织提名为消除文盲斗争的最佳电视节目之一，并因此获得了联合国教科文组织的奖项。曼兹曾在节目中说："我不是在教阅读和写作，我是在激起人们阅读和写作的欲望。"可以说，他通过节目成了"意大利全民小学老师"。

1987 年，曼兹被邀请为负责制定"国家扫盲计划"的阿根廷大学教师开设 60 学时的培训课程，阿根廷政府希望采用《永远不晚》节目的模式来实现这项计划。阿根廷在 1989 年也获得了联合国的认可，获得了国际最佳扫盲项目奖。

1951 年，曼兹凭借广播儿童故事获得无线电广播奖。1956—1996 年，他与"教育广播"电台保持了长达 40 年的合作。

曼兹也是一位诗人，他的早期作品表现出一些诗歌的形式和韵律。曼兹的成就是多方面的，他因长篇小说和短篇小说、广播、电视节目、教学活动等获得过许多不同的奖项。1962 年，他还获封意大利共和国功勋骑士。

六、马里奥·洛蒂

（一）生平

马里奥·洛蒂 1922 年出生在克雷莫纳省皮亚德纳市，1940 年在克雷莫纳师范学院获得硕士学位。1948 年，他在圣乔万尼·因·克罗切市获得正式教职，1956 年，洛蒂调职到家乡皮亚德纳沃镇的小学。在这 22 年的教学生涯中，他创作了许多作品，其中一些是与学生一起写的童话和故事（《旗帜》《小麻雀齐碧》《热气球》等），还有一些是记录了他教学经验的书籍，如《若这发生在沃镇那就有希望》、《错误的国家》（1971 年获维奥雷吉奥奖）、《从孩子开始改变》以及《学校与孩子的权利》。

1970 年，洛蒂担任工作图书馆的研究小组组长，制作了 127 本阅读材料手册、指南和文件。1978 年退休后，洛蒂继续从事教育活动。他管理了 3 年皮亚德纳的创新学校，该学校是大区项目的一部分，项目中 3—14 岁的儿童和成年人尝试了各种各样的创新型技术。1980 年，通过在全国范围内的调查，洛蒂收集了 5 000 个孩子们创造的童话故事并将其分类，以这种方式证明，尽管出现了电视，但只要儿童有条件得到锻炼和发展，他们的创造力仍然可以十分活跃。1989 年，洛蒂获得国际乐高奖，以表彰其"为改善儿童生活质量做出的杰出贡献"。凭借这份奖金，他在皮亚德纳附近的德雷佐纳成立了艺术与游戏之家，这是一个对所有人类语言进行实验的实验室。自 1995 年以来，他就"最小实验室丛书"与科学出版社合作。

（二）教育活动及教育理念

在圣乔万尼·因·克罗切市的任教时，洛蒂开始关注孩子身上独一无二的创造力，同时他发现自己虽然身为师范学院出身的教师，却无法通过一种连贯的方法在学习活动中发展孩子们的创造力。为了克服这一短板，洛蒂开始注重教学法，积极参加"教育合作运动"[1]组织的各种会议、辩论和研讨会等活动。他将法国教育学家瑟勒斯坦·佛勒内的方法批判性地引入意大利学校，由此引入了一种新的教育学方法，取代了原本学校教授基本知识和概念的传统教学理念。这一新的教学方法以发展学生的个性和挖掘培养其个人能力为主要特点，教学内容包括：自由文本创作、与生活相关的计算、自我表达活动（绘画、戏剧、舞蹈等）、田野调查、校际交流。

同时，洛蒂还积极投身课外活动，例如，在消费者合作社的人民图书馆中，他引入了印刷技术并出版了《皮亚德纳手册》，主要研究年轻社会成

---

[1] 该运动每年都在全国研讨会上对教学法进行总结。

员制造的各种社会问题。1957 年，人民图书馆内还成立了团体"波河团队"，旨在研究包括流行歌曲、木偶等各种民间表达形式的文献，该团体还曾参加全国性的演出，如克里维利的《啊朋友再见》和达里奥·福的《我在这里谈论和歌颂》。对教育活动的高度热情和对儿童创新能力的重视，使洛蒂成为许多小学老师的榜样，他们从意大利各地写信给他，邀请他参加会议和辩论，许多年轻的老师受到他的教学和教育方法的启发。

对儿童创造力的调查还推动了报纸《A & B》的诞生，该报纸完全由儿童撰写和绘制插图，行使他们作为公民所享有的表达和交流的权利。自 1988 年以来，《A & B》改名为《儿童报》，应各市政府的要求，洛蒂与《A & B》的编辑团队一起以适合儿童的形式重写了意大利《宪法》。同年，皮亚德纳艺术家小组在当地成立，旨在通过展览和出版物提高年轻人和老年人在各个领域的创造能力。

1998 年，洛蒂与女儿科塞塔共同策划了一场儿童画展，名为"阿尔贝里"。展览期间，他主持了针对儿童和学校运营者的环境教育研讨会，使用的工具之一是白皮书《我与自然》。该书提倡 3 岁以上的儿童在老师、父母和祖父母的指导下直接观察身边的自然环境，了解各种生物的名字和行为，并将其画在书的空白页上。该活动旨在奠定环境文化的基础，并帮助儿童将目光从电视上移开，去主动探索知识。

七、阿尔多·维萨博格

（一）生平

教育学家阿尔多·维萨博格于 1919 年 8 月 1 日出生在的里雅斯特。他曾就读于比萨高等师范学校，毕业于哲学系。维萨博格曾是第二次世界大战中精锐部队的军人，在圣保罗港保卫罗马抵抗德国人时受伤（1943 年 9 月），后来参加过皮埃蒙特的抵抗运动。在那里他参与组织了正义与自由党的游击队，曾被监禁过两次，解放后他加入了行动党。在党派解散后（1947 年），他继续在意大利社会党中战斗，主要关注学校政治事务，并始终是公立学校和世俗民主方针的坚定支持者之一。在奥斯塔和都灵的高中任教后，从 1958 年开始，维萨博格在都灵大学和米兰大学教授教育史。1962 年，他成为罗马大学教育学教授，并终身任教于此。维萨博格是罗马大学实验教育学第一个博士点的创始人。

（二）教育活动及教育理念

作为学者、教育研究的组织者、教育体系改革和创新的支持者，维萨博格十分活跃。他曾参加由议会成立于 1962 年的意大利公共教育状况调查委员会的工作，是 1962 年单一中学改革的推动者之一。在 1970 年经合组织和教育部在弗拉斯卡蒂举行的研讨会上，他提出了高中改革的"十个要点"。在国际领域，他同对教育发展问题感兴趣的各种机构开展过合作，如经合组织、教科文组织和欧洲委员会等。同时，他还广泛参与编辑出版领域相关活动，曾担任都灵出版协会"教育学经典"丛书、新意大利出版社"新中学"丛书以及"学校与教育"丛书的主编，也曾担任杂志《学校与城市》的总主编。

作为意大利研究约翰·杜威[1] 思想和美国实用主义思想的主要学者和推广者之一，维萨博格的教育学研究主要针对实验和认识论方向，格外重视人类经验形成的条件以及社会和政治的革新，其中极为重要且活跃的部

---

[1] 约翰·杜威是美国著名哲学家、教育家、心理学家，与查尔斯·桑德斯·皮尔士、威廉·詹姆士一起被认为是美国实用主义哲学的重要代表人物，也被视为是现代教育学和机能主义心理学派的创始人之一。维萨博格翻译了他的《逻辑学：探究理论》，于 1949 年出版。

分则是学校。他提倡建立"接纳各种不同身份"、愿意进行"智能和科学控制实验"并且对当前的文化和生活问题感兴趣的学校。维萨博格对意大利学校的革新，尤其对评估问题格外感兴趣，提出确定评估兴趣的客观工具，并采用适当且可验证的技术来衡量学业成绩。他在《经验和评估》一书中将这项研究在理论和道德上进行了拓展和深化。

在实证研究的基础上，除了为学校准备评估测试方面的开拓性活动外，他还指导过一些以社会教育为背景的多学科研究。此外，值得一提的还有他在国际教育成就评估协会比较调查中进行的分析。维萨博格强调"精通学习"的有效性，精通学习是一种受美国启发的教学策略，旨在确保每个学生通过个性化的教学方法最大限度地掌握所学知识。

维萨博格认为，学校是一个弥补社会不足的地方，教育能够克服各种形式的制约和边缘化，包括那些在复杂的后工业社会或高度复杂的现实中产生的问题。与过去相比，学校需要更多的灵活性和创新性。此外，对于他而言，即便人们能够利用自然和人文科学的成果，但是分析和评估的过程、教学策略、课程规划也离不开历史和哲学认识的框架，离不开当下的各类话题，如发展与环境、民主意义上的社会发展、捍卫和平与各种族共存等。

维萨博格的其他著作还有《约翰·杜威》、《教育学史》（与尼古拉·阿巴尼亚诺·阿巴尼亚诺合作编写，共3卷）、《意大利和欧洲的学校》、《教育学研究的问题》、《中学和新计划》（与拉斐尔·西莫内等人合作编写）等。

第四章 学前教育

第一节 学前教育现状

目前，意大利的学前教育指针对0—6岁儿童的统一教育体系（简称为0—6岁体系），为非义务教育，分为针对3—36个月儿童的幼儿教育服务和为3—6岁儿童提供的幼儿园教育。这种统一的学前教育体系保证了所有儿童从出生到6岁前，都有平等的机会发展他们在处理人际关系、自主性、创造力和学习等方面的潜力，帮助他们克服地域、经济、种族和文化等方面的差异。

一、学前教育培养目标

根据2017年第65号法令，0—6岁体系旨在促进不同教育阶段之间的连续性，最大可能接纳所有儿童，尊重并接纳他们之间的差异，为儿童提供初阶段教育，为儿童家庭提供支持，帮助家长协调好工作和对孩子培养之间的关系。同时，该体系还通过对教育和教学人员的大学资格认证（已设立针对该方向的教育学学位）、在职培训和教学协调等方式来提高幼儿教育质量。

学前教育的教学活动主要在于培养儿童学习正确的行为，了解身体和语言，而并非专注于过早地"教授"知识。幼儿园教育中所谓的"体验领域"被视为文化和实践背景，帮助儿童在教师的引导和推动之下，通过接触和认识图像、词语等，丰富自身的经历与体验。

学前教育阶段最重要的教学宗旨即培养儿童的身份认同、自主性、个人能力和公民意识。引导儿童感受最早的公民体验即指引领儿童在自己身上发现他人，逐渐赋予他人重要性，学会注重他人的需求，更好地认识到制定共享规则的必要性，在互相倾听的前提下展开最初阶段的对话，学会关注他人的观点和性别差异，认识、了解所有人共同的权利和义务，形成最初的道德观念，学会尊重他人，尊重环境和自然。

二、3—36 个月学前教育概况

0—6 岁体系中，针对 3—36 个月儿童的幼儿教育服务由地方机关负责，也可直接或通过签订协议由其他公共机构或私立机构提供。幼儿教育服务主要分为以下三种。（1）托儿所和小型托儿所，主要接收 3—36 个月的幼儿，不同城市托儿所的开放关闭时间、提供住宿能力、运行方式、膳宿费均有所不同（通常托儿所均可提供膳宿）。（2）"春班"为针对 24—36 个月的幼儿开设的服务，目的在于满足 3 岁以下幼儿接受教育的需求，以及避免提前进入幼儿园带来的负面效应。"春班"的作用主要为帮助儿童更好地完成托儿所到幼儿园之间的过渡，并没有真正的机构实体，通常隶属于国立或具有同等地位的非国立幼儿园或托儿所，教学活动由教师自主决定。注册方式由各大区和大区教学办公室协议决定。（3）其他补充服务，组织方式灵活，运行机制多元，主要包括：12—36 个月儿童娱乐空间，不提供膳食，出勤机制灵活，每天最长 5 学时；幼儿中心，接收由一名大人陪同的初生儿，亦不提供膳食，出勤灵活；为有限少数 3—36 个月幼儿提供家庭式环境教育服务。

三、3—6 岁学前教育概况

意大利幼儿园面向 3—6 岁的儿童开放，学制三年，为非义务性教育。

幼儿园的概念早在 1923 年就已在意大利初步成型，当年 5 月 6 日，1054 号国王法令第 57 条提到幼儿园和儿童之家的概念，这些所谓的幼儿园和儿童之家附属于当时的师范学院，但并非全部由国家管理。直到 1968 年，意大利正式设立了幼儿园 [1]，同时颁布了幼儿园管理规定，施行全国统一管理。1991 年，国家颁布了新的管理规范。目前正在有效执行的是 2012 年出台的《全国幼儿园和第一阶段教育管理指示》。相关报告表明，尽管幼儿园并非义务教育，但意大利 95% 以上 3—6 岁的儿童都选择接受幼儿园教育。[2]

意大利幼儿园分为公立幼儿园（包括国立幼儿园和具有同等地位的幼儿园）和私立幼儿园。国立幼儿园免费，家庭只需承担膳食费用和其他可选择服务的费用，如校车、加时服务等。通常情况下，根据年龄大小，幼儿园将儿童分为小班（第一年）、中班（第二年）和大班（第三年）。

幼儿园教育被认为是教育历程中的第一阶段，有助于促进儿童在情感、运动、意识、道德、宗教和社会等多方面的教育和发展，激发儿童在处理关系、自主性、创造性和学习方面的潜力，该阶段教育力求确保每个儿童

---

[1] BARBUTO E, 2020. Avvertenze Generali per tutte le classi di concorso [M]. Edizione 2020. Napoli: EdiSES. [VitalSource Bookshelf version]. Retrieved from vbk://9788836220045.

[2] BARBUTO E, 2020. Avvertenze Generali per tutte le classi di concorso [M]. Edizione 2020. Napoli: EdiSES. [VitalSource Bookshelf version]. Retrieved from vbk://9788836220045.

拥有平等的受教育机会。相较于父母的教育角色，幼儿园致力于为儿童提供更加完整的教育，通过自主、统一的教学，实现儿童幼儿园教育与小学教育之间的连贯性。

2009 年第 89 号总统令对幼儿园管理规范进行了调整。通常来说，当年 12 月 31 日前满 3 岁的儿童均可注册入园，经过申请，相应学年内 4 月 31 日前满 3 岁的儿童也可注册幼儿园，但根据 2009 年第 89 号总统令第 2 条规定，需要满足以下条件：（1）幼儿园有足够名额；（2）之前申请名单上儿童已被全部招收；（3）幼儿园具备足够的空间和合格的设施配备，用以满足不满 3 岁的儿童的不同需求；（4）教师将对儿童的入园时间和入园方式进行教学层面的评估。

按照规定，幼儿园的学时为每天 8 学时，每周总共 40 学时。家长也可根据需要，申请减少儿童在园时间，改为只在上午出勤 5 学时，即每周总时长 25 学时；或者申请延长日学时至 10 学时，即每周 50 学时。幼儿园会根据每个家庭选择的时间表，对儿童进行分班管理，并据此展开教育活动。鉴于进餐也属于必要的教育活动，所以一般来说幼儿园均提供食堂和膳食服务。

通常情况下，幼儿园每班最少 18 人，最多 26 人。但 2009 年第 81 号总统令第 9 条规定，特殊情况下，每班最多可容纳 29 人；第 5 条则规定，如果学生中有较为严重的残疾儿童，班内人数不可超过 20 人。

公立幼儿园中两名教师共同负责一个班级，每人每周工作时长为 25 学时。为保证教学活动的顺利进行，两人每天同时在场时间须满足一定时长，通常为午前时间和午饭时间。

注册阶段，幼儿园会向各个家庭提供自己的教学方案。根据 2012 年第 254 号法令的规定，幼儿园的教学活动分为五个"体验领域"，分别为：自我和他人，身体与运动，图像、声音、色彩，谈话和话语，认识世界。每一个学科，即每一个"体验领域"，都旨在促进儿童学习、发展相应领域的能力。

其中，"自我和他人"能够帮助儿童获得对自我身份的认知，发现个体差异性，学习社会生活的基本准则。通过这一领域的教学活动，儿童能够获取对个人需求和情感的了解与认识，开始懂得以适当的方式表达和控制自己的需求和情感。儿童会开始了解个人和家庭的故事以及城市的风俗，逐渐形成自身的归属感。他们通过提问和寻找关于公平和差异的答案，获得对权利和义务的最初认知，学会表达个人观点并尊重他人观点。

"身体与运动"旨在帮助儿童控制自己的身体，学着用肢体语言进行表达，学会独立用餐、穿衣，讲究个人卫生。通过这一领域的学习，他们会获得不同的运动能力，学会与他人协作，以及遵守游戏规则。

"图像、声音、色彩"致力于培养儿童学会欣赏不同类型的表演，激发他们对音乐和艺术作品的兴趣，学会用各种肢体语言表达自我。在这一教学活动过程中，儿童能够获得规划个人行动以及团队活动的能力，进行创造性的活动。

通过"谈话和话语"领域的教学活动，儿童则能够锻炼母语能力，丰富自己的词汇，并通过与他人沟通增强信心与交流的意愿，逐渐学会理解、叙述、虚构故事。他们会学会比较不同语言，学会欣赏诗歌语言，构建最初的符号体系和书面语言。

"认识世界"领域的教学活动能够帮助儿童通过经验和观察进行比较、归类和排序，学会摆放物品，根据要求完成一定的任务。同时，他们会学会安排时间与活动。在观察自然现象和生物的过程中，老师会启发儿童做出假设，并尝试利用适当的语言寻找解释和解决办法。

除托儿所和幼儿园以外，2017年颁布的65号法令还设立了儿童中心，允许在同一教学楼或邻近的教学建筑中同时容纳3—36个月和3—6岁的儿童，以便共享服务设施和空间，更好地利用教学资源。

第二节 学前教育特点

尽管意大利学前教育包括针对 3—36 个月儿童的幼儿教育和为 3—6 岁儿童提供的幼儿园教育，但该阶段教育功能总的来说主要体现在幼儿园阶段，因此本节主要介绍意大利幼儿园教育的特点和经验。

一、教师扮演引导角色

在强调家庭对于儿童成长和教育重要性的同时，意大利十分重视幼儿园教师在学前教育中扮演的引导角色。

根据《全国幼儿园和第一阶段教育管理指示》，幼儿园教师的专业性体现在他们的主观能动性，对幼儿的关注，对教育活动的组织，与家庭之间的建设性关系，自身具备的学科知识、关系处理能力和规划能力，对教育和持续引导的认识，对工作团体的归属感以及教育协调能力等多个方面。幼儿园教师不仅应当重视在班级、室外、实验室和公共环境中进行的教学活动组织工作，同时还应平衡结合好其他日常活动，如对儿童细心照料，处理好与儿童之间的关系，培养儿童的日常学习能力。教师应当掌握好每日各项活动的节奏，在保证儿童安全的前提下，激励他们尝试新的体验。

幼儿园教师在照料、帮助和引导儿童等多方面扮演着重要角色，他们通过时间和空间等具有规划性质的元素，鼓励引导儿童进行调查、思考、反思和比较，并对他们进行评估。教师的评估工作意义在于描述、记录儿童的成长过程。根据相关规定，在对儿童进行评估的同时，教师应避免对儿童进行分类或片面判断，而应使用适当的方法鼓励和发掘每一个人的各项潜能。为保证教育质量，除教师评估以外，幼儿园还会采用自我评估与外界评估相结合的方式，客观全面地评价和记录儿童的成长过程。

二、与初等教育连贯性强

意大利十分重视幼儿园教育与初等教育的连贯性和统一性，《全国幼儿园和第一阶段教育管理指示》是意大利政府针对幼儿园教育和初等教育设立的统一管理规范。幼儿园的教育很大程度上为小学教育奠定了良好的基础，使得小学的教学任务能够顺利展开。

除了幼儿园和小学、初中，意大利还设有将幼儿园教育和初等教育合为一体的综合学校。这类学校的最初形成是为了满足幼儿园、小学、初中一体的综合小型学校的需要，后来为了保证各阶段教育的连贯性，教育改革将这一类学校保留了下来。幼儿园和初等教育一体化的综合学校体现国家对于3—14岁儿童教育连贯性的重视，保证了学校在教授知识和设计学科时进行良好的过渡，维持教学连续性。

第三节 学前教育挑战

一、多媒体教学有待强化

随着电子信息时代的到来，越来越多的幼儿园开始将电视、投影仪、发光黑板、电脑等多媒体电子设备作为教学工具投入教学活动。信息技术的发展，也带来越来越多专门针对儿童教学的软件。

多媒体技术图像与文字相结合的教学方式，能够使儿童的学习活动更加快速有效。利用多媒体技术对图像和语言等材料有意识地再加工被视为极其有效的学习方法。这就对幼儿园教育和幼儿园教师提出了更高的要求和挑战，教师不仅需要紧跟时代步伐，熟练掌握电脑和多媒体技术，更新教学工具，不断革新教学方式和教学活动，同时还应维持好传统教学方法与多媒体技术的使用平衡。但由于部分学前教育教师没接受过系统的新媒体技术培训，多媒体教学尚未在实际教学中发挥最大限度的作用，这也制约着意大利学前教育的发展。

二、教师培训需要创新

目前，意大利大部分幼儿园多媒体设备已经较为齐全，部分幼儿园为教师设立了小型多媒体实验室。市场上也出现丰富多样的电脑软件，专门为教师提供多媒体技术教学指导和多媒体教学辅助。学校鼓励教师参加各种线上线下的相关培训课程，以深入了解电子通信系统和多媒体工具及其在教学中的应用价值与可行性。通过这些培训课程，不同学校的教师可以相互交流，共同学习新技术领域的基础和进阶知识，通过实践研讨会学习使用已经存在的多媒体工具，甚至是设计新的软件工具。此外，通过线上分享，教师不仅能够与其他教师交流经验，同时还能与学生家长分享儿童的学习内容，大大加强了学校之间、家长与教师之间的沟通与合作。

第五章 基础教育

第一节 基础教育现状

一、基础教育概况

意大利基础教育分为第一阶段教育（即初等教育）和第二阶段教育。第一阶段教育总共八年，包括6—11岁的五年小学教育和11—14岁的三年初中教育。第二阶段教育分为两种：一种为五年中学教育，顺利从初中毕业的学生可以选择进入高中、技术学校或职业学校接受高层次中学教育；另一种则为三至四年的大区内职业学校教育，接收对象同样为初中毕业生。

意大利的教育系统以国立系统为主，大多数学校为国立学校。私人或公共团体也可以建立教育机构。非国立学校分为三类，分别是与国立学校具有同等地位的非国立学校、纯私立学校和外国学校。与国立学校具有同等地位的非国立学校通常由私人团体或公共团体（如大区、省市政府）办立，在满足一些特殊的要求（2000年第62号法令）之后可以获得与国立学校同等的地位。具有同等地位的非国立学校属于公共实体，可以颁发被意大利教育系统认可的证书。纯私立学校不属于国家教育体系的组成部分，不能颁发国家教育系统认可的文凭，并且在名称上必须体现其私立性质。

各大区学校办公室可提供所有纯私立学校的特殊名单。

国立学校的经费由中央政府直接提供。与国立学校具有同等地位的非国立学校并不直接从国家获得经费，而是由国家给在校学生提供补贴，并以对学生所在家庭进行税收减免的方式进行间接资助。然而，对于学前教育和小学教育阶段与国立学校具有同等地位的非国立学校，国家直接提供经费的方式一直延续下来。此外，大区政府也可以直接对学校或学生家庭给予额外的经费支持，非营利学校可以获得一些特殊的税收减免优惠。

根据意大利教育部网站提供的最新公开数据，意大利基础教育阶段的学校数量和学生数量如表 5.1 所示。

表 5.1 意大利基础教育阶段的学校数和学生数 [1]

	2018—2019 学年学校数（所）				2017—2018 学年学生数（人）			
阶段	国立	非国立	国立占比	非国立占比	国立	非国立	国立占比	非国立占比
小学	15 850	1 451	91.61%	8.39%	2 522 710	166 994	93.79%	6.21%
初中	7 581	642	92.19%	7.81%	1 627 269	61 787	96.34%	3.66%
高中	14 103	1 700	89.24%	10.76%	2 518 107	103 709	96.04%	3.96%

表 5.1 数据显示，初中阶段学校数量和学生数量在三个阶段中最少，主要因为表中的初中系指单纯的初级中学，而高中阶段的统计数据中包括一些综合中学，即包含初中部和高中部的中学。

---

[1] 资料来源于意大利教育部官网。其官网对于学生数量的数据统计更新通常比学校数量的数据统计迟一年。本书截稿时，意大利教育部官网对学校数量和学生数量统计的最新数据分别显示为 2018—2019 学年和 2017—2018 学年的数据。

2006 年第 296 号法令将第一阶段教育和第二阶段教育的前两年规定为义务教育，即 6—16 岁的青少年需要接受十年义务教育；第二阶段教育中，国立高中教育和地方职业教育均受认可。2003 年的莫拉蒂改革在设立第一阶段教育的同时取缔了小学毕业考试，规定初中教育结束后需参加国家统一毕业考试，考试通过后可获得接受第二阶段教育，即进入高中或职业学校学习的资格。根据 2003 年第 53 号法令规定，所有青少年均有权利并有义务接受至少 12 年教育，或者至少要在 18 岁以前获得三年制职业学校毕业资格证书。2009 年第 89 号总统令对第一阶段教育（和幼儿园）进行了重新整合，2009 年第 122 号总统令调整了学生评估标准的相关规定。

义务教育可以在公共教育体系下的国立学校（或具有同等地位的非国立学校）完成，在满足一定条件的情况下，还可以在纯私立学校中或通过在家学习完成。通过后两种方式履行义务教育的学生，必须参加特殊考试以证明其获得了预期的知识和能力。学生的父母或监护人有责任监督、支持未成年人接受义务教育，而当地政府和学校的领导层则负责提供教育活动和监督义务教育的履行。

学生完成义务教育之后（通常为第二阶段教育第二学年末），如果决定不再继续学业，将获得一份义务教育结业证书，而完成全部第二阶段教育并顺利毕业的学生，可注册进入第三阶段教育，即高等教育（大学、高等艺术教育、高级技术学院）。部分大学专业招生人数有限，因此注册这些专业的学生需通过入学考试才能被录取。

意大利还设有国立寄宿学校，提供小学、初中和高中教育，教学内容和宿舍建筑的设置均依照意大利教育体系的基本目标和要求开展，在保证机遇平等的基础上，促进学生在集体环境中的交流与合作。本章主要介绍普通小学、普通初中和普通高中的情况，对寄宿学校的情况不做讨论。

二、第一阶段教育

（一）普通小学

意大利小学教育为第一阶段教育的第一部分，学制五年，为义务教育，与三年制的初中教育相连贯。

小学教育在尊重个人差异性的同时，促进学生个性化发展，帮助学生在形成最初的逻辑批判能力之前，获得基本知识并发展基本能力，鼓励学生提高表达能力，包括学习母语之外至少一门欧盟语言（英语）。同时，小学教育还教授如何使用最基本的科学方法学习和研究自然世界、自然现象和自然法则，培养学生处理人际关系的能力和对空间、时间的定位能力，教导学生懂得作为公民与其他公民共处的最基本原则。

意大利规定，所有当年 12 月 31 日前满 6 岁的意大利儿童和外国儿童必须进入小学学习，如有身体健康问题或其他严重障碍，可延迟一年入学。如家庭提出申请，在相应学年 4 月 30 日之前满 6 岁的儿童也可提前注册进入小学。

根据 2009 年第 89 号总统令第 4 条规定，意大利小学每周的学时根据每个家庭的选择有所不同，从每周 24 学时到每周 27 学时不等，最长可增加至每周 30 学时。周学时为 24 学时的班级注册人数最少达到 15 人才可开班，而周学时为 30 学时的班级开班则须有满足相应条件的教师团队。除去常规学时的教学，在名额、教师资源、服务设施均允许的条件下，儿童家庭可向学校申请每周 40 学时的全时教学，即一周 5 天在校，每天 8 学时（包括午餐时间，午餐时间长短由学校委员会根据教师团队的建议决定）。每所学校均可在本校委员会决议的基础上，决定如何安排每周的学时，如将每周的总学时分配在 6 天还是 5 天中，周学时为 24 学时、27 学时和 30 学时的班级是否安排下午的教学活动等。

通常情况下，小学每个班级学生人数最少需达 15 人，最多 26 人（如学校内本年级仅设有一个班级，或在学生无法注册其他学校的情况下，班内人数也可增至 27 人）。若学校位于岛屿、山中城市或外语使用者居多的边境地区，学生人数满 10 人即可开班。如当年注册学生人数不足开设 15 人班级，可开设 8—18 人的混合班，将不同年级的学生集中在同一班内。根据 2009 年第 81 号总统令第 5 条，如班内有情况较为严重的残疾学生，班级人数应不超过 20 人。

2012 年第 254 号部委令规定，自 2013—2014 学年开始，所有小学必须开设以下学科课程：意大利语、英语、历史、地理、数学、科学、音乐、艺术与图像、体育、技术。除上述课程外，2008 年第 169 号法令还规定小学课程中必须包含公民与宪法的内容。

在小学必修课程中，2003 年第 53 号法令设英语课为必修课，周学时每个年级有所不同，一年级每周 1 学时（年学时 33 学时），二年级每周 2 学时（年学时 66 学时），三至五年级每周 3 学时（年学时 99 学时）。为推进小学的英语教学，2009 年第 81 号总统令第 10 条规定所有正规教师必须接受过语言教育，但由于目前语言教育进展缓慢，只有一部分教师符合要求，这一问题是由该领域经济资源匮乏造成的。需要指出的是，2015 年第 107 号法令 [1] 第 1 条规定，对于缺少英语教师的班级，学校可自主选择雇用具有相关教育经历的教师，既可以是小学教师，也可以是中学教师。

（二）普通初中

意大利初中教育为第一阶段教育的第二部分，学制三年，承接五年制的小学教育，同为义务教育。

---

[1] 2015 年 7 月 13 日获得议会的最终批准，成为第 107 号法令，即《国家教育和培训制度改革以及调整现行立法规定的政令》，又名优质教育改革。

初中教育旨在提高学生的自主学习能力及社交能力，在结合传统文化和当代社会文化科学发展的前提下，通过信息技术基本知识的教授和深化，培养和提高学生的相关能力，逐渐发展学生的天赋和兴趣领域的能力，向学生传授持续参与教学活动的方式，引导学生学习母语之外的第二门欧盟语言，并为学生提供未来学业方向选择的相关指导。

意大利规定，所有完成小学学业的意大利学生和外国学生必须进入初中学习，第一阶段教育结束后学生需参加国家统一考试，通过者可进入第二阶段教育。

学校注册可在网上进行，通常情况下，初中每个班级人数最少 18 人，最多 27 人（如注册学生较多也可增至每班 28 人），如入学人数只够组建一个班级，班内人数最多可增至 30 人。若学校位于岛屿、山中城市或外语使用者居多的边境地区，学生人数满 10 人即可开班。若同地区注册学生人数不足以分三个年级开班，可组建混合班，将不同年级的学生容纳在同一班级中，但每班人数不得超过 18 人。根据 2009 年第 81 号总统令第 5 条规定，如班内有情况较为严重的残疾学生，班内人数应不超过 20 人。

2009 年第 89 号总统令第 5 条规定，意大利初中周学时应为 30 学时，即每年总学时共 990 学时。在名额和教学资源允许的情况下，也可组织设置加时班级，即将教学活动增至每周 36 学时，每周至少有两到三个下午在校，午餐是否在校无强制规定。如多数家庭提出申请，周学时可延长至40 学时。

2009 年第 37 号部委令规定了每门或每组学科的教学时长，具体如表5.2 所示 [1]。

---

[1] BARBUTO E, 2020. Avvertenze generali per tutte le classi di concorso[M]. Edizione 2020. Napoli: EdiSES.

表 5.2 意大利普通初中学科课时分配

学科	周学时	年学时
意大利语、历史、地理	9	297
文学研究	1	33
数学和科学	6	198
技术	2	66
英语	3	99
第二外语	2	66
艺术与图像	2	66
体育和运动学	2	66
音乐	2	66
天主教	1	33
总计	30	990

对于周学时为 36—40 学时的加时班，总学时中应包括午餐时间，且加时班应遵守以下条件：（1）尊重当地资源条件；（2）增加的学时应安排在至少两个下午中，且学校的服务和设施资源必须满足下午教学活动的需要；（3）增加至少一门课程的教学时间，增加的学时除去午餐时间外，应分配给文学学科（由每周 9+1 学时增至 15 学时）及数学和科学课（由每周 6 学时增至 9 学时）。

对于外语课程的教学，2009 年第 81 号总统令 14 条规定，所有学校第一外语必须为英语，每周 3 学时。第二外语（即第二欧盟语言）每周 2 学时，具体语言可由学校委员会根据教师团队的建议决定，通常为德语、西班牙语或法语。此外，根据家庭申请，第二外语的 2 学时可用于强化英语学习，对于刚刚移民的外国学生，第二外语的教学可用意大利语教学替代。

2012 年第 254 号部委令规定了 2013—2014 学年开始初中必须开设的学科课程包括意大利语、英语和第二外语（第二欧盟语言）、历史、地理、数学、科学、音乐、艺术与图像、体育、技术。除上述课程外，2008 年第 169 号法令还在初中学科中增加了公民与宪法课程，自 2020—2021 学年起，该课程由公民教育课取代。

除普通班级外，意大利初级中学还可面向有意向、有特长的学生开设音乐方向的班级，课程既包括乐器的学习，也包括音乐实践。其学时可用于进行个人或小组乐器练习、音乐鉴赏、团体音乐活动，或读谱和音乐理论学习，最后一项教学活动（每班每周 1 学时）可由乐团进行教授。第一阶段教育结束后，会对学生的音乐理论知识和音乐实践能力进行考查，音乐实践包括个人或团体演奏。

（三）第一阶段教育的阶段评估和终期评估

意大利 2017 年第 62 号法令对第一阶段教育的评估和国考进行了改革。其中第一条指出学校评估是以教育为目的、对培养过程和学习成果进行评估的活动，有助于促进学生的学业发展，记录其个人发展情况，培养个人对所获取知识和能力的自我评价。

对于中学生来说，每学年出勤学时满 3/4 以上，当年学年才有效。年级委员会对学生进行阶段性评估和终期评估时，出勤时间以学时计算，而非天统计。学校负责人会以此为标准对学生出勤情况进行评估，判定是否给予其升级或升学的资格。当出勤学时不足，但符合以下条件时，教师评审团可考虑予以宽松处理：（1）缺课时数与规定时长相差不多；（2）因客观合理的原因缺勤，且缺勤原因已有备案；（3）缺勤没有影响学生达到预设教学目标。

每学年年初，学校会向每个学生及其家庭宣布本学年总学时数以及学年必须达到的最低出勤学时数。每学年中期和学年末，学校会通知学生及家庭其总计缺勤时数。

中学生若有一门或多门学科没有达到教学目标，年级委员会经过核实评估，有权拒绝其升入更高年级或参加第一阶段教育结业考试。学校则有责任采取特定教学措施，为这些学生补全相应学科的知识，提高其学业水平。

上述 3/4 的出勤要求并不针对小学生，这并非意味着缺勤不影响学生的评估成绩，而是允许由教师团队评估学生缺勤对教学成果造成的影响，教师团队会根据相应衡量标准，对学生给出统一的评价。2017 年第 62 号法令对小学阶段和初中阶段做出明确区分，小学生只要部分达到教学目标，即可获得升入更高年级的资格。通常仅在极特殊的情况下教师才会拒绝小学生升年级。

根据规定，教师评估团队只有在所有成员全部在场的情况下才能做出决议，不允许秘密评估，投票时不允许弃权。如果评估团队中有教师缺席，必须安排本校另外一位教师代替，替补者必须为与缺席教师教授同一科目的教师。阶段评估和终期评估的评分册上，须包含评分数字及评估团予以通过或拒绝通过的原因。

法令规定，所有阶段学校的学生均须参加意大利国家教育和培训系统评估协会测试，该测试全程使用电脑在网上进行，用以检验学生的学业水平。小学阶段在二年级和五年级组织该测试，测试科目为意大利语和数学，五年级加测英语。初中阶段，则仅在三年级组织该测试，其中英语科目的测试根据《欧洲语言共同参考框架》[1]检验学生的外语理解和使用能力。为

---

[1]《欧洲语言共同参考框架》（ *Common European Framework of Reference for Languages* ）是欧洲委员会在 2001 年 11 月通过的一套建议标准，将语言能力分成 A1 到 C2 六个等级，含听、说、读、写、连续的口头表达和参与对话五项技能分级界定。该框架为欧洲语言在评估和教学指引、考试、教材等方面的基准，可用来评估语言学习者所学语言的水平，同时也为教育评估提供参考。该标准受到各国政府、企业与学术机构认可。

避免作弊现象，该测试专门采取相应对策，每个年级共有五套不同的测试题，每套题的问题和选项顺序皆不相同。

目前，测试不再算作第一阶段教育结业统考的一部分，而是在四月以前开展。所有学生必须参加，以获得参与全国结业统考的资格。因特殊原因缺考且已备案的学生，经年级委员会同意，可参加补考。

总体来说，中学生若要获得升级资格和参加结业考试资格，须满足以下要求：（1）出勤率至少达到学时数的 3/4；（2）没有因为学科成绩不合格遭到拒绝升级或结业的处分；（3）每门学科成绩至少达到 6 分（满分10 分），如有一门或多门学科不合格，由年级委员会采取决议；（4）已参加过测试。

意大利第一阶段教育全国结业统考分为笔试和口试两部分。

笔试包括意大利语、数学逻辑能力、外语三门测验。考试当天，考试委员会为每门学科抓阄抽取测试组合，每个测试组合包括三个考查项目，考生可在每门学科的三个考查项目中自行选择一个接受检测。意大利语考试主要通过记叙文撰写、议论文撰写、阅读理解等形式考查学生对母语的掌握能力、个人表达能力以及表述思想的连贯性。数学逻辑能力笔试则旨在考查学生对已学知识的组织和再整合能力。每个测试组合均含有单项或多项问答题，以及开放式问题。外语笔试分为英语和二外测试两部分，两部分分数相加得最终综合评分。外语笔试主要考查学生的外语理解能力和写作能力，全国教学大纲要求英语能力应达到 A2 水平，二外应达到 A1 水平。外语测试包括以下考查内容：文本理解，文本补充、重写或改写，对话设计，个人信件或邮件书写，文本归纳。对于将二外学时用于英文或意大利语强化的学生，外语笔试只考查英语。

口试部分为多学科口试，由全体考试委员会分会组织开展，除了考查学生知识和能力外，还注重考查全国教学大纲要求的学生综合能力，如表述和立论能力、问题应对能力、思考能力和批判能力、个人评估能力等。口试过程中，各个话题的考查程度保持均衡，以便客观检验学生的知识掌握、表述能力和综合能力。对于具有实践特点的学科（技术、艺术、音乐、体育等），为避免测试过于偏向理论，口试评分还参照学生当年的实践表现。音乐方向的学生还需在学年末加测个人或团体音乐实践能力。

根据 2017 年第 62 号法令第 8 条规定，笔试和口试成绩满分为 10 分，评分均取整数，不含小数。包含两部分的外语笔试应将两部分分数合并为统一整数分数。最终毕业分数取在校表现分数和毕业考试分数的平均分。具体评分步骤为：考试委员分会算出学生毕业考试笔试和口试的平均分，保留小数，不做四舍五入；计算在校表现分数和毕业考试分数的平均分，四舍五入，所得分数为学生最终分数。最终得分不低于 6 分即可通过考试。如有学生得满分，考试委员会可根据分会提议，对学生考试成绩和在校表现进行评估，选择是否予以"满分 + 荣誉"的成绩。考试成绩会以最终分数的形式在学校公告栏公示，对于没有通过考试的学生，学校将采取适当的方式告知学生家人，学校录取结果公告栏上将只标明"未通过"，不会公示具体分数。

学生在小学教育和初中教育的最后一学年年末（第二阶段教育第二年结束和最后一年结束时亦如此）获得能力认证证书，即毕业证书。证书主要描述学生在学习过程中获得的主要能力水平。学生能力评估共分为四个层次。（1）初级，学生在适当指导下能够完成熟悉情况中的简单任务。（2）基础级，学生掌握重要知识和能力，懂得应用基本规则和程序完成新情境下的简单任务。（3）中级，学生能够应用自己获得的知识和能力完成任务，解决新情境下遇到的问题，以及有意识地做出选择。（4）高级，学生能够凭自己对知识的掌握和能力应对自如地完成各项任务，并解决复杂问题，能够提出并论证个人观点，有意识地对自己做出的决定承担责任。

证书填写工作通常在学年末的评估阶段进行，初中生的毕业证书上会体现出学生在全国结业统考中取得的意大利语和数学成绩，以及英语理解和使用能力水平。毕业证书由考试委员会主席，即学校领导亲自发放，该证书最终将交予学生父母和下一阶段的学校。

三、第二阶段教育

意大利第二阶段教育可在高中、技术学校和职业学校等多种类型的学校中进行。本章主要介绍普通高中教育，技术学校和职业学院的情况将在第七章中单独讨论。

（一）普通高中分类

意大利高中教育为学生提供中等教育，可授予中等教育毕业证书，顺利完成高中学业的学生将具备一定的知识、文化和职业能力。高中课程为学生提供用以深入理解现实的文化工具和方法论，培养学生面对问题、各种现象和现实情况的理性态度、创造性和批判性思维，帮助学生获取足够的知识和能力，以便其能够顺利开展更高阶段的学业，或进入社会生活和工作领域。

根据 2008 年提出、2010 年开始执行的相关规定，高中学制为五年，分为两个两年阶段和第五年的结业阶段。意大利高中大致分为六种，分别是艺术高中、文科高中、语言高中、音乐舞蹈高中、理科高中和人文科学高中，其中理科高中还有专门的应用科学方向理科高中和体育方向理科高中，人文科学高中类别里有专门的社会经济方向的人文科学高中。

1．艺术高中

艺术高中主要教授美学领域课程和艺术实践，帮助学生学习专业的研究方法和艺术创作方法，熟练掌握相关领域技术，并教导他们充分理解和把握艺术财富在当今社会的存在价值。此类高中旨在引导学生深入发展自身的学识和能力，逐步提高和完善自己的艺术设计能力，以及表达和发挥自身创造性的基本能力。

艺术高中自高三起分为六个学习方向，分别为视觉艺术方向、建筑与环境方向、设计方向、视听与多媒体方向、图像方向和舞美方向。其中视觉艺术方向包括雕刻艺术、图形绘画艺术和造型艺术三个分方向，设计方向包括金属、金银器和珊瑚艺术，装饰和木材艺术，陶瓷艺术，书籍艺术，时尚艺术，布艺艺术和玻璃艺术七个分方向。每个方向均有各自的学习内容和培养目标，重点培养学生在本学习方向的设计能力。

艺术高中的学生在高一、高二两年必修学时为每周 34 学时，每年总共 1 122 学时，高三、高四阶段所有学生必修学时为每年 759 学时，本方向教学活动学时为每年 396 学时，即每个学生平均每周学时 35 学时。高五期间，所有学生必修学时为 693 学时，而本方向教学活动学时总共 462 学时，每个学生平均每周的学时为 35 学时（见表 5.3）。

表 5.3 意大利艺术高中必修学时安排

	必修年学时	专业方向年学时	周学时
第一个两年阶段（高一、高二）	1 122		34
第二个两年阶段（高三、高四）	759	396	35
第五年（高五）	693	462	35

2．文科高中

文科高中的教学则侧重于古典文化和人文主义文化，主要提供文学、历史、哲学领域的教育，帮助学生理解古典文化和人文主义文化在传统和文化发展中的重要角色，以及在当代世界中的人类学价值。文科高中在强调文化背景、教授学生掌握古典文化和人文知识学习方法的同时，也注重数学、物理和自然科学知识的教育，促使学生获取跨学科知识，培养学生形成对于现实的批判性观点。

文科高中的课程主要设有意大利语言和文化、拉丁语言和文化、希腊语言和文化、外国语言和文化、历史与地理、哲学、数学、物理、自然科学（包括地质学、生物、化学等）、艺术史、运动和体育学等学科。

文科高中所有学生在高一、高二两年的必修学时为每年891学时，相当于平均每周27学时；高三、高四阶段和高五一年的必修学时均为每年1 023学时，即平均每周31学时（见表5.4）。

表 5.4 意大利文科高中必修学时安排

	必修年学时	平均周学时
第一个两年阶段（高一、高二）	891	27
第二个两年阶段（高三、高四）	1 023	31
第五年（高五）	1 023	31

3．语言高中

语言高中则主要侧重语言和文化的学习，引导学生深入学习和发展语言知识和能力，掌握除母语意大利语以外的至少三门语言，客观批判地认识和了解不同文明的历史与现状。语言高中要求学生毕业时，对第一外语及其文化的掌握程度须至少达到《欧洲语言共同参考框架》的 B2 水平，第二外语和第三外语及文化须至少达到 B1 水平。

语言高中的教学活动注重学生对于外语的持续使用，帮助学生提高语言沟通能力，增强跨文化视域下对外国文化的理解，发展学生在深入了解本国文化及所学文化的同时，有意识地比较不同文化之间相同点与差异性的能力。在语言高中学习的过程中，学生有机会在意大利或出国进行交换学习或参与实习活动。

根据语言高中的教学要求，从高三起，需要加入一门基于内容和语言整合学习法并用外语教授的非语言类课程。该课程为所有学生必修课，由学校根据学生及其家庭需求系统地设置规划。自高四起，须再增设一门用另一种外语教授的非语言类课程，该课程同样以整合学习法教授，为所有学生的必修课。

语言高中要求所有高一、高二学生必修学时为每年 891 学时，即平均每周 27 学时，高三至高五阶段每年必修学时为 990 学时，平均每周 30 学时。各学科学时设置见表 5.5。

表 5.5 意大利语言高中学科学时设置

	第一个两年阶段	第二个两年阶段	高五
各课程必修学时设置			
意大利语言文学	132	132	132
拉丁语	66		
第一外语和文化	132	99	99
第二外语和文化	99	132	132
第三外语和文化	99	132	132

	第一个两年阶段	第二个两年阶段	高五
历史与地理	99		
历史		66	66
哲学		66	66
数学	99	66	66
物理		66	66
自然科学	66	66	66
艺术史		66	66
运动和体育学	66	66	66
天主教或其他活动	33	33	33
总计	891	990	990

4．音乐舞蹈高中

音乐舞蹈高中最初设立于 2010—2011 学年，保证了音乐领域学业的连贯性和一体化。音乐舞蹈高中重点教授音乐和舞蹈技巧与实践课程，强调音乐和舞蹈在历史与文化中的角色，引导学生通过专业活动发展和完善音乐和舞蹈方面的能力，如创作能力、诠释能力、演奏能力和表现能力，与此同时，培养学生文化、历史、美学等方面的理论知识与技巧。

音乐舞蹈高中的课程主要分两个大的方向，音乐方向和舞蹈方向。两个方向的学生在注册学校时，均须参加专门考查音乐能力或舞蹈能力的入学测试，测试通过后才可入学。课程设置包括意大利语言文学、外国语言和文化、历史与地理、数学、物理、自然科学、艺术史。音乐方向还设有体育运动课，演奏课，理论、分析和作曲，音乐史，团体音乐演奏，音乐技巧等课程。舞蹈方向另设有舞蹈史、音乐史、舞蹈技巧、舞蹈实践、编舞、舞蹈音乐理论和实践等课程。

音乐舞蹈高中所有学生高一、高二阶段每年必修学时为 594 学时，高三至高五则平均每周 18 学时。除此之外，每个专业方向的学生高一、高二阶段另增加 462 学时专业课，高三至高五阶段专业课程学时则为平均每周 14 学时。

5. 理科高中

理科高中更加注重学生对数学、物理和自然科学知识的掌握，引导学生深入学习和提高科学技术知识和研究能力，分辨各学科之间的相互影响，帮助学生通过实验和实践掌握科学技术和相关研究方法。除数学、物理、自然科学等理科学科以外，理科高中同其他类高中一样，也设有意大利语言文学、拉丁语言和文化、外国语言和文化、历史与地理、设计和艺术史、运动和体育等学科。

普通理科高中的必修学时如表 5.6 所示。

表 5.6 意大利普通理科高中的必修学时

	必修学时	平均周学时
第一个两年阶段（高一、高二）	891	27
第二个两年阶段（高三、高四）	990	30
第五年（高五）	990	30

除普通理科高中以外，意大利还设有应用科学方向理科高中和体育方向理科高中。其中，应用科学方向理科高中重点培养和强化学生在科学技术学科方面的能力，侧重数学、物理、化学、生物、地质学、信息科学等学科的培养和应用。

体育方向理科高中（简称体育高中）为意大利教育体制引入了文化改革，通过宣扬运动教育的价值，将文科教育和理科教育和谐地融合在一起，重视运动实践在教育过程中对于个人能力和人格培养的重要意义，突出强调运动在文化和教育中的独特性。体育高中在重视传授数学、物理、自然科学、经济、法律等学科知识及研究方法的同时，增设一项或多项体育学科，培养学生将各学科知识与体育运动和体育文化融会贯通的能力，保证学生扎实掌握本方向专业知识及相关技巧。

6．人文科学高中

人文科学高中教学侧重与个人身份构建以及人类社会关系有关的现象和理论，引导学生学习人文科学领域知识。人文科学高中旨在通过教育学、心理学、社会人类学等学科的专业知识以及跨学科学习，教授学生人文科学领域的基本知识，培养他们通过阅读研究当代和历史上重要作家的作品，学习西方文化中的教育思想和社会思想，认识其在欧洲文明建设中扮演的角色，学会识别社会生活中的理论和政治模型及其哲学、社会含义。

人文科学高中所设学科有意大利语言文学、拉丁语言和文化、历史与地理、哲学、人文科学（包括人类学、教育学、心理学、社会学）、法律与经济、外国语言和文化、数学、物理、自然科学、艺术史、运动和体育学等。各阶段必修学时安排与理科高中相同。

根据 2010 年第 89 号总统令第 9 条，各大区可根据自己的教育规划，开设社会经济方向的人文科学高中，为学生提供法律、经济学和社会学领域的进阶知识。经过多年的试验和提议，社会经济方向的人文科学高中（简称社会经济学高中）填补了意大利教育领域的一大空白，为学生提供了新的学业选择，满足了他们对于了解当今世界经济、社会和文化现象的兴趣和需求。

社会经济学高中的学生，除了达到高中生的基本学业要求以外，还应具备以下能力：了解经济学、法学和社会学的意义、方法和类别；理解经济学和法学的特点，即经济学是研究人们对（物理、时间、土地、财务等）资源的合理选择和支配行为的科学，法学是研究社会生活规则的科学；通过相关的人类学和社会学知识理解文化现象；具备利用数学、统计和信息学工具评估经济现象和社会现象的能力；从哲学和历史地理学的角度研究国际和国内现象、地域和人类之间的相互依存性；能够鉴别文化现象、经济现象、社会现象与政治机构在全国和欧洲层次以及世界层面上的紧密联系；掌握一门现代外语，且沟通能力至少达到 B1 水平。

社会经济学高中的管理和组织分为地方和全国两个层次。自 2012 年起，意大利就已经自然形成了大区层次的社会经济高中教育网，每所学校都基于所在大区的管理规定开展教学活动。2014 年 11 月 27 日，意大利又建立了全国社会经济高中教育系统，由每个大区重点学校的负责人共同组织协调。

值得一提的是，一些学校还开设强化实验性课程，比如，自高中三年级开始引入生物医药方向的生物课程。这类课程总共持续三年，在教授学生学习专业领域知识的同时，通过实验室实践培养学生的相关能力，让有志投入生物化学和医学领域学业的学生积累知识储备，帮助他们有意识地做出选择。该课程的年学时总共为 50 学时，其中 40 学时在学校的实验室跟教师或医生专家学习，10 学时在当地外科牙科协会指定的医疗机构学习。

（二）评估与高中毕业考试

意大利高中的入学注册与第一阶段教育相同，亦为网上注册。注册时，学校须向学生和家庭提供教学方案和规划。通常一年级的班级人数应不少于 27 人，如果学校注册总人数较多，则每班人数最多不超过 30 人，多出的学生尽可能安排在同一班级中，以保证大多数班级人数维持在 27 人。对于从高中一年级就开始对学生分方向教学的学校，班级人数应不少于 25 人。一般来说，中间年级的班内人数只要平均每班不少于 22 人，在升级过程中班级数应保持不变，如需进行必要改动，应遵循上述原则重新组班，而高年级班级数应与上一学年班级数相同，以保证高中最后阶段的教学连贯性。

高中阶段的评估和考核方式与初中阶段相同，每学年末即六月左右，学校会给予评估不合格的学生一段补习时间，年级委员会在新学年开始之前，即九月初，对不合格学生的补习情况进行再次考核，考核通过即可升入更高年级。高中的阶段性评估和年终评估均基于学生的全部在校表现进行，评分为十分制。年级委员会根据学生的综合表现给出评分，分数在 6 分以下的学生无资格升入更高年级。其中每门学科的评估，首先由任课教师根据平时课堂提问、测验以及家庭作业和练习的情况，为每个学生打出建议分数，年级委员会根据任课老师的分数给出学生的最终评估分数。根据 2015 年第 107 号法令第 1 条规定，每个学生都有自己的档案，档案记录学生的学业历程、获得的各项能力、选择的课程方向、教育经历以及参加的文化、艺术、音乐、体育和志愿者活动等。教育部提供统一电子档案模板，许多学校已经开始试用。

在第一个两年阶段结束以后，即高二学年末，学生须参加义务教育结业考试，考试内容包括意大利语、数学和英语，考核方式与初中结业考试相同。通过考试者，学校为其发放义务教育结业证书。五年学业全部结束并通过毕业考试之后，学生可获得高中毕业证书。

根据 2017 年第 62 号法令第 13 条规定，满足以下条件的学生才具备参加高中毕业考试的资格：（1）最后一年出勤率为年学时 3/4 以上；（2）同年参加过意大利国家教育和培训系统评估协会测试；（3）高三到高五期间参与过学校–工作互换活动；（4）各科评分或综合学科总评分不低于 6 分；（5）在校表现分数不低于 6 分。

对于不满足第四项要求的学生，年级委员会基于适当理由，可商议批准其参加毕业考试。高中四年级的学生若满足以下要求，也可申请直接参加高中毕业考试：（1）当年年终评估成绩中，学科分数和在校表现分数均不低于 8 分；（2）学业历程正常；（3）此前两年的评估中，各科评分或综合学科总评分不低于 7 分，在校表现分数不低于 8 分，无不及格经历；（4）1 月 31 日之前提交申请。

毕业考试申请结果在校内公示，若通过申请审核，学校将公示学生各科评分、在校表现评分、最后一年的学分和综合总学分，并附"通过"字样；没有通过申请审核的学生一栏则仅显示"未通过"字样。

意大利高中毕业考试为全国统一考试，包括两项笔试和一项口试。

第一项笔试为意大利语笔试，考查学生对母语的掌握，以及表达能力、语言逻辑能力和评论能力。考卷中的文章涵盖艺术、文学、哲学、科学、历史、社会、经济和技术等多个领域，以考查学生的知识面。意大利语笔试的考查内容在以下三种类型中择一测试：（1）意大利文学文本分析与诠释（提供两个考查话题供选择）；（2）议论文分析和写作（提供三个考查话题供选择）；（3）对时事话题的思考与评论（提供两个考查话题供选择）。2019 年 11 月 21 日，第 1095 号部委令规定第二类议论文分析和写作中的三个考查话题中，应至少有一个与历史相关。

第二项笔试具体形式根据学生学业方向而定，主要从教育、文化和职业角度考查学生在相关专业领域的知识与能力。

口试形式原本由考生选择学科话题，2017 年第 62 号法令 17 条对此做了调整，改为由考试委员会直接向考生提供需要分析的文本和要论述的问题。2019 年 11 月 25 日第 2197 号部委令取消了一直沿用到 2018—2019 学年的考试方法，即取消由考生在考试分委会准备的三个考题之中抓阄决定考试内容的方式。对于外语授课的非语言类课程，如学科授课教师为考试委员会成员，则口试以外语形式进行。学校-工作互换活动的经历以简短报告或多媒体报告的形式呈现。此外，口试过程中，也会对公民与宪法方面的教学项目和活动进行考查（自 2020—2021 学年开始，该项教学内容由公民教育代替，由法律和经济专业的教师教授）。口试成绩根据考试委员会在试前会议制定的评估准则评定，并在考试当天公布。

笔试和口试成绩由考试委员会分学科领域评估，最终分数由考试委员会多数意见决定。每门考试最高分为 20 分，三项考试总分不得超过 60 分。

毕业考试结束后，每位考生将获得百分制总分数，总分包括毕业考试的笔试和口试成绩，以及在校表现分数（最高为 40 分）。笔试成绩应于口试日期至少两天前公示。最终学生总分高于 60 分，即可顺利毕业。对于在校表现分数高于 30 分（含 30 分）和毕业考试成绩高于 50 分（含 50 分）的学生，考试委员会有权为其增加附加分（最高 5 分），但总分不得超过 100 分。如满分学生符合以下要求，考试委员会可自行决定是否在满分基础上给予其"荣誉"毕业，即"满分＋荣誉"：（1）考生满分成绩不包含附加分；（2）在校表现的满分成绩由年级委员会一致同意通过；（3）毕业考试中，每门考试成绩均为满分。

所有考生的考试结果和最终成绩由考试委员会在委员会所在地公告栏公示，对于没有通过考试的学生，仅标明"不予毕业"的说明。

最终的学位证书会标明学生的学业方向、学习年限以及毕业分数。学生档案随附在学位证书中，记录学生修读的所有课程以及相应学时。此外，学生档案中还会以描述形式说明学生在国家教育和培训系统评估协会的测试中的各学科学习水平、英语的理解和使用能力、在学校-工作活动和其他校外活动中获得的各项能力，以及学生在高三至高五阶段通过参加其他活动获得的相应证明。

第二节 基础教育特点

一、重视公民教育

意大利遵循欧洲议会和欧盟委员会的建议和指示，在培养学生文化能力的同时，重视对学生的公民教育，这一点尤其体现在第一阶段教育中。自 2008 年以来，国家法规将"公民与宪法"的教学纳入课程，并将教学内容与历史地理区域相关联。在第一阶段教育的章节中，《全国幼儿园和第一阶段教育管理指示》(2012 年)（以下简称《指示》）特别强调公民与宪法的教学，其中提到需要引入《宪法》知识，尤其是第一部分和有关国家组织的条款。《指示》规定可以将宪法知识、政治和行政组织形式、社会经济组织形式、公民权利和义务等知识的教学交由历史教师负责，并纳入涉及该学科的课程领域。但由于《指示》涉及教学多个领域，而教学又涉及人们在生活每个领域中与他人和环境相关的日常行为，因此要求所有教师都应在日常教学活动中进行公民与宪法教育。

《指示》指出，培养积极的公民意识，加强和扩大在幼儿园中所推行的相关教育，是这一阶段教育的特殊任务。公民教育是基于丰富的实践经验来推进的，这些经验有助于学生学习与自己、他人和环境相处的具体方法，发扬合作与团结精神。公民教育的基本目标是形成法律意识和责任道德，这是通过有意识地选择并采取行动实现的，学生需要认真思考，从学校的日常生活和个人习惯性参与开始，为不断改善自身生活环境而采取行动，如维持环境的清洁、维护花园或庭院、保护器材、搜集资料、参与共同决策、进行简单的修理工作和社区组织工作等。

为实现联合国 2030 年可持续发展议程中的第四项目标，确保包容和公平的优质教育，让全民终身享有学习机会，意大利始终积极努力，培养学生的文化能力和社会能力，重视方法论教育，以塑造有意识的全球公民，赋予年轻公民面对未来社会和改善社会秩序的能力与手段。同时，意大利基础教育要求教师不必教授特殊或特别的内容，而要选择那些能够长久保留下来的关键知识，教师要创造学习环境，以便其教授的知识有助于培养学生的文化能力、认知能力、学习能力和社会技能，从而培养他们形成积极的公民意识。

二、重视中学阶段母语教学

不管是初中阶段还是高中阶段，毕业考试中意大利语均为必考科目，要求学生具有足够的问题分析能力、文本分析能力、思辨能力、表达和论述能力等，并通过笔试与口试结合的方式全面考查学生能力。初中教育的加时班中，增加的学时除去午餐时间外，需分配给文学学科（由每周9+1学时增至15学时），及数学和科学课（由每周6学时增至9学时）。由此可看出意大利对于中学阶段母语教学和培养的重视。

此外，《指示》明确指出，意大利语是交流和获取知识的首要工具。其中，书面语是探索世界、组织思想以及反思人类经验和知识的决定性工具。所有教师都有责任确保学生熟练掌握意大利语，同时重视发扬方言和社区语言。因此，学校应成为学习和进行自由多元比较的特许之地。

根据《指示》要求，学生在完成初中教育时，母语水平应当达到以下要求。（1）能够在不同的环境中进行有效的互动，并通过口头和书面的方式来论证自己的想法；能够意识到对话不仅是一种交流工具，还具有文化价值；能够用来获得和学习各种文化和社会领域问题的相关信息，并形成自己的观点。（2）能够有效地使用口语和书面语与他人进行合作，如进行游戏、开发项目、评估针对同一问题不同方案的有效性。（3）在个人和合作学习活动中，懂得使用学科手册或其他学习文本以及信息工具，并用以研究、收集和处理数据、信息、概念。（4）有兴趣阅读各种类型的文学作品，开始表现出对作品、作家和文学体裁的个人品位，并能与同学和教师交换意见。（5）能够在教师和同学的帮助下有效地利用书面语言、图像语言和声音语言之间的联系，制作简单的超文本。（6）学会将语言作为一种表达情绪、描述经历和展示个人观点的工具。（7）能够使用元语言知识来提高口头和书面交流能力。（8）有能力根据交流情况和对话者身份在非正式和正式的语体之间相互转换，根据交流的领域识别并使用相应的专业术语。

三、重视外语能力培养

意大利的基础教育始终重视对学生外语能力的培养。自 2003 年起，意大利将英语课定为小学必修课程。意大利从小学一年级开始引入英语学习，并在之后的教育和培训系统中坚持继续提供英语教育，以保证为每个人提供至少达到 B1 级英语能力的机会，这些培训教育活动面向欧洲和全球范围开放。此外，根据 2009 年第 81 条总统令第 14 条规定，所有初中学校必须开设英语课且作为第一外语课程（周学时 3 学时），并设置二外课程（周学时 2 学时）。第二外语具体语言可由学校委员会根据教师团队的建议决定，通常为德语、西班牙语或法语。高中阶段单设语言高中，要求语言高中的学生除母语意大利语以外至少掌握三门外语。

无论是初中毕业考试还是高中毕业考试，外语均作为三门必考科目之一，用以检测学生对外语知识的掌握，即外语理解能力和应用能力。实际上，推动外语学习是 2010 年教育与培训计划的特定目标，该计划是里斯本战略专门针对教育和培训的一部分。

为促进外语教学，意大利还引入了内容和语言整合学习法，既保证学科内容的学习，又有助于促进外语的学习。各个阶段的学校都基于教学自主性进行了通过外语进行内容教学的实验。

2003 年第 53 号法令对高中进行了重组。2010 年的《实施条例》在高中和技术学校的最后一年引入一门外语授课的非语言学科，在语言高中的第三年和第四年引入两门外语授课的非语言学科，也就是说，意大利高中和技术学校的最后一年中必须开设外语授课的非语言学科，语言高中从三年级开始以第一外语教授非语言学科，四年级增设一门用第二外语授课的课程。2015 年第 107 号法令第 7 条规定，学校的优先教育目标为开发和增强语言能力，包括意大利语、英语和其他欧盟语言，尤其是通过使用内容和语言整合学习法来实现这一目标。

四、重视历史教育

在历史学科的教学中，意大利学校的教师注重培养学生发现遗迹与历史知识之间的联系，重视实践教学，经常组织学生参观博物馆等文化场所，进行实地教学，有意识地利用考古遗址、博物馆、图像和档案等资源，帮助学生在真实环境中了解、学习意大利的宝贵文化遗产及其历史，认识文物与艺术的价值，增强学生对文化遗产价值的认识，通过文化遗产教育培养学生积极形成公民意识。

根据 2019 年 11 月 21 日第 1095 号令规定，在高中毕业考试意大利语笔试中，"议论文分析和写作"这项考查内容所提供的三个考查话题中应当至少有一个与历史相关。《指示》也明确指出，历史的教育和学习，有助于促进文化遗产教育，塑造积极活跃的公民。

《指示》的补充文件进一步强调，通过"文明场景"学习历史，有助于研究人类是如何在时间和空间上面对并解决共存、社会组织、资源供应和防卫等问题的，又是如何在这些解决措施的作用下发展文化、经济、技术、艺术和文学的。通过对政治、经济、社会、文化和技术"结构"的分析，能够勘测它们在时间和空间中的恒量与差异，欣赏它们的演变，更好地了解当前并根据过去来计划未来的选择。

五、重视艺术人才培养

重视历史教育的同时，意大利同样重视艺术知识普及与艺术人才的培养。第二阶段教育中，所有类型的高中必修课程均包括艺术史。此外，意大利不仅自初级中学阶段起开设音乐方向的班级，还在第二阶段教育中单设艺术高中，对具有艺术专长和爱好的学生进行定向培养，为国家艺术人才储备奠定基础。

《指示》的补充文件中提到，在协调发展人格和培养学生以不同方式表达自己，有意识地享受艺术、环境和文化遗产，认识社会认同和文化认同的价值，理解与维护社会文化身份的必要性等方面，艺术学科发挥着至关重要的作用。

六、重视学业和就业指导

2008 年 6 月 25 日第 112 号法令第 64 条第 4 款开启了意大利第二阶段教育的改革。2010 年 3 月 15 日第 87、88 和 89 号总统令对技术和职业学校与高中进行了调整，重新制定了教育计划，并对第二阶段教育学校的教学方向进行了削减与整合。这次改革是意大利教育史上的一次重要改革，不仅为学生选择未来学习方向带来了实质性的新的可能，也使得意大利第二阶段教育同社会衔接更加紧密。随着改革的进行，学生和家庭更加清晰地了解了中学的入学情况，得以做出准确的选择，为之后继续接受高等教育和获得工作技能奠定了基础。

为了随时向学生提供所需的信息，使他们自主选择学校和最符合自己志向和期望的学习方向，意大利创建了门户网站"我选择，我学习"。该网站提供清晰明确的第二阶段教育学校（普通高中、技术学校、职业学校等）介绍。其中《高中选择指南》中列有所有类型的高中简介、适合人群、兴趣导向、主要学习内容和未来就业方向，帮助初中毕业生对各个类型的高中有所了解和认识，以便有意识地选择感兴趣的或者最适合自己的学校类型，并对未来的学习方向做出初步选择。网站还提供高等教育阶段不同类型学校的门户网站链接或介绍指南，帮助学生对未来升学方向有足够的了解和认知，以便毕业后做出合理的选择。

根据 2015 年第 107 号法令规定，高等学校（包括普通高中在内）学生在校期间，最高的三个年级的学生必须参加学校–工作互换活动[1]，即社会实践活动。该项措施可谓是优质教育改革中最重要的一项革新措施。学校–工作互换活动是一种创新的教学方法，帮助学生通过实践来巩固在学校获得的知识，并考查学生在相关领域的能力，丰富他们的受教育历程，为学生的未来的学习道路以及工作计划提供指导。

第三节 基础教育的挑战和对策

科学技术的日新月异与世界经济的飞速发展，在改变当今人类生活方式的同时，对社会各领域均提出了不断追求创新、适应时代变化的要求和

---

[1] 资料来源于意大利教育部官网。

挑战。教育，作为国家发展的重要支撑，更是国家创新与革新的核心部分之一。基础教育，则是教育事业和人才培养的基点与重点。面对数字化与全球化这两大世界发展趋势，意大利政府积极出台了多项针对基础教育的改革计划与措施。

一、数字化的挑战和对策

进入数字时代以来，意大利在教育领域积极推陈出新，学校的教学活动、教学方式以及教学工具均发生较大程度的改变。为应对数字时代的挑战，意大利教育部于 2015 年实施优质教育改革之际，出台了《国家数字学校计划》。为重新思考教学、学习环境、学生技能、教师培训等教育细节，该计划确定了学校教育领域的优先事项和行动，设立投资，分配资源，创造大量教育部、大区和地方机构之间进行合作的机会，同时推动建立学校创新联盟。

《国家数字学校计划》是教育部的方针文件，旨在启动意大利学校的整体创新战略，在数字时代对其教育体系进行重新定位。该计划是优质教育改革的基本支柱，作为一项具体措施反映了政府在公共系统创新中应对重要挑战的立场：推动教育体系创新，增加数字化教育的机会。

《国家数字学校计划》利用欧洲结构基金（2014—2020 年"国家行动计划"教育板块）提供的资源和第 107 号法令（优质教育改革）的资金，致力于加快多种资源的使用，以支持数字创新，同时在教育部与其他部委和其他政府部门、地区和地方机构负责和主导的资源与项目之间建立合作联系。基于对教育部发展道路的理性批判性解读，以及意大利教育经验，该计划欲通过其指导方针和各类投资在全国范围内产生影响，覆盖全境从南到北各省市。

《国家数字学校计划》是一次文化行动。学校并非只是一个物理空间，而是学生可以进行学习的开放空间，是帮助学生发展生活技能的平台。在这样的背景下，技术成为日常、普通、服务于教学活动的东西，当然，技术也为学校管理提供便利，融合（或说重新组合）学校的各类环境，如教室、公共空间、实验室、个人空间和非正式空间等。

意大利教育体系的目标是培养学生能力，促进学生通过学习成果为社会带来积极影响。面对这个瞬息万变的世界所带来的挑战，意大利意识到需要针对这些目标在教学内容和方式上进行创新，因为当前世界需要具有更加敏捷的思维、更加全面多样的技能和更加活跃的年轻人。为此，意大利进行了最大程度的文化和人力投入，要求学校所有工作人员都在国家支持下参与到创新行动中，以应对新时代的各项挑战：对于教师而言，是教学方法的挑战；对于学校领导和管理人员而言，是组织方式的挑战。

《国家数字学校计划》不仅仅针对那些已经根据学生需求开展创新的学校，同时还针对那些面对逐渐到来的各方面挑战决定推陈出新、积累经验的各个教育相关领域。文件中不仅包括详细的计划介绍和计划宗旨，还列出了学校硬件设施配置目标和丰富切实的创新行动措施建议，如"科技女孩"项目、数字企业实践活动、线上教学、"开放教育资源"项目、将学校图书馆作为数字信息资源普及场所、教学创新培训及其他配套创新措施等，从基础设施、学生能力培养、教职工培训等方面为学校提供了应对创新挑战的实际指导。

文件中提到，2015 年第 107 号法令提出为学生建立数字简历的目标。截至文件出台，意大利教育部主要通过"学生卡"的方式为学生创建数字个人档案，注册的学生拥有个人主页，可在线申请多项服务，满足个人学习的权利。此外，各学校可自行决定是否使用电子教材开展教学活动。文件中的数字统计显示，2015—2016 学年，在第二阶段教育的学校中，有 35% 的学校主要使用纸质教材教学，并通过电子材料予以辅助，63.9% 的学校同时使用纸质版和电子版教材，1.1% 的学校仅使用电子版教材；在初级中学阶段的学校，上述三种情况的占比则分别为 33.2%、66.1% 和 0.7%。

2020 年 3 月，新冠肺炎疫情在意大利暴发，意大利政府宣布全国所有学校停课，全民避免不必要出行，除必要需求外，均应居家隔离。这一政策的宣布，对全国各个阶段尤其是基础教育阶段的学校、教师和学生提出较大挑战，促使各阶段学校尽快组织线上远程教学，保证教学活动最大限度不受影响，尽可能保护各阶段学生接受教育的权利。

自意大利所有学校停课以后，各阶段学校纷纷在短时间内做出反应，组织教职工进行远程教学软件培训，并开始使用网上教学软件开展线上教学活动。大多数教师及时调整教学方式，通过虚拟课堂维持日常教学。随着疫情逐渐得到控制，在满足学生、家长和教师返校需求的同时，为避免疫情再次大规模暴发，意大利教育部门提出采取现场教学和远程教学相结合的方式，为学生提供参与教学活动的多种可能性，同时增强了教学活动的灵活性。

应当说，在新冠肺炎疫情的影响下，意大利教育正在经历一场数字时代的必要变革，不管是教师还是学生，都正在由被动变主动地接受、适应远程教学方式，在探索、发现远程教学的便利性的过程中，思考远程教学的优势与不足，这对于意大利线上教学的发展和意大利教育方式的革新具有深远意义。

二、全球化的挑战和对策

除了数字化带来的挑战外，全球化趋势也促使意大利教育采取多项创新举措，以紧跟时代步伐，适应教育国际化，保持意大利教育活力及与其他国家的交流合作。下文举例介绍几项与意大利教育相关的国际创新项目。

（一）伊拉斯谟＋计划

伊拉斯谟＋计划于 2014 年 1 月 1 日正式启动。在不影响各部门具体权限的基础上，教育部、就业和社会政策部以及部长会议为国家主管部门，共同推动该计划在意大利的实施。每个国家主管部门均通过国家机构来管理伊拉斯谟＋项目提出的各领域措施。例如，意大利国家文献、创新和教育研究协会帮助教育部管理学校、高等教育和成人教育领域，劳动者职业培训发展协会帮助劳工部管理职业培训部分，国家青年局帮助部长会议主席管理青年部分。

伊拉斯谟＋计划整合了之前已经存在的七个欧洲计划：终身学习计划、青年行动、伊拉斯谟世界计划、坦帕斯计划、阿尔法计划、教育连接器计划以及与工业化国家的双边合作计划。伊拉斯谟＋计划主要由以下三个方面的核心活动（或行动）构成：（1）以学习为目的的个人流动性；（2）促进创新和优质实践的合作活动；（3）政策改革。

（二）创业教育创新集群项目和学校-工作互换活动

创业教育创新集群项目旨在了解如何实现欧洲目标，即在完成学业之前为每个年轻人提供企业实践经验（2020 年创业行动计划）。该项目为期三年（已于 2018 年 1 月结束），作为国际研究项目在伊拉斯谟＋计划核心行动 3 的框架下进行推广。该计划的核心行动 3 主要涉及关于教育、培训和青年的政策。

该项目于 2015 年 2 月在意大利的学校领域中启动，是欧盟五个国家合作的成果，由作为教育部学校制度和国家教育体系评估办公室合作伙伴的一个联合团体推动。在项目实施的三年中，参与实验的意大利学校总共有 4 所，均为高中和技术职业学校，另外还有一组对照组，目的是促使尽可能多的师生参与。

通过设置对照组、定量调查、对焦点群体进行定性采访，由挪威东部研究所领导的一组研究人员分析了参与项目的学生的学习成果、社会影响、教师和学校的角色以及对教育系统的影响。对国家战略、实现途径的深入分析，教师培训以及对学生和教师培训结果的评估，构成"创新集群"的基础。"创新集群"逐渐发展出一种循序渐进的模式，用来呈现如何实现从小学到高中阶段的创业教育。

由欧盟委员会推行的同一行动计划——2020 创业行动计划旨在在学生离开义务教育学校之前，为他们提供至少一次企业实践经验。然而据估计，目前只有十分之一的年轻人能够在学校内获得类似的实践机会。

在意大利学校课程中引入创业教育的策略是教育部根据政府发出的指示而确定的。2003 年第 53 号法令规定，在意大利教育系统中引入学校–工作互换活动。该法令规定，第二阶段教育中，15 岁以上的年轻人在 15—18 岁期间须参与学校–工作互换活动，才算完成全部教育活动。该活动由学校负责，在与公司或各自的代表协会或商会、工业协会、手工业协会和农业协会抑或包括第三产业在内的国立或私人企业达成的协议的基础上进行。此类实习活动期间，学生保持学生身份，学校负责提供课程，学校–工作互换活动是一种教学方式，完全不构成工作雇佣关系。实习活动亦可在学校教学活动暂停期间进行。

2015 年 7 月，根据第 107 号法令，政府决定将学校–工作互换活动设为必修课，并规定了时长（高中三年需完成 200 学时，职业技术学校三年需完成 400 学时）。此外，学校制度和国家教育体系评估办公室组织学校和工作领域的专家团队，为学校–工作互换活动的实施和开展制定了《全国指南》。

意大利通过鼓励学生参与企业实践活动，丰富他们的实践经历，在学习文化知识和专业知识的同时，投身于社会工作，甚至是国际企业创新项目，拓宽年轻人的视野，培养学生的创新思想、实践能力和工作能力，增强学生综合素质，以帮助他们适应国际社会对当下年轻人提出的更高要求，应对更多挑战。

（三）斯马特项目

职业教育与培训战略伙伴关系协议是伊拉斯谟 + 计划核心行动 2——
"促进创新和优质实践的合作活动"中的一项，旨在通过促进该领域机构之
间的合作来提高职业教育和培训质量。该协议是通过在地方、大区、国家
和欧洲的组织中开发、实施和转移创新实践来实现的。

斯马特项目是伊拉斯谟 + 职业教育与培训计划的一部分，为期两年
（2015 年 9 月 1 日至 2017 年 10 月 31 日），实现了"跨国战略合作伙伴关系"
的理念，是国家之间为了共享科学数学领域的教育和培训行业中创新行动
的一项竞赛，项目的受益者是数学和科学学科的教师。该项目由维罗纳维
拉弗兰卡的卡洛·安提高级研究所与来自意大利、瑞典、德国、匈牙利和
荷兰的其他教育机构、大学以及工作领域的国际代表共同提出，关注高中、
大学与工作领域之间的联系，旨在在欧洲范围内对教学方法和教学过程进
行比较，通过创新式的教学方法来提高教师的专业技能，支持数学、物理
和科学学科教师的初级教育和继续教育体系的创新，培养学生的能力、意
识和建设性态度，以增强他们学习数学和科学的动力。

斯马特项目同已经实施的其他国家项目一样，属于教育部为推广技术、
数学、科学文化而开展的活动。项目涉及的伙伴国家有意大利、瑞典、德
国、匈牙利和荷兰。该项目不仅定义了共同的教育 / 培训模式，还制定了关
于数学、物理和科学教师培训需求的报告，建立了专门的网站，为教师开
设两门在线课程。其中一门是为高中数学教师提供的"数学建模"，另一门
是为高中物理与科学教师提供的"科学观察、测量与建模"。开放在线课程
的准备工作是在合作伙伴国家之间共享的平台上进行的，在平台上可以找
到所有的教学材料。

第六章 高等教育

第一节 高等教育现状

意大利高等教育主要由综合性大学教育和高等艺术教育两个平行教育系统构成，这也是意大利高等教育区别于其他国家的重要国别特征。两个系统彼此独立，在制度和功能上均有所不同，本节将分别介绍这两个体系。

一、综合性大学教育

（一）大学系统与相关机构

意大利是最早加入博洛尼亚进程的国家之一。意大利大学系统中，法律承认的文凭由教育部授权和认可的机构颁发。根据意大利教育部统计，目前有冠以大学名称的综合性公立大学 67 所，30 所与大学同级或更高一级的高等教育机构（包括研究生院、博士生院等），另外还有 19 所私立综合性大学（其中 3 所享受国家全额拨款）。

除了教育部以及独立的大学以外，意大利大学系统还包括一些在开发、比较、评估以及组织大学系统方面具有重要补充职能的机构。其中最重要的是国家大学系统和研究评估机构、国家大学理事会、意大利大学校长会议、国家大学生理事会以及大学行政总干事会议。

国家大学系统和研究评估机构是对大学系统进行评估并根据教育部提供给该系统的政策方针进行研究的机构，负责制定大学研究系统评估以及大学课程认证的标准和指标。国家大学系统和研究评估机构遵循独立、公正、专业、透明的原则运作，并受教育部监督。该机构内部有自己的组织结构，由主席领导，主席由执行理事会选举产生，理事会由七位理事组成，理事会理事由共和国总统根据部长的提议，经与各议会委员会磋商后任命。

国家大学理事会是教育部部长的咨询和建议机构，由14个学科领域的42名代表教师、大学技术和行政人员的3名代表成员以及由大学系统其他部分指派的13名代表成员组成。作为选举大学系统代表的机构，国家大学理事会有义务为部长指导大学系统和分配资源提供建议，就与大学系统有关的各项事宜制定提案、通过动议、提出建议、开展研究和分析活动。

意大利大学校长会议是意大利国立和非国立大学校长协会，经过多年发展，已经成为越来越受认可的大学系统代表机构。除了在大学之间协调和推广优质实践活动外，意大利大学校长会议也有义务为部长指导大学系统和分配资源提供建议。

国家大学生理事会是教育部部长的咨询机构，负责与大学生相关的问题，同时是意大利大学生的代表机构，由本硕学生选举的28名代表、专业进修生选举的1名代表以及博士生选举的1名代表组成。该组织就方针和资源分配制定强制性意见，每两年编写一份关于学生情况的报告，它通过自己的观点和动议，就与学生有关的问题进一步提出其他建议。

大学行政总干事会议是大学总干事的联络机构，旨在协调大学行政管理方面的活动，分享实践经验，并对现行法律进行深入了解，以完善大学行政管理。就大学管理问题而言，大学行政总干事会议越来越成为大学系统其他机构的汇报对象，或者更广泛地说，是大学公共行政部门的汇报对象。

在高等教育系统中，有些机构尽管不具备颁发证书的资格，但通过合作方式在大学中提供培训和研究服务，对教育系统起着重要作用，因此教育部可对这些机构的活动予以认可。这些机构均为合法机构，诞生于教育部认可的机构之间所达成的协议与合作。

在教育部认可且致力于促进大学系统或独立大学运作的机构中，主要是一些大学校际联盟，他们不仅受教育部资助，同时受大学基金会资助。与教育部相关的主要联盟是大学校际联盟（成立于1969年），由教育部、70所国立大学和8个公共研究机构构成。大学校际联盟作为教育部内部机构，在组织教育部向大学和研究系统提供服务和研究活动，管理和开发部级数据库，支持国家评估程序，通过超级计算来支持研究人员的活动等方面发挥着至关重要的作用。另一个重要的联盟是意大利大学联盟（成立于1994年），负责毕业生概况和就业问题的年度调查。共有74所大学参加了意大利大学联盟，其调查结果可说明约90%意大利毕业生的情况。网络联盟则代表着为教育和科研界服务的超宽带国家网络，旨在为教师、研究人员和学生的日常活动以及国际合作提供高性能的渠道。网络联盟是由意大利国家研究委员会，国家高新技术、能源和经济可持续发展研究所，国家核物理研究院和意大利大学校长会议建立的非营利性协会，隶属于教育部。

（二）大学学制

意大利综合性大学教育主要分为三年制的本科教育、两年制的硕士研究生教育和三年制的博士教育三个基本层次。

本科教育主要培养学生掌握基本的科学知识和研究方法，获取本专业的知识和技能。注册本科教育的学生须具备高中毕业证书。硕士研究生教育则为学生提供更高层次的教育，培养其在专业领域的更高能力。部分专业也提供本硕连读的选择，学制为五至六年，所授予的学位与普通硕士学位具有同等价值。提供本硕连读选择的专业有：建筑、建筑工程与建筑、医药、医药化学、法律、教育学、兽医学、医学、牙科与牙齿修复等。其中，除医学和牙科与牙齿修复学制为六年以外，其他本硕连读专业学制均为五年。注册硕士研究生教育和本硕连读专业的学生均须具备本科学位。

意大利的大部分本科专业和硕士研究生专业允许学生自由申请入学，不设名额限制，不设国家统一入学考试，由学校自行决定是否对学生进行入学考核。若学校对不设名额限制的专业设置入学考试，考试不合格的学生同样可以被录取，但上学期间需参加额外考试，以补修所缺乏的知识。

1999 年 8 月 2 日第 264 号法令启动了全国范围内的"计划招生"制度，规定部分专业需在全国范围内限额招生，入学考试由教育部直接组织，该类限额招生专业根据入学考试排名择优选择学生。法令第一条第（a）项明确规定了相关专业：医学和外科、兽医、牙科、建筑学的本科专业以及22 类与医务人员培养相关的本科和硕士专业，如护理学，此外还有初级教育科学的本科专业。法令第三条规定了基于社会和生产系统的职业要求和各大学上报的招生能力来确定向每所大学分配招生名额的标准。第四条规定：大学应根据高中课程设置特定的通识文化测试，学生通过测试才准予入学。

此外，也设有地方范围限额招生的专业，此类专业招生名额由学校根据自身需要和教学资源自主决定，入学考试也由学校自行组织，考试时间和标准均由学校自行设定。因此存在部分专业在某些学校限额招生，在某些学校则不限额自由申请的情况。

意大利大学采取学分制，学分代表一个学生的学习总量，一个学分代

表 25 学时学习时长，全日制学生平均每年应修 60 学分。该学分体系与欧洲学分互认体系 [1] 标准对等。本科和硕士研究生专业根据教学活动和教学目标被分为不同的类别。大学在保证全国规定的教学活动的基础上，可自主决定每个专业的教学内容。大多数专业不强制规定出勤率，大学教师可自行决定是否将出勤率与考试成绩挂钩。

大学考试采取笔试与口试相结合的方式，教师自行决定考核方式。单科考试成绩满分为 30 分，18 分以上即为通过考试。如果考试同时包含笔试和口试，则两项成绩分别达到 18 分以上才算通过。单科考试通过者可获得相应的单科学分。如果学生在平时课堂和考试时均表现优异，教师可予以其"满分 + 荣誉"的成绩。修满学分并顺利通过毕业论文答辩的学生，即可获得学位。为激励学生刻苦学习，意大利高等教育系统保留了具有数百年历史的"荣誉毕业"制度，如学生所有单科成绩均达到绝对优秀水平（即高于 28 分），毕业实习出色完成，毕业论文成绩和毕业答辩成绩均优秀，在答辩结束时导师团即当场宣布该生获得"荣誉毕业"，这一殊荣会记在毕业成绩单上，成为毕业生终身的学术殊荣。在相应学制年限内没有修满相应学分并完成论文答辩的学生，可延迟毕业，在每年上缴注册费的前提下保留学籍，继续参加考试。

博士学位于 1980 年作为"仅在科学研究领域进行评估的学位"引入意大利大学系统，直到今天仍然是博洛尼亚进程所规定的第三层次高等教育，即最高水平的大学教育。博士教育致力于培养学生的高级科研能力和研究方法，允许学生参加实验室研究和赴国外实习。所有申请博士的学生必须具备硕士学位，并须参加入学考试。

博士专业的录取由各大学面向国际招生，博士入学考试的要求及方式由各大学根据专业本身的内容分别确定。各学校对各个专业招生人数均有

---

[1] 欧洲学分互认体系是欧洲诸国间在高等教育领域互相衔接的一个项目，以确保各国高等教育标准一致。

限制，各专业考试委员会根据申请者的入学考试成绩和名额限制，择优录取，其中至少一半名额的学生可获得奖学金资助。

博士教育通常持续三年，最长不超过五年，每个博士专业均有自己的教师团队和专业协调人。部分学校规定本校博士生在三年学习期间，必须赴国外进行为期六个月的访问学习或研究，以拓宽学生的研究视野，丰富研究思路。每学年末博士生都接受教师团队的年度审核，汇报研究进展。三年学业结束后，博士生需提交个人原创性研究成果，即博士论文，并向评审委员会现场答辩。博士课程不仅为学生提供相关科研领域先进的知识，而且更注重培养博士生的科研自主性，这对于那些有意未来从事科研活动的人来说必不可少。

除本科教育、硕士研究生教育和博士教育以外，意大利还提供第一层次和第二层次的特殊硕士课程教育。该课程同样属于大学教育，尽管独立于本科教育、硕士研究生教育和博士教育，但具有同样的学分制度，旨在为学生提供深入学习特定领域专业知识和实践的可能。医学和公共卫生领域的特殊硕士课程基于由教育部和卫生部共同制定的基本准则开展。除国立大学之外，一些私立大学和机构也可组织开展，比如米兰圣心天主教大学、博科尼大学、罗马路易斯大学（国际社会科学自由大学）等。

此外，意大利还设有专业进修课程，这类课程旨在培养相关领域的专家，进修课程结束时，将颁发选定领域的进修文凭。专业进修课程主要涉及公共卫生（仅接收医学生以及医学和外科专业硕士以外的学生，即"非医学生"）、兽医学、文化遗产、心理学和法律等领域的专业。其中，公共卫生专业课程招生人数有限，申请者必须拥有医学和外科专业的本科学位，且在教学活动开始之前已经获得医生外科职业资格，并通过教育部每年一次的全国入学资格考试。

若要申请法律专业的进修课程（尤其针对有意成为法官、律师和公证人的人士），则需通过在当地大学进行的每年一次的公共考试。考试对已获得法学学士学位或法学硕士学位的人士开放。考试简章根据教育部与司法部达成一致后颁布的法令来发布，同时会公布全国范围内的招收名额。这些课程受 1999 年 12 月 21 日第 537 号法令及之后的修正案约束。

根据 1982 年 3 月 10 日第 162 号总统令规定，由各大学管理本地兽医学、文化遗产、心理学以及面向"非医学生"的公共卫生专业进修课程的录取事宜。

此外，根据官网提供的最新数据[1]，2020—2021 学年意大利大学在校生共有 1 543 717 人，2021 年毕业的本科生和硕士生人数为 292 595。2020—2021 学年意大利大学各个阶段教育的注册学生情况见表 6.1。2017—2018 学年意大利大学注册情况具体见表 6.2、表 6.3 和表 6.4。2015—2016 学年意大利研究生专业注册情况见表 6.5。

表 6.1 2020—2021 学年意大利各个教育阶段的注册学生情况[2]

教育阶段	在校人数	新生注册人数	毕业人数
本科	950 492	259 206	166 178
硕士	324 706	—	91 658
本硕连读	259 944	32 018	34 018
改革前体制	8 575	—	796
总计	1 543 717	291 224	292 595

---

[1] 资料来源于意大利教育部官网。

[2] 资料来源于意大利教育部官网。

表 6.2 2017—2018 学年意大利大学注册情况

学生人数	时间	女生	外国学生	总计
新生人数 [1]	2017—2018	152 655	14 739	278 013
在校人数 [2]	2017—2018	936 704	83 925	1 690 834
毕业人数	2017	183 049	12 701	317 792

表 6.3 2017—2018 学年意大利国立大学注册情况

学生人数	时间	女生	外国学生	总计
新生人数	2017—2018	136 214	13 261	246 883
在校人数	2017—2018	834 536	76 966	1 495 561
毕业人数	2017	160 885	11 278	278 139

表 6.4 2017—2018 学年意大利非国立大学注册情况

学生人数	时间	女生	外国学生	总计
新生人数	2017—2018	16 441	1 478	31 130
在校人数	2017—2018	102 168	6 959	195 273
毕业人数	2017	22 164	1 423	39 653

[1] 指本科和本硕连读新生注册人数。

[2] 包括新生注册人数。

表 6.5 2015—2016 学年意大利研究生专业注册情况

教育阶段	在校人数	新生注册人数	毕业人数
进修专业	26 618	9 020	26 243
特殊硕士课程	32 959	—	34 200
博士生	28 635	25 370	33 754
总计	88 212	34 390	94 197

综合以上 5 个表格信息可看出，绝大多数意大利学生倾向选择就读国立大学，只有约 1/9 的新生选择就读私立大学，学生总人数中外国学生占比约为 5%。

意大利教育部官网的数据显示，2017—2018 学年意大利普通高校的在校外国学生中，中国学生占比 4.4%，其他外国学生主要来自阿尔巴尼亚、罗马尼亚、伊朗等国家。[1] 此外，注册硕士的学生人数远远少于注册本科的学生人数，博士阶段和特殊硕士课程等的注册人数则更是少之又少。笔者认为，这一数据差主要归因于两个因素。其一，大多数意大利本科生毕业后，不再继续攻读硕士学位，仅有少部分学生在取得硕士学历之后，选择继续进修或深造。其二，部分学生完成本科或硕士学业后，选择出国读书和深造，在意大利以外的国家攻读更高学位，因此部分数据的流失源于人才的流动。

（三）意大利大学与世界排名

在欧洲主要发达国家中，意大利高等教育的实力较强，具体可参见进入综合性大学国际大学排名体系大学的数量（见表 6.6 和表 6.7）。

---

[1] 资料来源于意大利教育部官网。

表6.6 2020年泰晤士高等教育世界大学排名[1]中各国排名前1 000位大学数量

	前1 000位大学数量（单位：所）						所占该国大学数量百分比（单位：%）					
	1—200	201—400	401—600	601—800	801—1 000	总计	1—200	201—400	401—600	601—800	801—1 000	总计
美国	60	43	30	25	9	167	36	26	18	15	5	100
英国	28	20	16	14	16	94	30	21	17	15	17	100
中国	7	6	14	15	28	70	10	9	20	21	40	100
德国	23	16	5	3	1	48	48	33	10	6	2	100
意大利	3	11	23	8	0	45	7	24	51	18	0	100
日本	2	5	8	10	18	43	5	12	19	23	42	100
西班牙	2	3	4	13	18	40	5	8	10	33	45	100
印度	0	3	6	14	13	36	0	8	17	39	36	100
法国	5	8	10	12	1	36	14	22	28	33	3	100
澳大利亚	11	16	4	4	0	35	31	46	11	11	0	100

[1] 泰晤士高等教育世界大学排名（THE World University Rankings），又简称THE世界大学排名。

表 6.7 2017—2020 年意大利综合性大学在世界六大排名体系中的数量（单位：所）

排名体系	2017 年排名内的意大利大学数量	2020 年排名内的意大利大学数量	2017 年排名前 200 位大学中意大利大学数量	2020 年排名前 200 位大学中意大利大学数量
软科世界大学学术排名 [1]	16	46	2	3
泰晤士高等教育世界大学排名	39	49	2	3
夸夸雷利·西蒙兹世界大学排名 [2]	31	39	4	3
夸夸雷利·西蒙兹毕业生就业竞争力排名 [3]	16	16	5	7
国际绿能网站世界大学排名 [4]	22	29	5	11
多维全球大学排名 [5]	49	79	5	7

[1] 软科世界大学学术排名（ShanghaiRanking's Academic Ranking of World Universities）于 2003 年由上海交通大学世界一流大学研究中心首次发布，是世界范围内首个综合性的全球大学排名。

[2] 夸夸雷利·西蒙兹世界大学排名（QS World University Rankings）是由英国一家国际教育市场咨询公司——夸夸雷利·西蒙兹（QS）所发表的年度世界大学排名。

[3] 即 QS 毕业生就业竞争力排名（QS Graduate Employability Ranking）。

[4] 国际绿能网站（UI GreenMetric）世界大学排名，根据全球每所大学在绿色计划和可持续发展方面取得的成绩为依据进行排名，它从五个维度（科研水平、教学质量、知识转化成果、国际化程度以及地区事务参与度）对 70 个国家的大学进行排名。

[5] 多维全球大学排名（U-Multirank）是欧盟的排名体系，该体系仅针对大学评分或评分超过 10 分的大学进行评估，有别于其他排名体系，对所有国家的 850 余所高校进行评估。

综合各类世界排名情况，以下对部分表现出色的意大利知名高校做简单介绍。

1. 博洛尼亚大学

博洛尼亚大学是一所坐落在意大利艾米利亚–罗马涅大区首府博洛尼亚的综合性公立大学，是公认的西方最古老的大学，建于 1088 年神圣罗马帝国时期。1988 年 9 月 18 日，博洛尼亚大学九百年校庆之际，欧洲 430 位大学校长在博洛尼亚著名的大广场上共同签署了《欧洲大学宪章》，正式宣布博洛尼亚大学为"大学之母"（拉丁文：Alma mater studiorum），即世上所有大学的母校。但丁、彼特拉克、哥白尼、埃科、普罗迪等都曾在这里学习或执教。

博洛尼亚大学是全球大学高研院联盟、欧洲研究型大学联盟、国际公立大学论坛、科英布拉集团、乌德勒支网络、中国–欧盟研究及创新伙伴计划项目合作核心成员。2020 年，美国新闻世界大学综合排名 [1] 中，博洛尼亚大学位列世界第 116 位，在意大利高校中与帕多瓦大学并列第一。其农学专业在 2020 年美国新闻世界大学排名中位居第 29 位，在 2020 年 QS 世界大学排名中为世界第 39 位。

博洛尼亚大学总共有 5 个校区，由 32 个系构成，校内有 10 个研究中心，设有 221 个专业，其中 91 个本科专业、117 个硕士专业和 13 个本硕连读专业，此外还有 78 个国际课程专业（其中 62 个专业为英文授课）、47 个博士专业、53 个进修专业以及 80 个特殊硕士课程。博洛尼亚大学拥有极其雄厚的师资力量，教学设施也十分先进，在研究方面是欧洲最活跃的大学之一。

在以拉丁语为主要学术与研究通用语言的中世纪及近代欧洲，博洛尼

---

[1] 美国新闻世界大学综合排名是全美最具影响力的大学排名之一，在全世界有较高的知名度。《美国新闻与世界报道》（*U.S. News & World Report*）是美国一本新闻周刊。自 1983 年起，开始对美国大学及其院系进行排名。自 2009 年起，与 QS 公司合作，公布全球前 200 大学排名。

亚大学始终保持在欧洲文化与学术发展的中心位置，并引领了欧洲大学体系的改革。1999年6月19日，在博洛尼亚大学的大讲堂，欧洲29国的教育部长共同签署了博洛尼亚进程的纲领性文件——《博洛尼亚宣言》，确定了在欧洲高等教育区和世界范围内推动大学教育的发展并提高欧洲大学竞争力的目标。博洛尼亚进程是欧洲各国在高等教育领域互相衔接的一个项目，以确保各国高等教育标准相当。随后，该体系对所有愿意参加的欧洲国家开放。

2. 罗马大学

罗马大学又称罗马第一大学或罗马智慧大学，位于意大利首都罗马，成立于1303年，是欧洲最大的大学。办学宗旨为通过研究、优质教育和国际合作促进知识社会的发展。

根据2020年泰晤士高等教育世界大学综合排名，罗马大学在意大利高校中名列第1位，古典学和古代史专业排名中，罗马大学连续两年蝉联世界第1位。艺术和人文学科排名中，罗马大学位居意大利第1位，世界第66位。根据2020年QS世界大学排名，罗马大学古典学与古代史科系排名世界第2位（2019年为世界第1位），考古学排名世界第8位。

"日心说"提出者哥白尼、无线电之父古列尔莫·马可尼、物理学家恩里科·费米、著名作家路易吉·皮兰德娄等多名诺贝尔奖获得者和知名科学家学者曾在罗马大学任教或学习，著名教育家玛丽亚·蒙特梭利、意大利总统塞尔焦·马塔雷拉均毕业于罗马大学。

罗马大学共有11个学院，1个高级进修学院，1个航空工程进修学院，下设58个系，并有众多研究中心和服务中心。学校总共开设280余个本科和硕士专业，其中35个专业为英文授课，200个特殊硕士课程，80个博士专业以及80个进修专业。学校总共有54个图书馆（内含4个24小时开放学习室）、18 个博物馆和 2 个学生服务站，并为学生提供就业指导和帮助。学校校园总面积约 10 万平方米，供学生开展各种各样的文化、社交和体育活动，罗马大学拥有自己的合唱团、戏剧团和广播站。

目前罗马大学共有 11.3 万余名学生（包括 9 000 名国际生和 3 500 名出国交流生）、3 300 名教师、2 000 名校内工作人员和 1 800 名校医院行政人员。研究活动覆盖领域广泛，在考古学、物理和天文物理学、人文科学和文物学、环境学、纳米技术、细胞和基因疗法、设计学、航空学、社会科学和经济学等多个领域均有杰出表现。

罗马大学高度重视国际交流与合作，同世界众多学校均有着广泛的合作关系，为本校学生提供了丰富的国际交流机会，其中包括双学位修读、国外论文研究奖学金、国外实习、与国外高校联合培养博士等。

3. 帕多瓦大学

帕多瓦大学位于意大利威内托大区的帕多瓦市，建于 1222 年，是世界上最早的大学之一，是意大利历史第二悠久的大学。伽利略曾任教于帕多瓦大学，世界上第一位女毕业生埃伦娜·科纳罗就毕业于帕多瓦大学。帕多瓦大学植物园建于 1545 年，是世界上尚存于原址的最早的植物园，如今被世界教科文组织列为世界文化遗产。此外，帕多瓦大学还拥有世界上第一个固定的解剖剧场。

帕多瓦大学以倡导和保卫学术和教学自由为初衷，是世界领先的研究型大学，曾连续被意大利国家大学系统和研究评估机构评为"拥有最高质量研究成果的大学"。在 2020 年美国新闻世界大学综合排名中，帕多瓦大学与博洛尼亚大学在意大利高校中并列第 1 位，欧洲第 45 位，世界第 116 位。

目前帕多瓦大学共有约 64 000 名学生，每年约有 12 000 名毕业生。学校有 32 个系别，设有 82 个本科专业、81 个研究生专业、8 个本硕连读专业、

65 个特殊硕士课程、65 个进修专业和 35 个博士专业。此外，还设有伽利略高等研究学校，招收心理科学、社会科学和自然科学领域的优秀人才。

4．米兰理工大学

米兰理工大学创建于 1863 年，坐落于国际时尚之都米兰，是一所历史悠久、师资力量雄厚的世界顶尖理工大学，在建筑、设计和工程界享有极高的声誉。该校培养了包含乔治·阿玛尼（阿玛尼创始人）、吉安弗兰克·费雷（迪奥首席设计师）、居里奥·纳塔（诺贝尔化学奖得主）、萨尔瓦多·夸西莫多（诺贝尔文学奖得主）、伦佐·皮亚诺（著名建筑大师）、阿尔多·罗西（著名建筑大师）等众多杰出人才。

米兰理工大学是欧洲十强工科院校之一，根据 2020 年 QS 世界大学工科院校排名，米兰理工大学名列世界第 20 位，欧洲第 7 位。其中几乎所有学科进入全球前 50 位：艺术与设计排名世界第 6 位，建筑学排名世界第 7 位，土木工程世界第 7 位，机械工程世界第 9 位，电气与电子工程世界第 17 位，化学工程世界第 34 位，计算机与信息系统世界第 40 位。此外，米兰理工大学商学院在 2019 年 QS 世界商学院排名中名列第 28 位。

学校设有 4 个学院（建筑城市规划工程学院、设计学院、人文环境与土地规划工程学院、工业与信息工程学院），其中 2 个学院覆盖工程领域，1 个专注于建筑、城市规划和土木工程，1 个专注于设计。目前学校开设的专业中，2 个本科专业、41 个硕士专业、19 个博士专业为英语授课。

目前，米兰理工大学的战略性研究主要在能源、交通、规划、管理、设计、数学与自然和应用科学、信息通信技术、建筑环境、文化遗产等领域开展。学校拥有 250 多个实验室，其中包含一个风洞、一个碰撞测试中心、一个大学的微纳米生产实验室和用于开发新设计流程和培养跨学科人才的实验室。

二、高等艺术教育

（一）意大利高等艺术教育系统

意大利高等艺术教育是与意大利综合性大学教育系统平行的高等艺术教育系统，由 1999 年 12 月 12 日第 508 号法令建立。该法令对意大利的艺术教育进行了改革，并将其定义为具有专业特点的、分为三个层次的高等教育。意大利高等艺术院校共 155 所，在美术教育方面，共有 20 所公立美术学院和 19 所地区共建私立美术学院；音乐教育方面，共有 77 所高等音乐学院（包括 59 所公立音乐学院和 18 所私立高等音乐学院）；另有 1 所国家戏剧艺术学院和 1 所国家舞蹈学院，5 所专门从事产品和工业设计的高等工艺美术学院，还有 32 所意大利教育部批准可开展本科和硕士学历教育并可授予高等教育学位的私立艺术院校。2019—2020 学年，高等艺术院校在校生共 78 491 人，当年（2020 年）毕业生（本科和硕士）17 695 人。

最初，意大利的美术学院和音乐学院是与建筑大学具有同等地位的高等教育院校，后来法西斯政权将其降级为教育机构。因此，高等艺术院校受教育部监管，但不具有大学地位。从 20 世纪 90 年代初开始，美术学院和音乐学院师生开始要求重新获得颁发具有大学价值文凭的权力，要求与大学处于同一等级。这是因为 1992 年职业市场开放时，尽管意大利的专业人士同外国专业人士接受了具有同等水平的教育，但学校地位不同使他们遭到了不平等待遇；同时，意大利大学也开始推广自己的艺术和音乐教育，与艺术院校和音乐学院形成了竞争关系。因此，1999 年，立法部门对相关领域进行了重新整顿，赋予艺术学院和音乐学院与大学同等的地位，尽管后来教育部和大学研究部多次合并分离，上述规定始终没有变化。

在高等艺术教育系统的改革完成之前，只有通过特定的法律规定才能建立新的国立院校。通过国家大学系统和研究评估机构对设施和资金可持续性运转以及教师质量的评估之后，在高等音乐艺术领域具有稳固教育基础和经验的非国立新院校可以由教育部授权，获得颁发具有法律效力的学位，并接受定期评估检查。

教育部每年从不同方面为高等艺术教育院校提供资金支持，包括对学校运作和教学活动的帮助，提供教学合作资源，购置设备以及修建、维护学校建筑。

（二）高等艺术教育学制

高等艺术院校属于高等教育系统，所颁发的学位与大学学位具有同等价值和地位，因此，这些院校可被定义为"大学级别"。目前，高等艺术教育包括：第一阶段的学习课程（第一级课程，相当于大学系统的本科课程），最后授予第一级学术文凭；第二阶段的学习课程（第二级课程，相当于大学系统的硕士课程），最后授予第二级学术文凭；第三阶段学习课程（研究型教育课程，相当于大学系统的博士课程）。根据《博洛尼亚宣言》，按照大学系统已经采用的模式，高等艺术教育学习也分为三个阶段，采用了与大学类似的组织和教学体系，但每一个阶段内部有许多不同之处。高等艺术教育系统和大学系统均采用学分制（欧洲学分互认体系），均发放新版欧洲证书，即文凭补充文件。

第一级课程旨在确保学生充分学习艺术方法和技巧，掌握特定的学科和专业技能。具备高中文凭（五年）或与之相当的外国学历，通过相应的入学测试（并非所有专业要求入学测试）即可被录取。学制为三年，学生必须修满 180 个学分才可毕业。凭第一级文凭可参加公务员考试、进入艺术领域工作或申请第二级课程。

第二级课程旨在为学生提供更高层次的教育，以全面学习艺术方法和技巧，掌握高级专业技能。具备第一级学术文凭或大学本科学历抑或与之相当的外国学历，以及课程教学要求的相应条件，即可申请。学制为两年，学生必须修满 120 个学分才可毕业。

第三级研究类课程相当于大学系统中的博士课程，旨在培养学生获得比第二级课程更高水平的技能。该阶段没有课程学分规定，学生需参与艺术和音乐领域符合科学标准的研究项目。具有第二级学术文凭或大学硕士学位抑或同等外国学历的学生可以申请。

除上述三级课程之外，高等艺术教育系统还开设有其他类型的课程，如专业进修课程、特殊硕士课程、文物修复专业五年制硕士课程和高等艺术教育教师培训课程。

专业进修课程在特定领域提供高水平的专业技能教学。特殊硕士课程可满足学生对某些研究领域文化深入学习、对专业资格的更新或重新认证以及终身学习的需求。这类课程通常是一年制，需要修满至少 60 个学分才能获得文凭。

国立美术学院和法律认可的非国立美术学院还开设有五年制的修复课程，旨在培养能够凭借高水平技能来保护和修复意大利艺术瑰宝的专家，法律规定了文物修复师的能力要求、文物修复教学的不同质量水平以及证书颁发机构的认证标准。该类修复课程共分为六个专业化培养框架，最终的测试与国家文物修复技能考试具有同等效力。

一般来说，尽管没有文学和数学专业，但美术学院的专业中包括了类似大学系统中的艺术、音乐和戏剧、电影音乐戏剧、电影戏剧多媒体制作、文化遗产和建筑学等专业。值得一提的是，艺术新技术和多媒体视觉传播两个专业提供了类似于艺术、音乐和戏剧、电影音乐戏剧和电影戏剧多媒体制作等专业的授课计划，但更加注重实践，并融入了一些传播社会学和科学的概念。舞美专业更类似于大学中的建筑学，其他实验性专业则与大学中的文化遗产专业相似。

在新的 3+2 模式下，美术学院的所有专业均开设有与历史（艺术史、图像史、戏剧史、新媒体史等）、哲学（美学、艺术教育学）、心理学（感知理论和形式心理学）和文化遗产（博物馆学）相关的理论课程，甚至使得这些专业不再像 20 世纪 90 年代之前那样具有极强的实践性。从 1994 年起，艺术院校就开始增加完全的理论补充课程，这虽符合较新的规定，但是理论课程进一步增加后，几乎占了全部课程的 50%。

总的来说，在大学领域认可美术学院（或说高等艺术院校）内获得的学分是一个复杂的过程。教育部仍未制定各门课程的学分互认表，该表格可为那些想要从大学转入艺术院校学习（反之亦然）的学生提供学分认证指南。一般情况下，大学拒绝接受拥有高等艺术教育第一级文凭（相当于只是为了寻找公职而不是为了继续学业）的学生申请硕士专业，但是接受在先前体制框架下学习的学生的申请，因为其学历相当于专业进修学校的文凭。但是，如果注册规定允许，高等艺术教育第一级文凭持有者可以申请大学系统中的第一层次特殊硕士课程。

根据意大利教育部官方网站提供的最新数据，2018—2019 学年艺术高校在校生人数为 76 040 人，约占普通大学在校生人数的 4.4%。所有在校生中，12 539 人为外国学生，占艺术院校在校总人数的 16.5%，从国际学生的比例可看出，意大利高等艺术教育在国际上享有较高的认可度，吸引了众多外国学生赴意修读艺术专业课程。2018 年从艺术高校毕业的本科生和硕士生总共有 16 454 人，约占普通大学同年毕业生人数的 5%。[1]

据意大利教育部统计，意大利各类艺术院校 2018—2019 学年的学生数量见表 6.8。

---

[1] 资料来源于意大利教育部官网。

表 6.8 2018—2019 学年意大利各类艺术院校的学生数量

院校类型	在校人数	新生人数	毕业人数（2018 年）
国立美术学院	26 756	9 127	6 025
法律认可的非国立美术学院	11 124	3 788	2 567
国家戏剧艺术学院	138	24	57
国家舞蹈学院	256	103	91
音乐学院	23 168	8 601	5 051
高等音乐研究学院	3 127	1 274	616
高等艺术工业学院	984	377	269
其他高等艺术院校	10 487	4 122	1 778
总计	76 040	27 416	16 454

（三）意大利高等艺术院校

意大利声誉较高的音乐学院有罗马音乐学院、米兰威尔第音乐学院、那不勒斯音乐学院等。由于意大利艺术院校种类较多，本节不一一分类列举，以下仅介绍几所业内普遍认可、知名度较高的国立美术学院。

1．佛罗伦萨美术学院

佛罗伦萨美术学院位于意大利佛罗伦萨，其历史可追溯到 14 世纪，被认为是世界上第一所美术学院，开创了世界美术教育先河。学院核心部分始创于 1339 年，在美第奇家族特别是科西莫一世的大力资助下，杰出艺术家、文学家、艺术史论家乔尔乔·瓦萨里于 1563 年创建了设计学院，标志着现代概念的美术学院的诞生，文艺复兴三杰之一米开朗琪罗担任名誉院长。1785 年

119

成为国立美术学院，被誉为"世界美术学院之母"和"四大美术学院之首"。学院美术馆收藏有米开朗琪罗的《大卫》雕像原作。除米开朗琪罗以外，达·芬奇、伽利略、阿尼奥洛·布龙齐诺、巴尔托洛梅奥·阿曼纳提、詹博洛尼亚、本韦努托·切利尼等著名艺术家都曾在佛罗伦萨美术学院执教。佛罗伦萨美术学院是欧洲文艺复兴的产物，也对欧洲文艺复兴产生过巨大影响，因对世界美术界、世界美术教育做出过巨大的贡献，所以有"世界美术最高学府"和"写实主义大师汇集的皇家美术学院"之称。

2. 罗马美术学院

罗马美术学院位于意大利首都罗马，是意大利最著名的国立美术学院之一，在《真理报》与《晚邮报》联合针对 42 个国家超过 300 所美院进行调查与研究的基础上得出的权威排名中，位列世界美术学院第 6 位，被认为是艺术与美的摇篮。

罗马美术学院诞生于 16 世纪末，至今已有 500 多年的历史，创始人是文艺复兴时期著名画家费德里克·祖卡里，它的前身是始建于 16 世纪末的罗马教皇艺术研究学院，那时它便已成为艺术家的聚集中心，并长期负责对闻名世界的圣保罗大教堂以及罗马万神殿的修复工作。随后，罗马美术学院将对艺术的追求逐步转化为广泛的教育活动和实践活动，并将教学研究作为文化的导向，用以发展相关的专业和工艺。罗马美院培养了众多享誉全球的画家、美学大师、舞台美术家等，其中包括著名的中国画家潘玉良和著名当代画家桑德罗·特劳蒂。现任教授中不乏重量级的艺术大师，许多意大利、法国、瑞士等欧洲著名艺术家与艺术批评人都曾在这里授课教学，如著名艺术家切莱斯提诺·费拉莱斯、文森佐·斯科拉米罗、卢卡·柯塞尔、尼古拉·斯佩扎诺、艺术批评人切奇莉亚·卡索拉提、美学家达里奥·埃沃拉等。如今，罗马美术学院重点致力于在视觉传播和视觉艺术的领域中培养年轻的艺术家、艺术专家和文化经营者，传统与新兴专业设置全面，为学生提供了高质量的教学，其多媒体与技术领域为意大利美院之首。

3. 威尼斯美术学院

威尼斯美术学院位于意大利东北部威内托大区首府威尼斯城，于 1750 年 9 月 24 日经威内托参议院批准诞生，并于 1756 年获得完全的合法地位。威尼斯美术学院是一所拥有 260 多年历史的世界著名老牌美院，培养了波提切利、提香、乔尔乔内、丁托列托等众多西方艺术大师，在美术院校中享有崇高声誉。它还是文艺复兴时期威尼斯画派的阵地，对于后来的欧洲艺术乃至世界艺术发展影响深远。威尼斯美术学院在世界美院排名中位居前十，是意大利高等文化与艺术教育领域的最高学府之一。当下学院锐意进取，开拓创新，担负着文化与艺术领域高水平的教育任务，并积极参与国际交流与合作，现已加入欧盟框架内的苏格拉底–伊拉斯谟交换生计划，与欧盟其他国家的部分高校签订了友好的双边交换协议。

意大利高等教育与意大利的一些国别优势关系密切。从国际排名体系中意大利大学的学科排名、意大利该学科领域在国际上的学术地位（在国际上发表的论文数量和引用情况）、学科与意大利优势产业的密切程度以及意大利的独特学科等分析，可总结出以下优势学科领域和课程。

优势学科领域包括：古典学与历史、文化遗产与考古学、艺术与设计；工程技术类、医学与生物技术；食品科学技术与食品安全；语言学、传播学与跨文化交流；法学、罗马法。优势课程包括：建筑设计与古建筑修复与增值；文化遗产科学与技术；文物修复与艺术品修复与增值；艺术、音乐与艺术表现（意大利自创的独立课程）；工业与产品设计；音乐教育。

意大利具有独特的高等艺术教育体系，虽然目前国际上还未见较为成熟的音乐、美术等艺术专业的院校与学科排名体系，但从意大利高等艺术院校中的国际学生占比足以窥见其学科优势。主要专业包括：纯艺术（绘画、雕塑）、美声唱法、歌剧与舞蹈、室内音乐、艺术品修复技术、艺术教育与艺术传播学等，都深受国际学生的青睐。时尚与设计专业是意大利高等艺术教育的一大亮点，该专业的发展和不断创新与意大利的时尚产业密不可分，"工匠""理论"和"时尚传播"三位一体的独特教育与培养模式，受到国际时尚界和国际学生的广泛认可。

第二节 高等教育特点

一、重视艺术教育

意大利的高等艺术教育体系是意大利高等教育的突出特点之一。意大利自基础教育起即重视对学生的艺术教育和对艺术人才的培养，自初中阶段设置音乐方向班级并在毕业考试时考查其实践能力，在高中阶段单设艺术高中，开设丰富的艺术课程。高等教育阶段，意大利设置与综合性大学系统并行的美术、音乐和舞蹈高等教育体系，有重点、分方向地培养不同领域的艺术专业人才。作为国家特色，意大利美术学院和音乐学院等高等艺术院校众多，种类丰富，几乎覆盖各个领域的艺术教育，为热爱艺术、有志在艺术领域深造的学生提供了丰富的教育选择可能。高等艺术院校在重视艺术史和艺术理论教育的同时，注重艺术实践指导，鼓励学生积极进行艺术创作。教育部通过各类创新活动和展览，促进和支持艺术高校的艺术创作活动，为优秀年轻艺术家创建平台，提供展示个人才华的机会。

比如，为支持艺术教育，促进艺术领域人才发展，意大利教育部学生、发展与高等教育国际化办公室设置国家艺术奖，面向高等艺术教育系统内所有院校和认可课程的在校学生。奖项每年评选一次，涉及视觉、数字和舞美艺术，戏剧艺术，设计，以及音乐诠释和创作，覆盖了高等艺术教育体系中的所有学科。该奖项的评选每年委托不同学校进行。此外，教育部还设有以意大利文化瑰宝、艺术大师克劳迪奥·阿巴多命名的艺术奖项，旨在发展意大利高质量的高等艺术教育，并向艺术大师致敬。奖项覆盖不同领域，每个领域的奖项都有各自的评选规则。

在音乐领域，意大利音乐学院的国家交响乐队、巴洛克乐队和爵士乐队可为音乐学院的优秀学生提供高度专业化的教育机会。这些乐队由 2016 年9 月 27 日第 2005 号部委令建立，旨在促进音乐领域高等教育系统的发展。该活动由意大利教育部高等教育和研究司推动和协调，由各音乐学院配合执行，是学生、发展与高等教育国际化办公室促进艺术创作和研究活动所采取的措施之一。

二、管理灵活

意大利高等学校中，国立高校不收学费，只收少量注册费和大区税，学生可根据自身家庭经济情况向学校申请减免注册费。

意大利高校采取宽进严出的政策，除医学等个别专业外，大部分专业不设名额限制和入学考试，学生可自行申请入学，部分学校对一些专业设置入学测试，但测试结果不影响入学，测试不合格的学生在就读期间补修所缺乏的相关知识，并参加考试补齐学分即可。

意大利高校采取学分制，通过考试即可获得相应课程学分。原则上学生出勤自由，通常每学期课程约持续两个半月到三个月时间，随后进入考试月，全部课程暂停。一般每门课程每学期有两到三次考试机会，学生可根据老师规定的考试时间和自己所修的课程自行规划考试安排。考试以笔试和口试相结合的方式进行，部分课程只设置笔试或口试。如学生对考试成绩不满意，可申请重新参加下一次考试。意大利高等教育普遍要求学生大量阅读，灵活掌握所学知识，注重培养学生独立思考的能力和批判性思维；笔试和口试相结合的考试形式，保证了教师能够对学生知识掌握情况进行较为全面的考查，同时也在很大程度上培养了学生的思辨能力和表达能力。

学生修满应修学分，完成毕业论文的写作和答辩即可顺利毕业。但由于学生有权自主规划参加所修课程的考试时间，许多学生因无法在规定学制年限内完成考试而延期毕业。需要指出的一点是，1999 年以前意大利大学对于学生未能按照学制规定年限毕业的情况通常会给予一至两年的学业延期。1999 年以后由于引入了大学学分制度，且改革方案中对于学生未能按学制规定年限毕业时可给予延期的最高年限没有具体说明，因而造成了许多未按时毕业的学生常年只缴纳注册费保留学籍而不争取尽早毕业，挤占大学教育资源，这部分学生人数之多引起了多所大学的注意。因此在 2008 年大学改革后，许多经过私有化的大学通过学校规章的形式强制规定延期毕业的最高年限标准并且明确指出，当注册学生申请延期毕业的年限超过校方规定的最高年限时，大学有权取消其已获得的学分并注销其学籍，但这一问题在国立高校中仍未得到解决。

由于建筑面积所限，意大利高校通常没有校园，不同学院分布在城市中的不同建筑或不同校区内，因此学校不为全体学生统一提供住宿，但提供专门的宿舍区，学生可根据家庭经济情况和个人意愿进行申请。大部分意大利学生选择在校外租房生活，意大利的校园建设特点促使高校学生自大学起锻炼独立自主能力和社交能力，一定程度上培养了高校学生毕业后踏入社会时所需的必备生活技能。

三、国际交换项目丰富

意大利始终坚持贯彻落实博洛尼亚进程，重视高校间的国际合作，鼓励学生和教师积极参加国际交流项目，并欢迎外国学生赴意大利交流学习。意大利每年通过伊拉斯谟＋计划[1]向国际输送大量意大利学生，并招收大量国际学生前往意大利学校交换学习。

如第五章第三节中提到，伊拉斯谟＋计划是欧盟为支持教育、培训、青年和运动等领域项目、合作伙伴关系、活动和人才流动而实施的项目。该项目从 2014 年实施至 2020 年，为欧洲国家之间以及欧洲国家和世界各地伙伴国之间所有这些领域的合作提供资助。面向对象覆盖基础教育、高等教育、职业教育、成人教育和体育领域的学生及教职人员。伊拉斯谟＋计划基于伊拉斯谟计划创建，伊拉斯谟计划是欧洲各共同体于 1987 年成立的学生交换项目，允许欧洲大学生前往另外一个欧盟国家学习或实习 3—12 个月，其修得学分在原学校予以认可。2014 年建立的伊拉斯谟＋计划则允许高等教育领域的学生、教师和机构工作人员不仅有机会在欧盟国家内进行交流，更将伙伴国范围扩展至全世界，允许高等教育领域的学生和教职工在更广的国际领域开展更丰富的合作和交流活动。

意大利高等教育领域内，不仅普通大学参与伊拉斯谟＋计划，许多高等艺术院校也加入欧盟框架内的伊拉斯谟交换生计划，与欧盟其他国家的高校签订友好双边交换协议，为本校学生提供国际交流学习的机会。

除伊拉斯谟＋计划以外，意大利亦通过其他项目和途径为大学生提供国外实习机会。如 2018 年，意大利教育部和经济发展部联同华为科技的意大利分公司一起推动了"播种未来"实习项目，面向意大利信息通信技术领域的学生提供 10 个前往中国华为总部实习的名额。此外，意大利教育部

---

[1] 包含伊拉斯谟计划和伊拉斯谟国际计划（Erasmus Mundus）等。

还联同外交和国际合作部以及意大利大学创建了实习项目，为普通大学的学生提供在意大利驻外外交代表处实习的机会，促使学生在直接、具体的国际活动中学习相关知识技能。该项目为国际关系等相关专业的学生提供348个实习机会，实习地点通常为意大利驻外使馆、领事馆、文化代表处等外交外事单位。

四、鼓励校企合作

意大利鼓励学校和企业建立教学合作伙伴关系，学校和企业之间的战略性合作被视为国家创新发展的原动力。

意大利校企合作方式丰富多样。与企业签订合作协议，允许学生在校期间或完成学业之后进入企业实习，或与企业合作开设联合培养硕士生和博士生课程，是最常见的校企合作形式。高校借助企业资源为教学活动注入实用和实践性元素，帮助学生增强专业竞争力，合作企业可为学生提供实习机会，使学生能够在实际工作领域中学以致用，积累工作经验，锻炼专业技能，逐渐成长为工作市场真正需要的实用性高素质人才。

米兰大学、米兰圣心天主教大学等一些高校邀请企业人士参与硕士和博士课程的教学活动，也有学校通过组织学生参观企业、建立教学工作组或在企业中实地教学等方式开展课程活动，在企业的参与下，为学生提供具有高度专业性的学习内容。教学过程中，企业不仅参与理论课程的指导，还会随时跟进小组项目或小组作业，并参与最终的评估。如博科尼商科大学从本科第一年起就组织学生进行企业参观活动，米兰理工大学和米兰比可卡大学分别为管理工程学和组织学专业设置了与企业合作的教学工作组项目。

颇具创新性的校企合作形式为合作设计和合作经营式"开放课程"，即在教学过程中，在教师的组织和指导下，学生组成不同小组，通过线上和线下的合作方式，共同设计工作项目，并将其付诸实践。在项目设计和实现的过程中，教师和学生需经营和维护与企业之间的关系，使企业及企业管理者以合作者的形式参与项目的开展。语言和传媒自由大学就是通过这种形式开展与传媒企业的合作的。

此外，也有高校开设面向企业人员开放的博士课程，如米兰比克卡大学的工业博士课程。这类课程由主要从事研究活动的企业同大学合作开设，课程招收企业从事高层次研究的工作人员，以促使其在博士学习和研究过程中，培养高水平的研究能力，深入开展研究活动。

意大利校企合作形式复杂多样，环环相扣，将理论学习同实践相结合，丰富了学生的学习经历，提高了学生对所学知识的理解力，从而提高了课程教学质量。与企业专业人士的沟通和学习，能够帮助学生发现自身潜力，有重点、有方向地提高个人能力；开展工作项目的同时，学生不仅提高了团队协作能力，还提高了组织工作的能力。对于高校来说，校企合作的教学形式不仅丰富了教学活动，更是一项对学生、对工作市场的持续投资，通过实践活动为学生有效地提供就业指导，实现增强学生知识掌握能力、综合能力和职业竞争力的培养目标。企业则通过与高校和学生的合作，更深入地了解同时也是潜在客户的年轻社会群体，通过高校学生的各类创新项目和思维拓展工作思路，为工作环境注入新的活力和热情。可以说，丰富深入的校企合作，是高校、学生和企业之间的多赢活动，为年轻人提供更多实践机会和就业机会的同时，也让更多优秀的中小企业走入年轻人视野中，为相应的人才供给和需求搭建了更多桥梁。

值得一提的是，为增加意大利毕业生的就业机会和促进其职业成长，增强意大利企业的竞争力和创新性，推动意大利大学和企业之间的合作与交流，意大利大学校长会议基金会专门成立了校企观察站，其调查领域包括工作领域的关键知识和能力、大学与企业间的交流、新企业的创建。

五、大学职位设置丰富

为尊重大学自主权，意大利大学教师及校内技术、行政等人员的招聘程序由各大学通过地方竞试自行管理和开展。意大利大学中涉及教学和研究活动的职位有：正教授、副教授、研究员、助教、合同制研究员 [1]、博士后研究员 [2]。助教无登台授课的资格，只能辅助教学、参与教授的科研项目，经过 1—2 个聘期后才能申请晋升研究员。研究员既不承担教学任务，也不辅导学生毕业论文，而是在大学专门从事研究工作，研究员可以以自己的研究积累向所在大学申请教学资格，有了教学资格，研究员也可以独立从事教学工作。同一人担任博士后研究员和合同制研究员身份总共最多不得超过 12 年，即使是在不同机构工作或者合同不连续也是如此。

除上述职位外，还设置了合同制编外教授这一职位，该职位合同为期三年，可延长三年，由校外机构资助开展研究活动。该职位仅针对已获得正教授资格的人员，即具有较高学术能力和专业资格的人士。根据协议的规定，在合约期间，合同制编外教授享有正教授的法律和经济待遇，学校应给予其经济补助。

意大利教育部开设有丽塔·列维·蒙塔尔奇尼计划，该计划是教育部一系列主要倡议之一，旨在促使在国外工作的年轻研究人员能够返回意大利并进入国立大学开展研究。目前意大利每年预留 500 万欧元的资金，用于在全国范围内选拔大约 24 名年轻研究员开展研究项目，研究员可列出他们希望开展该项目的大学名单。报名要求每年通过选拔公告公布，通常规定

---

[1] 2010 年第 240 号法令第 24 条第 3 款 b 项规定，合同制研究员与大学签订的合同为不可续约的三年期合同，合同到期后，如获得国家学术资格证书并得到大学的积极评价则可直接升为副教授。此外，根据 2010 年第 240 号法令第 24 条第 3 款 a 项规定，还有一种合同制研究员，三年合同到期后，可再延期两年。

[2] 博士后研究员每份合同最短期限为一年，最长为三年。但是博士后研究员身份持续时间最长不能超过六年。

报名者获得博士学位不超过六年且不少于三年，并且在国外的大学或研究中心工作至少三年。人员的选拔由部级委员会对候选人进行评估，根据评估结果选出胜出者，胜出者所指定的大学将由教育部进行直接资助，并签订一项为期三年的研究员合同。部级财政拨款还在合同规定金额的基础上提供额外的费用，以资助研究项目的开展。

此外，促进教师流动尤其是教师在欧盟国家间流动，是博洛尼亚进程以及近几年意大利高等教育改革所追求的主要目标之一。因此，意大利通过伊拉斯谟＋等项目鼓励高校教师在欧盟以及世界范围内进行访问学习和研究，同其他国家高校开展学术交流，分享学术研究成果和研究方法，以进一步提高意大利高校的教学质量和学术研究能力。

六、研究系统成熟

意大利具有成熟的研究系统，教育部致力于通过中央和地方的相关研究机构，促进和发展意大利的科研活动，提高研究机构开发新知识、创造具有较高知识附加值的新产品和生产工序的能力。此外，教育部还关注欧洲和国际研究政策，以增强研究机构的"国际化"能力。

因此，除了教育部之外，意大利研究系统还包括大学、公共研究机构（其中许多由教育部监督）和企业。此外，系统中还有其他类型的公共或私立主体，即广泛意义上的"其他研究机构"。上述这些研究主体具有不同的性质和目的，并进行不同类型的研究活动，如大学和公共研究机构从事更基础的研究，而公司则从事更具有生产和应用目的的研究，但这些研究机构在教育部鼓励和促成的系统中开展合作，积极互动。

研究系统中的主要人员为研究员，大学的研究系统中也包括大学教师，其主要任务除了教学以外，也包括开展专业领域内的科研活动。意大利的部分研究所有资格颁发与大学系统具有同等法律地位和价值的博士学位，在培养高级研究人才的同时，不断促进相关领域科研的发展。

第三节　高等教育的挑战和对策

一、知识、学科及数字化发展的挑战和对策

发挥连接社会的功能，把科研成果广为应用至社会，实现知识传播和转移，促进经济活动的发展，被许多国家视为大学除教学和科研以外的第三使命，亦是意大利高等教育的一项重要挑战。

从 1980 年开始，欧洲和国际世界就开始了第三使命的研究之路，分析生成于大学机构外部的知识的影响，评估这些知识对本地和国家系统发展带来的日益增长的贡献，除了在经济应用方面传播知识之外，还大力发展文化和艺术产业，通过培训课程、展览和公众参与活动向人们提供文化和艺术产业带来的产品。上述研究是各国通过发展第三使命行动实现的，即为研究机构提供资金支持，以促进知识转移，扩大其活动的社会和经济影响。

欧盟也同样遵循上述研究和创新政策的方针。自 1990 年起，欧盟就启动了一项名为"社会中的科学"的大型研究计划，旨在通过管理方式的优化与研究的发展，改善科研领域与社会之间的关系。该计划随着时间的推移不断发展，如今演变为"2020 视野——欧洲研究与创新框架计划"中的"科学与社会同行，科学造福社会"行动。该行动旨在应对当代科学面临的主要挑战，通过公众参与、青少年教育和性别平衡来发展社会科学研究，并在创新过程的不同阶段推动责任意识的形成。

然而，目前在欧洲各国包括在意大利，第三使命的推动和实现仍然存

在诸多问题，面临不同方面的挑战，例如，研究活动和成果与企业和社会需求脱节，生产者对于积极参与研究活动以更加快速有效地满足市场需求的要求，科技创新的发展对于高校专业设置、教学内容以及研究活动的影响，评估制度导致的高校对于教学、小组作业、对话讨论等活动的忽略等。

来自公众、各类机构和商业领域的需求向意大利大学提出了新的要求，并带来更紧迫的压力。尽管研究内容与实际应用不可能完全匹配，但是，拉近大学所代表的学术研究领域与社会之间的距离，越来越成为当今时代的需求。只有与社会相结合，响应市场需求，大学的研究活动才更具实际意义。研究领域应当突破学术局限，更加关注社会现象和问题，承担起对于社会创新和发展的责任，才能够真正实现第三使命，这不仅仅是意大利研究领域的使命，亦是欧洲各国乃至世界各国研究领域的使命。

除了高校与社会间的知识转移以外，跨学科发展是意大利高等教育的另一挑战。随着研究方式的转型以及研究工具的丰富，单一学科研究越来越不能满足各领域学术研究的要求，因此许多不同领域的学科开始相互结合，在寻找研究交点的基础上，开展交叉学科研究。许多意大利高校大力支持跨学科联合研究项目，鼓励人文科学、计算机科学、工程技术等不同学科的研究人员积极合作开展交叉学科研究，丰富研究思路和视角，拓展研究范围，追求科学综合性发展。如何更好地促进不同学科和专业之间的交流，推动跨学科研究，逐渐成为意大利高校发展的重点之一。

此外，随着信息通信技术的发展，通过远程大学和在线课程（慕课、视频教程等）开展教学，通过多媒体软件、社交网络等工具丰富教学方式，逐渐成为当下高等教育的发展趋势。传统大学如何利用数字技术进行革新，提高管理和组织效率，增强大学与学生之间的互动，保持传统大学在数字化时代的竞争力和吸引力，维持自身的地位，这些都逐渐引起意大利高等教育体系的深刻反思。

二、国际化发展的挑战和对策

在世界各国教育逐渐趋向国际化发展的大背景下，意大利高等教育的国际化作为外交及海外政策的有效手段，被认为是国家经济发展的真正引擎，对国家经济改革、创新及发展有着不可忽视的作用，是当前意大利高等教育发展的重要发展目标和挑战之一。因此，在发生巨变的国际背景下，吸引外国学生的能力，越来越成为追求海外影响力的大学体系的实力要素和优先发展目标。为了有效地开展意大利高等教育的海外推广，意大利各领域应采取联合行动的方式，形成统一的战略。在此前提下，协调全部参与主体，整体推动意大利经济、文化、科学等各领域之间的互动，将成为成功推动意大利高等教育国际化的有效手段。

目前，意大利已经启动并始终支持其高等教育体系的国际化行动，在推动国家行动和计划的同时，也促进各个高等教育机构的努力。为更好地实现和推动高等教育国际化，意大利制定了高等教育国际化推广战略（2017—2020 年），旨在提高意大利高等教育在国际市场中的知名度、认可度和吸引力。战略致力于提升意大利大学及高等教育研究院中的外国学生的数量和质量，增加高等教育机构中的国际合作和联合研究项目，使其形成完善的体系，同时，提高高等教育领域优势学科和优势专业国际认可度，促使其在职业培训层面创造价值。

为促进高等教育国际化推广战略的实施，意大利于 2016 年春季成立了由意大利外交与国际合作部、教育部、内政部、意大利大学校长联合会、学术交流与学历认可信息中心、意大利教育中心、意大利工业联合会以及锡耶纳和佩鲁贾外国人大学等机构组成的意大利高等教育海外推广工作组。该工作组的工作重点集中在三个宏观领域：外国学生流动情况分析，优先考虑的地理区域，在推介和招募国际学生的实践过程中需要加强的领域；现行的录取和获取签证的程序；意大利高等教育体系海外推广的战略和手段。工作组提交的报告提出了以下战略执行建议。

第一，建立国际学生人才库。由于缺乏统一的全国系统，对于国际生的统计尚存在诸多不足。因此需要建立全国统一性质的"地理"分布图，对通过意大利高等教育机构（包括高等艺术教育系统）注册的攻读学位或交换学习的国际生进行更加精确的统计，建立系统、完整、持续更新的在意大利接受高等教育的国际生数据库。该数据库同时也要包含这些国际生在意大利之外进行交流学习的信息数据，国际生完成在意学业之后，应当对他们的学习经历进行统计和备案，以避免因学生退学或毕业造成的资源流失。

第二，简化国际学生录取程序、学历学位认证程序、签证手续和居留手续。为提高意大利高校对外国学生的吸引力，应当简化入境政策以及学历学位认证和资料准备的行政手续，缩短认证时间，尽量增加远程办理可能性，推进电子认证程序，保证认证规则清晰、透明、可接受。高校应尽可能提前向合格学生发送录取通知，以便为其签证申请提供充足的时间。为管理意大利境内国际学生信息，应建立外交与国际合作部、教育部和内政部银行信息的内部系统联系，便于统计国际学生注册数据。值得指出的是，意大利对学生提出的经济要求（每月 450 欧元）低于欧洲平均要求（每月 800 欧元）。

第三，加强意大利大学门户网站的建设，增加其他高等教育宣传手段。教育部应在意大利大学校长联合会和意大利大学校际联盟的合作下，共同完善网站，使其不仅能够开展信息咨询和普及工作，而且应当逐渐转型为互动平台，进一步成为学生和教学机构进行双向互动的枢纽。计划建立电子版和纸质版意大利高等教育系统综合一览表，起始阶段提供至少 4 种语言版本。制作意大利高等教育体系宣传影片，明晰教学活动与企业活动之间的联系。

第四，弘扬意大利语言文化。在各个领域大力推广意大利语言文化，切实推广对外意大利语教学，尤其是针对可能向意大利输入大量生源的国家，鼓励语言能力认证程序数字化。通过驻外使馆意大利文化处大力推广意大利语言文化。入学考试时对学生进行适当的语言考核，避免学生日后因语言困难无法正常开展学业。

第五，创建高等教育体系推介的便捷协调机制。基于意大利教育中心的经验，创建向国外推广意大利高等教育的机构，建立自身资金可持续机制。新型机构被定义为意大利教育中心 2.0，是符合政府战略的"轻型"机构。该机构应当在驻外使馆、领馆和文化处领域内，积极促进意大利高等教育体系的推广，在文化、经济、工业和商贸等不同领域高度协调配合发展，在外交外事代表处的协调下，促进意大利体系与其他国家实际情况接轨。

第六，加强意大利高等教育体系的海外推介。在美国、中国和印度等兴趣目标国开展路演活动，大力推广意大利高等教育体系，吸引国际人才。

第七，积极开展其他支持意大利高等教育体系的推介行动，如暑期学校、慕课、基金项目、跨境教育、与其他国家签订互相承认学历和学习经历的双边协议等。

意大利高等教育海外推广组工作组报告显示，中国被意大利列在优先开展其高等教育海外推广战略的八个国家之首，其他优先国家分别为印度、美国、墨西哥、阿根廷、以色列、伊朗和埃塞俄比亚。其他兴趣目标国还有阿尔巴尼亚、阿尔及利亚、巴西、韩国、埃及、摩洛哥、俄罗斯、塞尔维亚、土耳其、越南等。

为加强意大利大学和企业之间的联系，在意大利商会和工业联合会的支持下，意大利外交与国际合作部、意大利国家旅游局和意大利教育中心共同推动了面向国际学生的意大利智力投资项目 [1]。该项目为国际学生提供在意大利高校攻读硕士研究生学位或特殊硕士课程的学业奖学金，同时为其提供在项目合作企业实习的机会，促进意大利大学和企业合作的同时，通过支持市场需求的高等教育课程，加强企业与国际生高等教育的融合，支持经济生

---

[1] 资料来源于意大利智力投资项目网站。

产机制国际化，通过这些来自目标市场国、在意大利接受教育并具有企业领域所需能力的外国人才，为意大利企业提供国际资源支持，促进意大利高校和企业的国际化。目前除中国以外，以下国家的学生也可申请该项目：阿塞拜疆、巴西、哥伦比亚、埃及、埃塞俄比亚、印度、印度尼西亚、伊朗、加纳、哈萨克斯坦、墨西哥、突尼斯、土耳其、越南。在该项目框架下，为了最大程度吸引高层次国际人才，意大利相关领域的领军企业还可面向本科、研究生和工业博士开展学校-企业、研究院-企业互换项目。

意大利高等教育国际化推广战略指出，由于知识和研究的全球性发展，以及"科学外交"所具备的不可替代的价值，高等教育应被视为促进意大利教育体系国际化的最优手段之一。该战略的基本要素是发展高等教育体系的所有参与者，即学生、教师和行政人员的国际化能力。在更广泛的战略框架内，高等教育应符合国家采取的综合政策和计划。

战略提出，为发展意大利高等教育体系的国际化能力，除上述措施以外，还需要高度重视国际学生招录政策和手段，加强支持国际学生的基础设施建设，积极帮助国际生融入意大利学生群体。与此相比，同样重要的还有保持课程及培养方案的持续更新，与国际标准相一致，使所采取的教学路径和成果更加清晰，并与国际接轨。同时，应致力于增强自身体制对于国际学生和研究者的吸引力，鼓励他们在意大利学习期间开展各种活动，以此丰富意大利的经济及社会活动。国际生在意大利的生计保障需要至少要达到欧洲平均水平。此外，应当支持项目合作国家的高端教育合作，以在政治、经济、科技、文化等各个领域加强双边关系。

意大利高等教育国际化推广战略突出强调，应当全面推动整个意大利高等教育体系的更新，基于外交部系统，间接更新相关的经济、社会和文化体系，使该战略不仅有助于进一步推进教育体系本身，同时为意大利带来新的发展动力。

第七章 职业教育

第一节 职业教育现状

意大利的职业教育按照学习阶段划分，主要分为两部分，分别为第二阶段教育的职业学校和技术学校教育，以及由高等技术学院提供的高等职业教育。按照机构形式划分，又可分为职业学校教育和技术学校教育。本节按照第二种划分形式，从职业学校和技术学校两个方面对意大利职业教育进行介绍。

根据 2010 年第 88 号总统令第 2 条规定，职业学校和技术学校分别教授不同类型的知识，职业学校侧重技术操作，技术学校侧重技术理论。就与生产领域的关系而言，职业学校与生产领域联系紧密，技术学校则更具普遍性。

一、职业学校 [1]

（一）定位、教学与专业设置

意大利的职业教育包含全国范围教育领域的职业教育和大区范围的职业教育和培训领域的职业教育。后者目前不仅得到了极大的发展，还在最近十年里发挥了职能上的巨大潜能。和高中、技术学校一样，职业教育也属于教育体系，但与前两者不同的是，它与国家重要的产业链息息相关。

在 2010 年 3 月 15 日第 87 号总统令中，政府发布了"调整后的职业学校规章制度"，并定义了职业学校的性质与宗旨：（1）以普通教育和职业技术教育为基础；（2）为了满足生产领域的需求，培养学生掌握必需的知识和技能；（3）注重实用性；（4）帮助学生快速融入职场，或进入大学、高等技术教育和培训学校学习。职业学校的管理指示也对其做了以下定义：（1）创新和建设未来的实验室；（2）尤其服务于当地社区；（3）激发年轻人的好奇心、想象力，以及对研发、制造、专业技能的兴趣。

职业学校实行五年学制，分为两个两年阶段和第五学年。学生在第五学年末参加国考，成绩合格者获得职业学校毕业证书。第五学年很好地衔接了基础教育与高等教育，帮助学生为进入职场做好准备。学生在第一个两年阶段完成义务教育，每一学年中，普通教学需满 660 个学时（每周 20 个学时），专业教学需满 396 个学时（每周 12 个学时）。第二个两年阶段和第五学年中，每一学年普通教学活动与课程需满 495 个学时（每周 15 个

---

[1] 2017 年 4 月 13 日第 61 号法令曾修订职业教育以及职业教育和培训的规定，对 2010 年第 87 号总统令规定的职业学校的规章制度进行了重新调整，因此 2010 年拟定的职业教育在此之后发生了根本变化。新生效的法令对已经入学和尚未入学的年级做出了规定：第 61 号法令第 11 条明确规定，重新定义的职业教育从 2018—2019 学年入学的年级开始实行；第 14 条规定，继续执行 2010 年第 87 号总统令的有：（1）2018—2019 学年从二年级升入三年级的班级；（2）2019—2020 学年从三年级升入四年级的班级；（3）2020—2021 学年从四年级升入五年级的班级；（4）2021—2022 学年五年级的班级。第 13 条规定，自 2022—2023 学年起废除 2010 年第 87 号总统令的规定。下文中"新的职业教育"即指 2017 年改革后的职业教育。

学时），专业教学活动与课程则为 561 个学时（每周 17 个学时）。因此，每年共有 1 056 个学时，也就是每周 32 个学时。

职业学校采用的教学方法主要基于以下几点：（1）实践教学，同时利用归纳学习法；（2）循序渐进地引导学生分析并解决与生产领域有关的问题；（3）开展项目合作；（4）通过技术运用和富有创造性的想法使产品、服务个性化；（5）组织情景模拟工序管理，开展学校–工作互换活动。

职业学校的管理指示强调：有了实践这个概念，工作就能融入学习中（学会工作），并变成有效的方法，学生也能借此积极、投入和高效地学习（在学习中工作）。在他们的学习中，科学技术对知识的建立起到了决定性作用，因此整个过程包含着严谨、理性、自由的思想、创造力与合作，这些也都是建立一个开放民主社会的基本价值观。

根据自治管理规定（1999 年第 275 号总统令第 8 条），学校应在教学大纲中表明必修课程的内容，以便学生协调好国家规定的课程时间和他们自选科目及活动的课程时间。此外，在各大区的管理规定范围内，总学时 20%的时间可由职业学校自主安排，从而加强义务教学（尤其是实验活动），并进一步推进其他教学活动，达成"三年培养计划"的目标。此外，在大区范围的管理规定框架内，为了满足当地、职场和行业的需求，学校可在第三、四学年将自主安排的时间调至 35%，在第五学年调至 40%。

为了避免与技术教育以及大区职业教育和培训系统重复，职业学校精简了专业，从 28 个减至 6 个，并分为"服务"和"工业和手工业"两个领域。"服务"领域有 4 个专业，分别为：（1）农业、农村发展服务–B1；（2）社会公共卫生服务–B2（方向：牙科和眼科）；（3）餐饮、酒店服务–B3（方向：美食、厅堂服务和销售、旅游接待）；（4）商业服务–B4。"工业和手工业"领域有 2 个专业，分别为：（1）工业和手工制造–C1（方向：工业和手工业）；（2）技术维修和辅助–C2。

2013 年第 128 条法令在第一个两年阶段课程中的任一年级中引入每周

1 学时的"地理概论和经济"课程。因此，在该年级中，每年的总课时增加至 1 085 个学时（即每周 33 个学时）。

管理条例强调，新的职业教育扮演着与职业教育和培训体系互补的角色。在管理条例框架下，职业学校（国立或具有同等地位的学校）可以在意大利教育部与各大区签订的协议的基础上，根据辅助性原则颁发职业合格证（第三学年）和毕业证（第四学年）。因此，职业学校也具有一定的灵活性。这一个性化方案（三年可获得合格证，并由职业学校根据辅助性原则颁发）满足了家庭和职场对于缩短五年制课程周期的需求，但学生仍可在获得合格证后继续学习。

新的职业学校贯通职业教育体系和与其属于同一层次的大区职业教育和培训体系，同时也是培训领域中致力于帮助学生获得意大利和欧盟认可技能的最重要的因素和力量，这些技能可帮助学生快速地适应职场。

完成第二阶段教育后，除了工作或是进入大学学习，职业学校的毕业生还有以下两种选择：（1）参加 800—1 000 个学时的短期课程，结束后可获得高级技术教育与培训课程结业证书，以满足当地的培养需求；（2）在高级技术学校里参加为期两年的课程，结束后可获得先进技术领域专业的高级技工证书。

2011 年 7 月 27 日，意大利教育部、劳动与社会政策部、特伦托自治省和博尔扎诺自治省就新规定的职业教育与培训转变的必要举措签署了协议。该协议明确了公立学校三年制课程、四年制课程的全国参照标准，定义了描述和定期更新最低教学标准的方法，规定了合格证、毕业证和中级合格证的格式。

另外，在 2011 年 7 月 27 日举行的联合大会上，上述部门进一步签署了协议，划分了职业教育和培训体系中的职业领域。七个职业领域分别为：（1）农业食品；（2）制造和手工；（3）机械、设备和施工；（4）文化、信息和信息技术；（5）商业服务；（6）旅游和运动；（7）个人服务。

根据以上七个专业，职业教育和培训体系也会培养出不同种类的专业人才：（1）三年制课程可培养21种专业人才（颁发职业教育和培训学校合格证）；（2）四年制课程中亦可培养21种专业人才（颁发职业教育和培训学校毕业证）。

（二）2017年改革后的职业教育及培训

2017年，意大利通过第61号法令对职业教育进行改革。距离上一次改革过去短短几年之后，立法机构认为，有必要重新规划职业教育的目标和课程，以及与同层次、由大区管辖的职业教育和培训的关系。一方面，移民和遭遇各种困境的学生的比率不断攀升，改革能够满足职业教育受众的需求，相应的，也能降低退学率、提高毕业率。另一方面，改革能够启动艺术、技术、职业等领域的培训，这些都是带动国家经济的战略性产业，学生可通过相应领域培训掌握一门高质量的"意大利制造"技术。

在职业教育、技术教育和职业教育和培训的关系问题上，改革旨在解决两项问题：（1）解决职业教育和技术教育部分内容重复的问题，这也是2003年实施改革以来高等教育课程遗留的问题；（2）解决职业教育和由大区管辖的职业教育和培训部分内容重复的问题，并在两者之间建立起稳定、结构性的关系。

职业教育追求以个性化学习为特点的教学模式，职业学校成为创新、开放的地方性学校，并被定义为进行研究、实验和教学创新的实验室。相应的，根据规定，职业教育的培养方式也应具有极强的灵活性和自主性。法令附件《教育、文化和职业档案》明确了职业教育的文化性、方法性和组织性，指出职业教育具有两层内涵。一是在学校、职场和职业三者之间建立紧密的联系，这一点受到了欧盟推动的双重学习模式的启发。二是开展个性化的课程。

从中学毕业的学生有以下两种选择：（1）职业教育课程（国家范围），合格后可获得公立学校或具有同等地位的学校颁发的五年制课程毕业证；（2）职业教育和培训课程，合格后可获得由特伦托自治省和博尔扎诺自治省承认的培训学校颁发的三年制合格证和四年制课程毕业证。

与之前划分的2个领域、4个专业不同，法令第3条明确了职业教育课程的11个专业，并规定从2018—2019学年入学的年级开始生效。11个专业分别为：（1）农业、农村发展和林业服务；（2）商业渔业和渔业生产；（3）"意大利制造"手工业；（4）技术维修和援助；（5）水处理和环境改善；（6）商业服务；（7）餐饮和酒店；（8）文化娱乐服务；（9）卫生服务和社会保障；（10）医疗辅助技术：牙科；（11）医疗辅助技术：眼科。上述11个专业由于与国家的重要经济活动相关，因此均具备意大利国家统计局编制的商业活动分类码。该码由字母和数字组合而成。字母代表所属的宏观经济领域，数字（从两位数到六位数）代表所属的具体类别和领域本身里的子领域。

在2018年5月24日第92号法令中，意大利教育部明确了职业教育各学习专业的培养目标。在2019年8月23日第766号法令中，明确了新的职业教育课程的培养路径。改革后，国家范围的职业教育仍然保持五年学制，然而将五年划分为一个两年阶段和一个三年阶段（之前是两个两年阶段和最后一年）。

新的职业教育借鉴了具有较强组织和管理灵活性的成人教育和个人培养计划中班级群体组织模式的管理方法，引导学生培养技能、做出选择，从而循序渐进地规划自己的生活和工作。与先前的教学相比，新的职业教育在前两年课程中引入了不可或缺的文化教学内容，帮助公民在义务教育的范围内获得基本的知识和技能，并在后三年阶段中引入普通教育的科目。学生从第二年起即可参与学校–工作互换活动，并根据2015年第81号法令第43条签订学徒制合同。

第一个两年阶段共计 2 112 个学时，其中包括 1 188 个学时的普通教学活动与课程和 924 个学时的专业教学活动及课程，后者旨在加强实验操作（因此，每周平均有 32 个学时）。在 2 122 个学时中，可安排部分时间使学习个性化，实施个人培养计划，但不得超过 264 个学时，该部分时间也可包含学校–工作互换活动。接下来的三年阶段以实验操作和工作为主。每一年共计 1 056 个学时，其中包括 462 个学时的普通教学活动与课程和 594 个学时的专业教学活动与课程（每周平均有 32 个学时）。在每一年的学习中，普通教学涉及的领域保持不变，但专业教学会根据课程的变化而做出相应的调整。学校可根据总课时来利用他们的自主安排时间，从而加强实验操作，并灵活地调整教学计划。在五年制的职业教育中，职业学校毕业考试具有较强的实践性，旨在考查考生获得的职业技能。考试委员会根据学校制定的教学大纲来设置部分考试内容。另外，经大区委托，职业学校可根据辅助性原则来设置职业教育和培训课程，从而颁发合格证和四年制职业教育毕业证。

新的职业教育管理规定从 2018—2019 学年入学的年级开始实行。规定也明确了配套措施，旨在提升学校的自主性，更新和培训领导、教师和工作人员，并向学生、家长告知可供选择的学习专业。原先的规定（2010 年第 87 号总统令）将自 2022—2023 学年起，即在 2017—2018 学年入学的班级毕业之后被彻底废除。

（三）全国职业学校网状系统

职业学校（国立和具有同等地位的学校）和由大区管辖的职业教育和培训体系承认的培训机构共同组成"全国职业学校网状系统"，形成统一、互补的教学体系，并在组织上与其他公共、私人实体区分开来，以推动创新，并与职业市场建立稳定的关系。

目前意大利教育部正致力于制定新的法令，定义确立职业教育体系、职业教育和培训体系两者之间关系的基本标准。根据法令规定，学生可在职业教育课程与职业教育和培训课程之间转换，这种可能性旨在在全国职业学校网状系统内提供统一教学，并促进学生的成长、学习，为学生提供指导。转换规定仍有待国家／大区常务会议商议确定，但需遵循以下标准：（1）学生申请转换；（2）申请转入的职业学校、培训机构的班级仍有名额；（3）评估学生的成绩单和具体转入的学习方向；（4）转入费用基于学生已获得的学分、转出专业和转入专业的匹配度和跟进课程的实际能力确定。

在获得职业和培训教育三年制合格证后，学生可选择转入职业教育体系中的第四年课程，或者继续学习职业教育和培训体系中的第四年课程。积极参加第五年的课程学习并获得职业教育和培训四年制课程毕业证的学生亦可参加职业学校毕业考试。

（四）"普通教育"和"职业教育和培训"的同等重要性

莫拉蒂改革一大重要意义在于肯定了第一阶段教育之后的普通教育与职业教育和培训两种教育具有同等重要性。改革之前，意大利大区组织的职业培训课程通常都是两年制的技术实践课程。但该类课程具有一定限制性，学生在课程结束之后无法再继续学习，也无法参加公共考试，成为初三毕业后不再适合读书的学生的选择。从立法上明确两者具有同等重要性，意味着所谓的次要选择也带有文化性质的目标和内容，因此职业培训课程被重新命名为"职业教育和培训"。课程延长至三年，学生可在第四年获得学历证书，并有机会进入第二阶段教育学校的第五年级学习，最后参加国家统考。

改革法令再次强调加强学校的自主性、承认各大区在职业教育和培训中的自主权限的重要性，并规定在国家／大区关系常务会议上重新商议，以确保注册职业学校的学生和就读第二阶段教育国立学校的学生享有同样的机会。

对普通教育与职业教育和培训采取相同标准，有利于确保学生能够在教育体系内部改变学习专业，或是在教育体系与职业教育和培训体系之间转换学习专业。根据规定，只要学生积极参与任何第二阶段教育学校的课程，都能获得认定的学分，中断学习或转学的学生可凭借这些学分继续学习。凭借由学校或培训机构颁发的技能证书，学生的实践活动、教育经历以及在意大利国内外的实习均可得到承认。

在政策的支持下，意大利社会凝聚力和竞争力得到提升。这些新的举措也帮助许多年轻人从学业失败的困境中振作起来，积极投入生产活动中，从而在个人生活、社会中扮演着重要角色。终身学习的宗旨是提高职业教育质量、办学效益的核心。无论是意大利的劳动市场，还是欧洲的劳动市场，都致力于实现"劳动力自由流动"的目标。

二、技术学校

（一）定位、教学与专业设置

在 2010 年 3 月 15 日第 87 号总统令中，政府发布了调整后的技术学校规章制度，定义了技术学校的性质和宗旨：（1）符合欧盟的相关标准，以科技文化为基础；（2）通过普通和专业方法开展教学和深入实践；（3）限制专业数量，涉及领域广泛，并与促进国家经济、生产发展的重要行业密切相关；（4）旨在通过职业技术练习，帮助学生获得必备的知识技能；（5）致力于帮助学生快速融入职场，或进入大学、高等技术教育和培训学校学习。

技术学校亦实行五年学制，分为两个两年阶段和第五学年，学生在第五学年末参加国考，成绩合格者获得技术学校毕业证书，并可凭借该证书进入大学任何院系继续学习。第五学年很好地衔接了基础教育与高等教育，并致力于培养学生为进入职场做好准备。

2010 年改革之后，技术教育的课程在以下方面做出了调整：（1）恢复技术教育的自主性，以及不同于高中和职业学校的特定培养任务；（2）避免碎片化的课程、数目繁多的专业和过多的实验；（3）根据企业需求来调整有下降趋势的注册人数。新的技术学校加强了科学和技术之间的结合，利于促进创新文化的发展。

技术学校在第一个两年阶段完成义务教育，每一学年中，普通教学活动与课程共计 660 个学时（每周 20 个学时），专业教学活动与课程共计 396 个学时（每周 12 个学时）。第二个两年阶段和第五学年中，规定每一学年普通教学活动与课程共计 495 个学时（每周 15 个学时），专业教学活动与课程共计 561 个学时（每周 17 个学时）。因此，每年共有 1 056 个学时，即每周 32 个学时。

技术学校采用的教学方法主要基于以下四点：（1）实验室教学法，问题的分析和解决，项目工作；（2）采用特定的模式和知识，有组织地管理工序；（3）有组织地同职场和职业领域建立联系；（4）提供实习、培训和学校–工作互换活动的机会。

学校旨在全面培养每一位学生，利用科学方法和技术知识，培养学生严谨、理性、自由的思想以及创造力和合作能力。根据自主管理规定，学校应在教学大纲中明确必修课程的内容，以便学生协调好国家规定的课程时间和他们自由选择科目、活动的课程时间。

与职业教育类似，在各大区的管理规定范围内，总学时 20% 的时间可由技术学校自主安排，从而加强义务教学（尤其是实验活动），并进一步推进其他教学活动，达成"三年培养计划"的目标。此外，在规定范围内，学校可在第二个两年阶段将自主安排的时间调至 30%，在第五学年调至 35%。

改革之后，技术学校的专业从 39 个精简为 11 个，即经济领域 2 个专业、技术领域 9 个专业（几乎所有的专业都有不同的方向）。在设置这些专业时，就业成为重要考虑因素。实际上，劳动市场需要的是专业的技术人员，而在意大利，这类人才依旧短缺。

经济领域的2个专业及其培养/学习目标为：（1）行政管理、金融和市场营销（大类专业）–B1（方向：市场营销中的国际关系、企业信息系统），旨在认识企业、保险业和金融业，了解企业事务，例如如何管理生产活动，如何推销产品等；（2）旅游业–B2，旨在认识旅游服务业，学习如何利用艺术、风景资源，并将不同地方的特色凸显出来。

技术领域的9个专业及其培养/学习目标分别为：（1）机械、机电和能源–C1（方向：机械、机电、能源），旨在遵守行业规范的前提下，培养设计、构建机械系统和机电系统的专业人员；（2）物流运输–C2（方向：运输工具制造、运输工具管理、物流），旨在深化海运、陆运、空运系统的实现和管理，并保证其符合该行业在国内和国际的规范；（3）电子与电工–C3（方向：电子、电工、自动化），旨在通过教学培养学生了解电子领域，实现机器人在生产中的应用和工业自动化；（4）信息学与远程通信–C4（方向：信息学、远程通信），旨在通过教学培养学生学习信息学和通信学，了解这些领域的规范和相应技术；（5）图像与通信–C5，旨在培养学生学习个人和大众通信，并了解它们是如何通过图像、多媒体语言和新型技术发展的；（6）化学、材料与生物技术–C6（方向：化学与材料、环境生物技术、卫生生物技术），旨在培养学生了解化学–生物技术在科研、制药、食品、环境、染色和皮革处理领域里的运用，尤其以环境保护和健康为重点；（7）时尚–C7（方向：纺织、服饰与时尚、鞋履与时尚），旨在培养能够构思、设计、制作和推广纺织品、服饰、鞋履的时尚界专业人才；（8）农业、农业食品与农产品加工–C8（方向：生产和加工、环境保护和土地管理、葡萄种植和葡萄酒酿造），旨在培养学生学会将传统工艺和创新技术结合起来，从而管理农产品、农业食品的生产和加工；（9）建筑、环境和土地（大类专业）–C9（方向：岩土工程），旨在培养建筑、施工、环境保护和工地安全领域的专业人才。

（三）高级技术教育和培训学校与高等技术学校

完成第二阶段教育的学业后，职业学校的毕业生可以进入大学学习，或者直接工作。而技术学校的毕业生除上述选择外，还可选择进入高等技术教育和培训学校或高等技术学校继续学习。

高等技术学校与同一层次的研究型高等学校相同，都属于第三阶段教育，但它与制造体系、劳动市场联系紧密。因此，高等技术学校能够满足主导经济的行业对专业人才的需求，这些行业通常重视技术创新和市场国际化。同时，高等技术学校还满足了构建高等科技专业框架的需求，通过培养年轻的技术创新专业人才，提升了各大企业的竞争力。

高等技术学校是以实施高层次技术教育为主体、有资格向考核合格者颁发高级技工证书的院校，其设置的课程与技术行业紧密相关，技术行业被视为促进国家经济发展、提高国家竞争力的主导领域。高等技术学校旨在为生产领域提供支持，尤其是满足中小企业创新、技术转移的需求。作为一项将教育、培训、工作政策和产业政策相结合的战略，高等技术学校被视为意大利教育界的一项重大机遇。

高等技术学校是第三阶段教育学校中非研究型的专业院校，满足了企业对新型、高质量的工艺和技术的需求，促进了革新。高等技术学校建立在各大区制定的培养规划的基础之上，以"互助基金会"模式为组织形式，"互助基金会"由技术学校或职业学校、企业、研究中心或大学、职业培训中心和地方机关组成。

高等技术学校开设的课程涉及以下几个技术领域：（1）能源效率；（2）可持续交通系统；（3）生命科学新技术；（4）"意大利制造"新技术（机械系统、农业食品系统、时尚系统、住宅系统、企业服务）；（5）文化遗产和活动的创新技术-旅游业；（6）信息技术和通信技术。

高等技术学校总共设置四个学期（1 800—2 000个学时的课程，学生需要利用其中至少30%的时间在公司实习），结束后可向考核合格者颁发高级技工证书。高等技术学校也可根据当地的具体需求和具体专业需要增加学期数，但最多不得超过六学期。高等技术学校的教师至少有50%来自本专业工作领域。

拥有第二阶段教育毕业证书或者完成职业教育和培训四年制课程、并修读过为期一年的高等技术教育和培训课程的学生，经过初选，可进入高级技术学校学习。课程结束后，学生须参加三门考试（技术操作考试、笔试和口试）来检验所获技能。考试合格的学生可获得高级技工证书，证书上会标明技术领域和全国证书编号。四学期制课程的毕业证对应《欧洲终身学习资格框架》第五级水平。每一张毕业证书都附有《欧洲证书补充文件》，文件中会明确说明课程性质、内容和所获分数。

第二节 职业教育特点

一、重视实践和与劳动市场的紧密联系

如本章第一节所述，意大利在2017年对职业学校进行了深入改革。为了满足社会对高质量教育的广泛需求，给年轻人提供更好的机会，改革将职业学校的专业从6个增至11个，并以创新形式设置专业，同时强调与"意大利制造"生产体系保持更加密切的联系。改革后，职业学校采用新的教学模式，以个性化教学广泛、高效地使用实验室，全面整合专业技能、能力和知识，通过指导教学的方式，在整个学习过程中陪伴并指导学生，同时教学活动具有较大的灵活性。改革将职业学校的五年制课程分为两年阶段和旨在对学生加强培养的三年阶段，并加入文化科目。

2017年4月13日第61号法令对于职业学校的改革，旨在重新规划职业

教育，提高教学质量，培养具备技能的公民，并帮助年轻人增强自主性和责任感，指导他们在未来进一步的学习或是工作中寻求自我成长和塑造未来的方法。为了实现这些目标，意大利在教育和培训体系中投入了大量的财力和人力。改革之后，意大利在职业教育中增加了更多的技术–实践型教师，与教授理论课的教师相辅相成，提供了更多用于投入实验室和专业设备的资金。

职业学校旨在发展成为永久的研发实验室和创新实验室，并与劳动市场建立长期的紧密关系，促进学生的发展和成长。技术学校的课程设置亦涉及广泛的领域，并与促进国家经济、生产发展的重要行业密切相关，同时在人才培养过程中，高度重视实践和实用技能的培养，以满足国家和企业对于技术类人才的需求，为促进国家经济发展和科技创新储备力量。

二、通识教育和职业技能教育并重

在技术学校和职业学校的管理条例中，明确指出职业教育课程结束后，学生从职业学校或技术学校毕业时，可获得个人的"文化、德育和专业档案"，该档案由两个重要部分组成：通识教育和专业教育。

无论是职业学校还是技术学校，所有专业的通识教育教学内容相同。2017 年第 61 号法令规定职业教育各专业第一个两年阶段的全部教学活动和第三、四、五年的通识教育均应包括语言、文化、数学、社会、历史等方面的知识教学。通识教育的教学为学生奠定了坚实的基础，培养了学生的基本能力，为其之后的技能发展储备知识。

专业教育的教学则主要包括科学、技术和专业方面的知识教学，旨在帮助学生通过课程学习获得特定的专业技能，培养学生应对工作、生产中各种情况的能力。

同普通高中生一样，对于职业学校、技术学校的学生来说，他们的"文化、德育和专业档案"也以学习成绩作为评估依据，学习成绩能够反映出学生在通识教育和专业教育课程结束后获得的技能及相应水平。"文化、德育和专业档案"包括两部分成绩：基本成绩和专业成绩。基本成绩既包括对学生横向能力（人际交往能力、元认知能力和学习态度）的评估，也包括通识教育相关的学科成绩。专业成绩则体现学生在某个领域、专业和方向的专业学习成果。

此外，职业教育注重全面培养学生能力，法令规定的职业教育应培养学生具备的 12 个方面的知识技能是：（1）行为符合《宪法》准则和相应价值体系，并能够在此基础上评估事实，指导个人、社会和职业行为；（2）根据沟通需求，在社会、文化、科学、经济、技术和职业等不同场景下自如运用母语词汇和表达方式；（3）了解自然环境和人类环境的地理、生态和领土情况，了解它们与人口、经济、社会和文化结构的关系，及其随着时间的推移而发生的转变；（4）在当地、本国和外国的文化传统之间建立联系，能够进行跨文化交流，并为学习和工作提供便利；（5）根据课程教授的外语，使用其对应的行业术语来应对不同的学习、工作环境；（6）了解艺术遗产、环境遗产的价值和潜力；（7）区分并使用现代可视通信、多媒体通信方式，了解网络交流的沟通策略和技术工具；（8）在学习、研究和深入研究的过程中使用网络和信息工具；（9）了解肢体语言中主要的交流、文化、反应特点，进行高效的体育锻炼，从而促进个人和群体的身体健康；（10）理解并能够运用经济、组织、生产服务过程的主要概念；（11）熟练掌握技术工具，注重保护生活和工作环境的安全和卫生，注意保护人身安全、环境和土地；（12）能够运用文化核心概念和基本方法，了解实际情况，并在应用领域中开展工作。

三、管理组织的自主性

意大利职业教育学校具有较强的自治权和高度灵活性。职业学校扮演着地方创新学校的角色，被看作是研究、试验和创新实验室。因此，职业教育课程的设置具有高度的灵活性。

无论是在两年阶段还是在三年阶段中，职业学校可自主安排教学活动的时间均为总学时的 20%。在第三、四、五年中，弹性时间可增至总学时的 40%。与职业学校类似，技术学校中也有 20% 的总学时可以自主安排。

职业学校中设有由不同领域的教师、专家组成的科学技术委员会，负责指导和提议工作。职业学校可利用自主安排的时间与职业教育和培训体系建立联系，赋予学生在第三年即可获得三年制职业合格证的可能性。

此外，职业学校还可与工作市场、职业领域的人员签订劳动合同，通过外聘专家开拓课程设置。外聘专家应在学校相关专业经济活动范围内具备可供查证的职业经历以及学校内人员缺乏的专业技能。

职业教育的灵活性还体现在职业学校引入的"个性化学习"标准。该标准由年级委员会制定，同时还规定了助教需在整个培养过程中跟进学生情况的任务。根据"个性化学习"标准，在职业学校的 2 122 个学时中，学生可利用不超过 264 学时的自主安排时间，实施个人培养计划，该部分时间也可包含学校-工作互换活动。

四、与高等教育衔接良好

职业教育的各类学校与高等教育有着良好的衔接，为接受职业教育并有意继续接受高等教育的学生提供了保障。2003 年莫拉蒂改革肯定了第一阶段教育之后的普通教育与职业教育具有同等重要性，学生可在教育体系与职业教育和培训体系之间转换学习专业。

同其他第二阶段教育学校的学生一样，在职业学校五年制的课程结束以后，学生也需参加国家统考，即职业学校毕业考试。职业学校颁发的职业教育毕业证书上标明了学生所学的专业和获得的技能，该证书也是学生进入大学、高等艺术院校和高等技术学校学习或参加高等技术教育和培训课程的必要凭证。

接受大区组织的职业教育和培训的学生，取得三年制合格证后，可选择转入职业教育体系中的第四年课程，或者继续学习职业教育和培训体系中的第四年课程，获得职业教育和培训学历证书后，学生有机会进入第二阶段教育学校的第五年级学习，最后参加国家统一组织的职业学校毕业考试。同职业学校一样，技术学校亦实行五年学制，学生在第五学年末参加国家统考，成绩合格者获得技术学校毕业证书，并可凭借该证书进入大学任何院系继续学习。

可以说，职业教育为意大利学生提供了"双保险"，学生既能在职业学校或技术学校学到实用的专业技能，获得较强的就业竞争力，同时又有机会选择进入高等院校接受高等教育，继续深造。与接受普通高中教育的学生相比，接受职业教育的学生有着更广泛的选择余地和更强的就业能力。

第三节　职业教育发展趋势

一、融入数字教学手段

在这个全球化快速发展的世界里，数字技术正在高速普及，经济市场、劳动市场以及整个社会也正以前所未有的速度改变着。对于经济而言，数字技术是促进发展，提高生产力、竞争力和创新力的重要驱动力。对劳动市场而言，数字技术对现有就业岗位，尤其是对那些具有重复性的工作提出了挑战。与此同时，数字技术也在不断创造着各类新兴就业岗位，尤其是那些与所谓的数字经济有关的工作岗位。在这一背景下，劳动市场对人才和技能的需求也发生了改变。因此，对教育和培训体系来说，培养学生获得相关的数字技能变得越来越重要。

目前，随着对大学教育要求的不断提高和信息技术、通信技术的不断发展，高等培训学校已经开始在传统的课堂教学模式的基础上，加入新的数字化教学方式和手段，并融入数字技能的教学内容，以适应时代的发展要求，更好地满足目前和未来学生的期望，提高学生就业竞争力。

二、重视个性化教学，鼓励技术创新

在意大利，职业教育被视为永久性的研究、创新实验室。根据规定，学校可根据所在地区具体的培养需求调整学习专业，并和大区规定的优先顺序保持一致。为突破传统教学方式，适应当今时代的发展要求，新的职业学校教育体系重视个性化教学，广泛、有效地使用实验室，注重从专业技能、基本知识和个人能力等方面全面培养学生。通过指导性教学，在整个学习过程中陪伴并引导学生，同时融入文化科目，实行创新性和灵活性教学。

为了鼓励年轻人积极进行技术创新，意大利每年都会举行职业技术学校国家级竞赛。可参赛的专业领域覆盖职业技术学校经济和技术两大领域中的多个专业方向。在上一年比赛中成绩优异的学校会根据意大利教育部发布的通知，于每年11—12月公布的全国教育体系评估条例（包括组织指南）来组织竞赛。主办学校会将参赛通知发送给所有相关学校，通知附有具体的竞赛项目。有意愿参加比赛的学校会在四年级的学生中进行内部选拔，从而确定最终代表本校参加全国比赛的学生名单。为了筹得组织经费，主办学校会寻找当地的公司赞助商，除了为获胜者提供奖金和奖品外，各类企业赞助商还为学生提供实习岗位。

三、加强学校与工作领域的联系，注重培养适应社会需要的人才

尽管目前意大利职业教育和劳动市场保持着较为密切的联系，但面对竞争激烈的就业环境，学校意识到应进一步加强职业学校与工作领域的联系，培养学生同时具备技术专业硬实力和文化综合软实力，使其符合市场期待和需求。通过不断加强与工作领域的联系，为学生创造更多实践机会和了解实际工作环境的可能，帮助学生在实践中学习锻炼职业技能，从而加强学生与工作市场的沟通，提高年轻人就业率。

要想让职业培训成为一种高效、积极的工作策略，就需要完善学校对生产体系的理解。学校有责任了解当前劳动市场的发展趋势，从而向年轻人、已经就业或是失业的成年人解读相应的学校的培养需求。同时，学校也应该知道如何辨认、确定和形成新的职业资格评定标准，使其变得更具竞争力，并且能顺应时代和社会变化。

曾经担任特伦托自治省教育、大学和研究部门负责人的利维亚·费拉里奥表示，学校有必要在学校-工作互换活动方面采取进一步的措施，加强供求之间的对接和统一，并利用好"青少年就业计划"在欧洲的资源。在学生完成两年阶段或三年制课程后，引入学徒制，允许学生通过签订学徒合同进入公司实习，这样既有利于学生获得职业技术毕业证或职业合格证，也有利于降低退学率。在相关公司的帮助下，学校可以确定能够符合学徒类合同的任务，在制定学徒的培养方案时，学校也应充分支持相关的公司。学徒制的引入在某种程度上亦可以推动学生进行自主创业的实践。

第八章 成人教育

第一节 成人教育现状

同欧洲其他国家一样，在意大利"成人教育"是那些旨在丰富成年人的文化知识、提高成年人的技术和专业资格的活动的总称。学校可以同当地的社区合作，共同组织这些活动，并与劳动市场、活跃在当地的主要合作伙伴建立联系。如此一来，成人教育就变成了义务教育的延续和整合，从某种程度上讲，对那些未完成正规基础教育的人来说，成人教育为他们提供了第二次受教育的机会。无论是向成人提供培训课程，帮助他们获得学位，还是仅仅以丰富他们自身文化知识为目的，这些不同组织形式的活动都属于"成人教育"的范畴。

自 1997 年起，意大利就建立了成人教育系统，并组织地域常设中心开设课程，在第二阶段教育机构开设夜间课程。2007 年，教育部颁布了一条改革体系的法令，自 2012 年开始改革，并于 2016 年结束。"成人教育"的概念由此发生了一定转变，缩小了涉及的范围，变为致力于帮助成人获得学历的教育活动，旨在提高成人的教育水平。另外，意大利还借此设立了省立成人教育中心，该机构被视为该领域改革的核心，并与第二阶段教育的学校分别取代了地域常设中心和夜间课程的地位。成人教育体系由意大利教育部管辖，该类型的课程由国家出资，并对参与者免费。

一、终身学习

根据 2012 年 6 月 28 日第 92 号法令第 4 条第 51 段，终身学习是指"在不同的人生阶段，人们参与的任何正规、非正规和非正式的，旨在从个人、公民、社会和就业角度来丰富知识、提高能力和专业技能的活动"。

2012 年 12 月 20 日官方公报发布的 2012 年第 92 号法令中第 4 条（第 51—68 段）和 2014 年 7 月 10 日官方公报发布的协议正式规定了意大利"终身学习"的概念："成人教育是终身学习进程中一个极为重要的组成部分，它涵盖了成人在完成初期教育、培训后参与的正规、非正规和非正式的、普通或职业的活动。"在 2012 年 12 月 20 日联合会议签署的协议中，相关部门建立了终身学习跨机构平台，该平台致力于制定定义终身学习服务、构建区域系统的最低标准和实施战略的提案。

为了促进终身学习的实施，根据 2016 年 12 月 19 日欧盟委员会"开设提升技能水平的课程：向成人提供新机会"的建议指示，学校制度和国家教育体系评估办公室出台了《国家成人技能保障计划》。

（一）终身学习区域系统

终身学习区域系统由支持终身学习体系的机构构成，涵盖了与促进经济增长、年轻人就业、福利改革、活跃的公民身份（包括移民）战略相关的教育、培训和工作服务。这些区域系统对成人负责，为其提供整合式的服务。终身学习区域系统的发展需要大学、企业、商业联合会、工业联合会、手工业联合会、农业联合会、就业中心、社会组织和当地机构的支持。终身学习区域系统支持学生构建自己的正规、非正规和非正式的学习进程，予以学分认定，提供学习证明和终身指导服务。

（二）《国家成人技能保障计划》

为了促进、支持终身学习区域系统的构建，意大利教育部推出了《国家成人技能保障计划》。该计划由下列五项战略行动方案组成：（1）推动、支持省立成人教育中心参与终身学习区域系统的构建和运行；（2）根据《2030年议程》和《新欧洲技能议程》规定，推动、支持"成人技能课程"的开展，该课程的目标群体为已经参加工作的成年人，旨在帮助他们获得基本技能（计算能力、读写能力、语言能力和数字能力）和横向技能（团队合作能力、创造性思维、创业技能、批判性思维、解决问题或学会学习金融知识的能力）；（3）加强对已经开展的成人教育研究、实验和发展中心的利用；（4）加强成人教育课程的灵活性，尤其是远程教学；（5）推动、支持整合教育课程的开展，帮助学生获得职业合格证或毕业证，有了这些凭证，学生就能在第三阶段教育的学校中继续学习。

二、省立成人教育中心

省立成人教育中心负责开展针对成人的教育活动和与成人学历教育相关的研究、实验和发展活动，是构建终身学习区域系统的公共主体，旨在协调并实现接纳、指导、陪伴成人的活动。同时，省立成人教育中心还是协调和实现提高成人教育水平、加强终身学习核心技能的模范机构。

省立成人教育中心是当地的自主教育机构，它们和学校享有同样的自主权，拥有自己的校区、工作人员和校务委员会。其开设的课程面向年满16周岁及以上的学生（特殊情况下，年龄可放宽至15周岁）。

省立成人教育中心属于区域系统服务，并分为三个层次：行政组、教学组和培训组。（1）行政组。从行政角度看，省立成人教育中心由一个总校区和一些一级教学点（分校区）组成，学生不仅可以在此参加第一级教育课程和读写课程，还能学习意大利语。这些一级教学点由各大区来指定。（2）教学组。从教学组织角度看，省立成人教育中心是许多个开设第二级成人教育课程的第二阶段教育学校。这些二级教学点位于第二阶段教育的学校中，由各大区来指定。行政组的省立成人教育中心和上述提到的学校签署具体的系统协议，共同设计二级教学组织课程的标准和方法，委员会的组成及其在确定个人培养协议中的职责，实施特定的系统性措施，从而加强一级课程和二级课程的联系。（3）培训组。通过与当地机构、其他公共实体和私立实体尤其是受各大区承认的培训机构签署协议，省立成人教育中心可以开设丰富的培训课程，提升公民技能，从而提高就业率。

作为建立在三个层面上的区域系统服务，省立成人教育中心可开展以下活动：（1）能够授予文凭和学习证明的成人教育课程；（2）教学拓展活动，旨在整合、丰富成人教育课程，加强成人教育课程与其他类型教育和培训课程的联系；（3）有关成人教育的研究、实验和发展活动，旨在充分发挥省立成人教育中心作为服务机构的角色。

（一）成人教育课程

成人教育课程有以下三种类型：一级课程、二级课程和意大利语零基础学习课程。

由行政组开设的一级课程分为两个教学阶段：（1）第一阶段的课程结束后，学生可获得第一阶段教育文凭；（2）第二阶段的课程结束后，学生可获得基本技能证书，证明其完成了与职业学校、技术学校各方向专业通修的基本教学活动相关的教育。

由教学组开设的二级课程允许学生获得技术教育、职业教育和艺术教育毕业证。课程分为三个教学阶段，各教学阶段分别对应技术学校、职业学校和艺术学校课程的第一个两年阶段、第二个两年阶段和第五年。

意大利语零基础学习课程由培训组面向外籍成人开设，课程结束后学生获得的证书相当于等级不低于《欧洲语言共同参考框架》中 A2 级意大利语水平的证书。

根据意大利教育部发布的通知，有意者每年都可以提交参加成人学历教育课程的申请。未完成义务教育或是未获得第一阶段教育学习文凭的成人，包括外籍人士，可注册一级课程。未获得第一阶段教育学习文凭且年满 16 周岁的青年也可注册该课程。根据大区和大区教育厅签署的特殊协议，年满 15 周岁的青年也可注册该课程。获得第一阶段教育学习文凭的成人，包括外籍人士，可注册二级课程。获得第一阶段教育学习文凭且年满 16 周岁的青年，或是能够证实确无法参加白天课程且年满 16 周岁的青年也可注册该课程。已经参加工作的外籍成人可注册意大利语零基础学习课程，包括已经在自己的国家获得学习文凭的外籍成人。参加课程的成人可享有特定的指导服务，这些活动旨在制定实现学习过程个性化的《个人培养协议》。成人参与制定《个人培养协议》等同参加了所注册课程的教学活动（但不超过 10%）。

此外，学校也可为未获得小学结业证明的学生开设附加课程，帮助他们获得初级教育规定的基本技能。服刑的成人也可在省立成人教育中心设立的监狱教学点和第二阶段教育机构参加成人学历教育课程。

省立成人教育中心开设的所有课程都具有灵活的组织性，在承认学生之前的学业的同时，使得课程学习更加个性化。学生可通过远程学习的方式参加课程，但远程学习时间不得超过总课时的 20%。

（二）教学拓展活动

根据 1999 年第 275 号总统令第 9 款规定，教学拓展活动既应该符合省立成人教育中心的目标，也应该考虑当地实际的文化、社会和经济背景需求。因此，省立成人教育中心启动了教育和培训整合项目，该项目的实施需要与其他公立、私立培训机构合作，并参与大区、国家和欧盟项目。省立成人教育中心可以：（1）与大学、大区和公共机构签订协定；（2）与协会和个人签订合同协议；（3）参与有公立、私人机构组成的临时协会，并与这些机构建立协作关系，实行特殊的培养计划。

（三）研究、实验和发展活动

作为自主教育机构，省立成人教育中心也开展有关成人教育的研究、实验和发展活动，目标有以下四点。（1）发展 1999 年第 275 号总统令第 6 款提及的领域：培养计划和评估研究；学校工作人员文化、职业方面的培训和更新；学科和方法论创新；对信息和通信技术不同分支的教学研究，以及对其在培养过程中的整合的教学研究；教育文献资料及其在教育领域内部的传播；教学信息、经验和资料的交流；同一教学体系中不同组成部分的整合，以及在相关主管机构的同意下不同教育体系（包括职业培训）的整合。（2）根据欧盟在该领域的目标，通过安排以下系统性措施来加强省立成人教育中心作为服务机构的作用：解读区域的培养需求；以社会背景、工作背景的需求为基础建立成人档案库；解读成人对技能、知识的需求；接待和指导；提高成人学历教育的质量和效率。（3）实施系统性措施，加强省立成人教育中心开设的课程同第二阶段教育学校开设的课程之间的联系；拟定省立成人教育中心的教学计划，共同设计一级、二级课程。（4）从技能的角度来看，通过致力于实现《国家成人技能保障计划》的行动方案，推动终身学习区域系统的发展，促进终身学习体系的实现。

（四）发展趋势

根据意大利国家文献、创新和教育研究协会公布的最新数据，在对126 个省立成人教育中心开展的有关 2015—2016 学年和 2016—2017 学年成人教育的定性和定量调查中，在 2016—2017 学年中，共有 108 539 人注册了课程，与 2015—2016 学年相比，增长了 18.4%。注册一级课程的外国人从 12 542 人增长至 14 312 人（增长了 14.1%），注册二级课程的外国人也同样有所增长（增长了 16.9%）。与上一学年相比，在 2016—2017 学年中，省立成人教育中心开设的一级课程总量增加了 7%（1 057），二级课程增加了40%（1 336），意大利语言零基础学习课程增加了 17%（3 764）。

在监狱开设的课程总量也有所增加，一级课程增长约 9%，二级课程增长约 4%，意大利语零基础课程增长超过 20%。在 2016—2017 学年中，注册一级课程的人数从 2 995 人增长至 3 645 人（增长了 21.7%），注册二级课程的人数从 2 613 人增长至 2 875 人（增长了 10.1%），注册零基础课程的人数也有所增加（增长了 8%）。

总体而言，在 2015—2017 年，每一种成人教育课程的注册人数都有所增加。根据教育部最新的统计调查显示，意大利目前共有 130 个省立成人教育中心。

三、大区研究、实验和发展中心

自 2016—2017 学年起，教育部在每个大区都设立了大区研究、实验和发展中心，该中心由同属该大区的某一省立成人教育中心管辖，并与大区内其他的省立成人教育中心构建组成大区系统。每个大区研究、实验和发展中心均由一个科学技术委员会协调，委员会成员中至少包括大学、大学院系、研究中心、专业技术中心中的一个机构。

2017 年 5 月 30 日，大区研究、实验和发展中心全国系统成立，学校制度和国家教育体系评估办公室主任也出席了活动。该系统定期举办全国会议。在 2018 年 5 月 3—5 日奇尼西全国会议举办期间，关于成人教育的《国家三年研究计划》也相应出台。该计划由以下四项战略行动的具体措施组成：加强对 1999 年第 275 号总统令第 6 款提到的领域的研究；加强省立成人教育中心作为服务机构的运行；加强一级课程和二级课程的联系；强化终身学习区域系统的构建和运行。

在 2018 年 12 月 13—15 日蒙特格罗托全国会议举办期间，关于成人教育的《国家研究实施计划》相应出台，该计划与《国家三年研究计划》有着较强的联系。各大区研究、实验和发展中心与属于上述提到的大区系统的省立成人教育中心共同制定了《大区研究实施计划》，《国家研究实施计划》就是这些计划的集合体。其中，该计划的核心活动有：省立成人教育中心自评报告的制定（和国家教育和培训体系评估局合作），线上国际成人能力评估计划（和国家工作促进政策局合作），省立成人教育中心中的远程课程（和国家文献、创新和教育研究协会合作）。

四、《成人教育创新活动计划》

为了推进新的成人教育体系制度的实施，2012 年第 263 号总统令规定，在向新的成人教育规章制度过渡的同时，还需实施相应的全国系统性措施来更新省立成人教育中心的领导、教师、行政人员、技术人员和辅助人员。

自 2014—2015 学年起，学校制度和国家教育体系评估办公室开始推动《成人教育创新活动计划》。该计划得到了《成人教育创新活动计划》国家工作小组的支持，工作小组由来自学校制度和国家教育体系评估办公室，意大利国家文献、创新和教育研究协会的代表与所有的大区教育办公室组成。

省立成人教育中心根据该计划开展的活动致力于规定实行《个人培养协议》的必要措施，设计衔接一级课程和二级课程的必要系统性措施，开展研究、实验和发展活动，以及教学拓展活动。总而言之，所有的活动都与《国家成人技能保障计划》中规定的五项战略行动有关。

自 2016—2017 学年起，学校制度和国家教育体系评估办公室开始推动国家项目《成人金融教育计划》，该项目也得到了《成人教育创新活动计划》国家工作小组的支持。项目旨在解决金融教育领域中成人教育贫瘠的问题，根据 2017 年第 15 号法令中的内容，项目组织、指定省立成人教育中心可供注册的具体学习单位，帮助成人获得与金融教育有关的最基本的技能。

第二节　成人教育特点

成人教育学校有着特定的与面向群体联系紧密的教学目标，致力于满足成人对文化和终身学习的需求。那些因不同原因而放弃或中断学习的人，或是需要改善自己的社会条件和职业条件的人，都可以在成人教育学校中继续学习。

成人教育也能促进外籍成人融入意大利社会，这类群体通常已经在自己国家接受过中高等教育，但文凭却不被意大利教育制度承认。通过成人教育，他们就能获得可以在意大利生存的技能，从而更好地融入当地的文化、社会和语言环境。

一、重视机构合作

为了确保成功培养学生，省立成人教育中心筛选当地战略合作伙伴，签订旨在实现不同目标、扩展培训课程的协议的能力就显得尤为重要。省立成人教育中心签订的协议总量、签署协议的主体类型和协议本身的内容都是重要的考量因素。

以签订协议的平均数量来看，分布在南部大区的省立成人教育中心签订的协议数量较多，且高于平均值。从宏观区域的角度看，南部和岛屿地区签署协议数量的平均值最高，约为 25 个，西北部签署协议数量的平均值约为 18.55 个，是省立成人教育中心系统中数量最低的宏观区域。

在与省立成人教育中心签署协议的主体中，最常见的是当地机构、外国人接待机构和第三产业主体。省立成人教育中心，尤其是位于东北部的省立成人教育中心，其主要战略伙伴是当地机构。与第三产业合作的主要是中部的省立成人教育中心，与外国人接待中心合作较多的主要是南部和岛屿地区的省立成人教育中心。

省立成人教育中心开设的一级课程旨在帮助学生获得等同于第一阶段教育文凭的学历证明，以及能够证明学生获得了义务教育所要求的基本技能的证书。开设的二级课程则旨在帮助学生获得技术、职业和艺术教育毕业证。因此，省立成人教育中心需要与第一阶段和第二阶段教育学校广泛签订合作系统协议。

省立成人教育中心签订的一级合作系统协议平均包括五所学校。无论是从签订协议中心的数量来看，还是从协议包含的学校数量来看，位于南部地区的省立成人教育中心签订的协议数量均高于平均值。其中，协议涵盖的学校平均数量最高的是普利亚大区（约 10 个）和西西里大区（约 9 个）。

从全国范围来看，省立成人教育中心签订的二级合作系统协议包含的学校数量平均为 7.9 个。同样的，南方参与系统构建的省立成人教育中心数量也比其他地区更高，位于南部的平均为 10.2 个。在这个宏观区域中，签订协议的第二阶段教育学校数目也略高于其他地区，为 11.35 个。该数据结果与在南部设立了越来越多的省立成人教育中心教学点有关。如果将位于该区域的校区数量和类型纳入考虑范围，无论是合作校区，还是开展二级课程的校区，南部地区的数目均高于全国平均值。

从签订合作系统协议的第二阶段教育学校类型来看，几乎所有的省立成人教育中心都选择与经济类技术学校合作，超过 80% 的省立成人教育中心选择与技术类技术学校、服务类职业学校合作。与工业、手工类职业学校的合作数量紧随其后，但只有极少选择与艺术类高中合作。

在签订协议方面，各区域间展现出了一定的差异性，尤其是与职业学校、艺术类高中的合作。在与职业培训学校签订协议的情况上，地区差异更为显著。位于东北部的省立成人教育中心平均签订的协议数量为 3.3 个，远高于全国 1.4 个的平均值。

总之，省立成人教育中心最初是作为区域服务系统设立的，与其他学校、公立和私立机构、第三领域实体构建网络系统，面向区域合作伙伴开放，这些活动是由它本身作为特殊学校的性质决定的。相关数据显示，省立成人教育中心积极推动区域服务系统的构建，在这些系统中，既有现行法规条例规定的网络系统（通过一级协议、二级协议），也有受单独的机构推动、支持的网络系统（与地区战略合作伙伴签订的协议）。

签订的合作系统协议的数量、类型反映出各省立成人教育中心所处的具体背景。位于北部的省立成人教育中心倾向于与职业培训学校、当地机构合作，开设丰富、多样的课程，满足学生的需求。学生中有数量可观的外国人，这些外国人扎根于意大利，需要凭借有用的证书、证明来寻找工作。南部的省立成人教育中心针对的主要是社会弱势群体，并主要关注他们的心理健康和社会容纳等问题。

二、重视语言教学

省立成人教育中心接收的学生具有多样性，其中既有想要继续学习的成年人，也有来自不同社会和文化背景的移民，以及中断正常学习、想要重返校园的 16 岁以上的青年。

尽管学生的学习目标多种多样，但语言教育在成人教育中扮演着关键性的角色，加强意大利语语言技能被视为一项不可或缺的要求，也是帮助移民完全融入意大利社会的基本要求。省立成人教育中心面向外籍成人开设意大利语零基础入门学习课程，课程结束后学生可获得等级不低于《欧洲语言共同参考框架》中 A2 级意大利语水平的证书，帮助他们在掌握语言能力的基础上，更好地融入意大利社会。

通常情况下，意大利的移民都认识英语或者法语，但他们这两种语言的水平极低或是呈碎片化。因此，在许多省立成人教育中心中同时配备英语教师和意大利语教师，他们互相支持彼此的工作，帮助学生通过更简单、和谐的方式提高语言水平，从而满足各自的学习需求。

三、重视远程教学

如上文所述，省立成人教育中心是一个非常复杂的机构，许多省立成人教育中心都没有自己的独立校舍，而是与其他学校共享部分空间。每一个教育中心就像是一个由许多校区构建起来的网络，而每一个校区又分散在不同的校舍建筑中。平均只有不到 13% 的教学建筑可供教育中心任意使用，超过 80% 的教学建筑为教育中心和其他学校 / 机构共同使用。这种现象的普遍存在，无论是从组织角度还是从管理和遵守安全规定的角度看，均给其运行带来一定困难，尤其是那些与其他学校 / 机构共享教学建筑的教育中心。从这个角度来看，与全日制类学校不同，省立成人教育中心是一所"非常规"学校。

然而，尽管省立成人教育中心仍未完全获得属于自己的教学地点的"自主权"，但根据规定，他们可以利用不得超过总学时 20% 的时间开展远程课程，帮助成年学生解决由于地域或时间问题无法按期参加线下课程的困难。

从教学角度来看，远程教学方式可以促进课程个性化，并提高学生的数字技能。教师可安排部分单元（或单元中的部分内容）供学生线上学习。远程学习也可以远程课堂的形式开展，即身处省立成人教育中心教室中的教师和在校区外的学生进行视频会议。教育中心的管理指示建议启用特殊教室，并将其命名为"开展成人教育课程的互动环境"，从而接纳需与教师进行线上授课的学生。教育中心可选择在大学校区、当地机构等场地启用开展成人教育课程的互动环境教室，并向大区教育局报备。每个教育中心最多启用一个此类教室。

四、重视个性化教学

在确定成年人的教育路线中，接收和指导工作是必不可少的。通过接收工作，委员会分析、记录学生的教育经历，收集关于学生个人经历、职业经历的信息和数据，以确定、评估和证明成人在正规、非正规和非正式学习中获得的技能，并认定这些技能对应的学分。此外，如本章第一节中提到，参加成人教育课程的成人可享有特定的指导服务，参与制定《个人培养协议》，委员会也可以通过了解学生的培养需求，引导学生进行个性化学习，并指导他们了解自己，以便在接下来的学习、工作道路中做出选择。

因此，从广义上来说，成人教育的指导工作旨在帮助成年人较大限度地了解自己的需求和当地的机会并做出选择，通过个性化指导为他们提供能够更好地实现理想的途径，从而遏制退学和生源流失现象，以促进文化、经济和社会的发展。

个性化教学是省立成人教育中心的一个特有因素，教育中心具有较强的组织灵活性，不同的教育中心会根据不同背景采用不同的表现形式，以满足学生的不同需求。为实现个性化教学，教育中心可采用的一系列方式有：（1）教师、教育工作者和文化传播者开展指导活动；（2）对部分课程采用远程教学的方式；（3）以不同形式监测培养目标的实现情况；（4）调整评估学习情况的方式和时间阶段（提前和推迟）；（5）根据学生达到的培养目标，更新或调整《个人培养协议》；（6）组织 / 调整级别分组。

第三节 成人教育挑战

意大利的成人教育迸发出了极其旺盛的生命力。省立成人教育中心于2012年改革后设立，作为自治学校，它们有着自己的组织结构和教学结构，并和其他学校以及职业培训组织建立起紧密的联系，对成人教育的推广起着重要作用。然而，尽管如此，意大利的成人教育目前仍然面临着诸多挑战。

一、社会认知程度低，缺乏准确定位

成人教育在意大利至今仍是一个被忽视的领域，外界对它的了解少之又少。省立成人教育中心也面临着严峻的身份问题，外界仅有极少数人了解这一机构，人们常常低估或误解它，把它看作老年娱乐中心。

对省立成人教育中心自身来说，相关人员的类别界定极为模糊，"谁才是今天的成人"成为困扰成人教育体系的难题。一方面，该机构尤其欢迎外籍成人、中途辍学的本地青年就读，但却无法吸引当地的成人。另一方面，由于缺乏准确定位，教师容易产生职业倦怠。省立成人教育中心最典型的学生是外籍成人，作为家庭负责人，他们的身份是牢固的，但作为在社会上工作的人，他们的身份又是脆弱的。而省立成人教育中心接收的意大利本地成年学生和其他有着不同身份的成人相比，无论是从法律规定的成年年龄来看，还是从社会对成人的定义来看，他们是被"正常的"教育体系排除在外的成年人。

二、改革举措落实不到位，资源设施配备不齐

意大利成人教育面临文化的多样性、学生的不同认知状况和体验状况、年龄段的特殊性和空间的复杂性，省立成人教育中心的成立使得教育、教学、课程、评估、组织和政策层面上的改革具有了可行性。事实上，省立成人教育中心《个人培养协议》中具体规定的个性化教学和旨在满足个人需求的组织灵活性，活动的多样性，远程开展部分课程的可能性，关注社会融入需求的教育工作者、文化传播者所开展的个性化指导活动等，都是尝试教学改变和推广个性化教学的举措。

然而，从目前的数据来看，省立成人教育中心似乎并未完全发挥出它的潜能。一是由于该学校并未完全落实相应规章制度，存在着诸多不足和限制。二是由于近几年来，省立成人教育中心成了意大利各地区的"前哨"，承担着由近年来移民潮产生的许多争议，从而降低了吸引其他类型学生的可能性。

一些声音批评省立成人教育中心缺少服务于残疾学生的相关资源，限

制了残疾学生的参与，在意大利语课程和第一阶段教育的教学中，教育中心现有的工具无法满足残疾学生及时有效地参与课程。缺乏针对特殊培养需求的有效规定，而特殊培养需求本身又具有不持久、不连续的特点，因此针对特殊培养需求的长期规划存在一定难度和挑战性。

三、中老年成人教育需求日益增长

目前在意大利的企业等诸多工作单位中，几代人同时出现在工作岗位上的现象仍然普遍存在，各年龄段的工作人员不得不共同生活和成长。意大利人口老龄化问题严重，因此，为中老年人群提供新的职业发展规划和培训，开展针对中老年人的成人教育，也就成了成人教育应注意的问题和努力的方向。

人们往往对年纪较大的工作者产生偏见甚至歧视，然而，年纪较大的员工也可以通过良好的信息交流和实践来为公司做出较大的贡献。在公司内部进行的任务重新分配中，一个重要的挑战就是年老员工的重新适应问题，他们在维持原有岗位方面有着更大的可能性，但在寻找新的岗位上却不占优势。

由此可见，对成人教育的对象给予准确清晰的定位，增加其在社会中的认可度，是意大利成人教育体系亟待解决的问题。加强数字工具的使用和推广，全方位开展远程教学，有助于身处不同环境的学习个体更便捷地获取学习资源。同时，通过系统的教育培训，使中老年人获得新技能，帮助他们提升个人价值，增强工作竞争力，避免年龄歧视，这对于平衡工作领域的员工力量、增强社会活力有重要意义。

第九章 教师教育

第一节 教师教育现状

2015 年第 107 号法令将对学校工作人员开展的培训教育定义为义务的、终身的和战略性的，并将其视为有效发展和职业成长的机会，认为其有利于促进教育体系的创新。新的法规将工作人员参加在职培训教育列为必要程序，并向教师发放可用于支付培训课程的教师卡，制定了三年制的《国家培训计划》（包含相关的经费管理指示），将培训需求、制定的培训行动方案纳入每所学校的三年制培训计划中，并承认参与研究、培训和收集优质实践资料是提高和激发教师专业性的要素。对于意大利教师而言，在职培训体系相当于一个"终身学习的环境"，由促进教师成长和职业发展的机会网络构建而成。

一、入职培训

根据 2015 年第 107 号法令规定，意大利新入职的教师需经历一段培训期和试用期。2015 年 10 月 27 日第 850 号部委令规定了在培训试用期间评估教师、教育工作者的目标、培训活动、检验方法和标准。

在校领导指定的指导教师的帮助下，新入职教师需提交一份初步的能力预估报告和一份自我评估报告。基于指导教师的意见和学校的需求，校领导和新入职教师需以能力预估报告为基础，制定一份专门的职业发展协议，包含需要通过特定培养活动实现的发展文化、学科、教学方法和人际关系能力的目标。

入职培训的内容主要包括以下五个方面的活动。（1）初期信息了解。自2019年10月起，意大利每个地区都需提前规划针对新入职教师和教育工作者的见面会，在此期间，新入职教师可了解培训课程各阶段的安排，并领取后续管理活动所需的辅助材料。（2）培训研习会。培训研习会（在一位辅导老师的指导下开展的小组会面）指共计12学时的培训活动。根据培训内容及其难易程度和研习规模，培训研习会可以不同方式开展，每个模块的持续时间也可有所不同（3学时、6学时或者更长）。（3）参观创新型学校。新入职教师可以以个人或小组的形式参与大区教育办公室组织的学校参观活动，但总数不得超过3 000人。关于接待参观的学校，组织者可选择拥有由大区教育办公室承认或批准的创新项目的学校，以便新入职的教师了解新的教学方法，观摩结合新技术手段进行的教学活动。（4）结对指导活动。在试用期间，每一位新入职的教师都会被指定一位指导教师，指导教师扮演着新入职教师的导师角色，确保新教师与实地教学工作顺利对接，每位指导教师最多负责三位新入职教师的培训工作。（5）在意大利国家文献、创新和教育研究协会平台上开展的活动。意大利国家文献、创新和教育研究协会研发的线上平台于2019年11月开放，新入职教师能够广泛地使用该系统参与培训活动。参与培训者可在线完成20个学时的培训任务，平台能够记录培训过程、分析参与者获得的技能，并将结果提交评估委员会。在培训、试用期结束后，学校领导需听取教师评估委员会、指导教师的意见，对所有新入职教师在此期间的表现进行评估。

二、在职培训

2015 年第 107 号法令第 124 段指出，教师在职培训是义务的、终身的和战略性的。各学校通常以《国家培训计划》中规定的优先事项为基础，根据《三年培养计划》《学校改进计划》的要求，确定具体的培训活动。

《三年培养计划》规定学校应根据不同需求为教师设计、实施不同形式的培训活动，为参与培训的教师提供多样化的选择。此外，每所学校都实施并更新了《自评报告》，该报告确定了学校在未来三年意在实现的改进目标。《学校改进计划》的制定以《自评报告》中的分析作为出发点，而《自评报告》本身又将培训作为学校评估的七个标准之一，以及学校为取得成果需明确设定的目标之一。每份计划都需将人员培训看作是推动学校成功实现发展和改进战略的动力。

根据 1994 年第 297 号法令第 453 款的规定，在条件许可的情况下，学校工作人员可根据工作、教学连续性需求参加由其他机构和协会组织的学术会议和活动，但不得超过 5 天。参加活动期间，工作人员可被免除规定的工作义务。

教师培训的举措得到了来自不同渠道的资金支持，其中包括第 107 号法令规定的资金，来自欧洲社会基金会的资金以及来自教育部的其他资金。通过《教师培训计划》，意大利拨款 3.25 亿欧元用于教师的在职培训。除此之外，国家投入 11 亿欧元支持"教师卡"举措。2016—2019 年，国家共计拨款约 14 亿欧元用于全体教师的职业进修和发展。该计划涵盖了所有的在编教师，共计约 75 万人，计划还规定了针对所有学校工作人员开展的培训活动。

作为一项与部委令共同通过的指导性方案，《教师培训计划》规定了2016—2019 年的优先发展事项和财政投入，也拟定了自 2016—2017 学年起实行的战略性框架。该框架同时也是一项实施方案，以透明、创新和高效的方式支持促进学校人力资源、专业资本发展的切实政策。

除了指导学校、教师活动的规划以外,《教师培训计划》还具有实现国家政府和地方政府培训提案的指导职能,以保证各项干预措施间的一致性和系统性,并在可能的选择和现有的资源之间发挥协调作用。因此,该计划并不是一个简单的行政规定或管理规定的集合,而是一个创新性的在职培训参考框架。

三、教师语言教育

意大利不仅重视学生的语言培养,为提高语言教学质量和教师的语言水平与能力,还在教师教育中引入内容和语言整合学习法,并出台了《语言培训计划》。

(一)内容和语言整合学习法

内容和语言整合学习法是一种整合了外语语言交际能力和学科能力的学习方法。意大利教育部通过一系列举措、行动方案和计划,在教师教育中也推动引进了该方法,例如,向第二阶段教育学校的非外语学科教师提供在职培训课程,帮助他们获得教学方法技能,促使其语言水平至少达到《欧洲语言共同参考框架》的 C1 水平。

根据 2010 年第 88 号、第 89 号总统令规定,第二阶段教育学校有义务在第四年通过内容和语言整合学习教学法开设用外语教授非外语学科的课程。对技术学校来说,非外语学科需在第四年开设的专业领域中选择,并要求用英语授课。对高中(语言高中除外)来说,需使用欧盟官方语言中的一种教授非外语学科。对语言类高中来说,自第三年起,学校就需按照规定开设一门用外语教授非外语学科的课程，并在第四、五年开设第二门用外语教授非外语学科的课程。

采用内容和语言整合学习教学法的教师需具备外语 C1 水平的语言交际能力，以及修满在职教师大学进修课程 20 学分后所应具备的教学能力。

（二）《语言培训计划》

《语言培训计划》旨在促进和发展不具有英语教学资格的小学教师的语言交际能力和教学方法能力。

随着英语被引入小学教育，意大利也响应了欧盟关于早期语言学习的培养标准。与欧盟议会和欧盟理事会于 2016 年 12 月 18 日发布的第 2006/962/EC 号关于核心能力的文件一致，意大利也出台指示文件，强调在完成第一阶段的教育后，学生的英语需达到初级水平，并知道如何使用该语言在日常生活中进行交流。因此，在这样的政策背景下，国家针对那些具备小学教学资格但对英语缺乏足够了解的教师制定了《语言培训计划》。

2009 年 3 月 20 日第 81 号总统令第 10 款第 5 段对小学教学做出了具体安排，规定教授英语的任务由英语专业毕业的教师担任。非英语专业毕业的教师有义务参加相关培训计划，即专门为其开设的三年制语言教育培训课程。第一年培训课程结束后，这些教师一般会负责小学一、二年级的英语课程，他们应当定期接受语言培训和方法培训，培训课程可利用多媒体工具和设施开展。

为了帮助非英语专业毕业的教师获得足够的语言能力、教学方法技能，《语言培训计划》主要分为两个板块：语言交际培训和教学方法培训。语言交际培训旨在帮助教师达到《欧洲语言共同参考框架》的 B1 水平，该等级被认为是有资格在小学教授英语的最低能力水平。这一板块的培训分为线下和线上活动，只有在大学语言中心参加结业考试并达到 B1 水平的教师才算完成了该部分的培训。教学方法培训的开展对象是已经达到 A2 语言水平的教师，旨在帮助他们掌握具体的教学方法。

四、学校领导的培训和进修

学校领导的培训和进修能够保证其领导能力不断适应文化、技术和组织背景的发展，促进以成果、创新为导向的管理文化的建设。意大利教育部每年都会在学校领导进修和培训项目中投入一定资金。

根据 2002—2005 年有关第五领域工作人员的《国家集体劳动合同》，在参加包括个人课程在内的培训活动前，领导需适时提前地告知行政部门。如果相关部门没有适当理由拒绝或延迟该申请，则视为同意授权，参加培训在任何情况下都被认为是有效的工作。

参加培训和进修课程期间，学校领导无须承担任何行政工作。领导可申请一段无薪学习期，但一年之内不得超过三个月时间。如果行政部门认为领导参加的培训和进修课程与指派给他的工作及职务存在有效联系，则可以报销其相应开支。

第二节 教师教育特点

一、保证教师教育质量

为保证教师教育的质量，通常教师教育和培训活动注重以下几点：（1）在制定区域计划时正确考虑学校提出的培训需求；（2）学校培训计划需列出每个教师的培训需求，尤其需突出对应的学科特点；（3）开展教学研究活动、培训活动时，以观察、反思、比较教学实践及其成果为主，避免抽象、学术性的论述；（4）紧抓具有创新性的学校和事项，推动指导教师配置、教师交流和参观等培训形式；（5）以更加高效的方式推动大学、职业协会和具有资格或获得承认的机构参与到教师教育中，从而提高培训活动的文化、科学和方法论质量。

二、全国优先培养事项

如第 797 号部委令中所提到，全国优先培养事项被看作促进教育体系发展的轴心，与规范框架、快速发展的社会背景所要求的改革之间联系紧密。全国优先培养事项中尤其需要得到保障的几项内容里，教师教育和培养尤其关注以下几点：（1）能力发展和教学创新，以欧洲（《终身学习的核心能力》）和意大利的相关文件为指导基础；（2）管理自主和教学自主，根据《三年培养计划》的调整，学校应尽可能以最优方式使用自主权，启用灵活的管理组织模式；（3）加强外语培训，并考虑不同阶段学校的需求（如加强小学教师的能力，推广内容和语言整合学习教学法等）；（4）重视多元文化融合和全球公民身份的认同，以及与可持续教育有关的主题；（5）融入残疾学生，初步了解 2017 年第 66 号法令中规定的改革内容（促进残疾学生的融入，优先向不具备规定的专业学位的教师提供培训）；（6）制定针对学业失败和生源流失的应对措施，配合国家、大区政府推动的举措。

关于外语进修课程，意大利学校制度和国家教育体系评估办公室每年夏季都会在欧洲开设进修课程，课程面向教授外语语言文学的意大利籍教师，以及第二阶段学校中根据内容和语言整合学习法使用外语教授非外语学科的教师。该课程的开设源于意大利和奥地利、法国和德国签订的文化合作协议，并按照具体的协议书执行。主办国负责的事项包括课程注册、课程开展和食宿。在编和非在编教师均可参与外语进修课程，但他们必须每年都在授课，且过去三年内未参加过相同或类似的培训活动，并未获得过由外交部、国外机构和政府、欧盟和国际组织发放的奖学金、科研基金或语言进修基金。

三、构建专业持续发展体系

在意大利教育体系追求质量、改进和平等目标的制度框架内，终身教育是教师专业化的一个基本要素。在职培训是一种职业选择，能够帮助教师在自由教学的范围内、在科学创新的背景下增强文化、设计、教学和研究自主性。

2016—2019 年的《教师培训计划》建议构建专业持续发展体系，一个提供课程、实践、出版物、联合式经验、研究提案和学术活动等不同文化培养机会的学习环境。《教师培训计划》认为，为实现这一点，并有效实施教学领域的培训，首先需采用专业标准。

《教师培训计划》中指出，教师职业标准需从以下几个专业发展领域切入：（1）具备并运用文化、纪律、教学和方法能力，以实现学校规章条例中规定的能力目标和学习目标；（2）具备并运用交际、组织能力，以更好地管理教学和学习环境；（3）参加学校组织管理与合作工作，并确保条例规定和生动教育充分发挥作用；（4）以教学研究、搜集资料、实践反思和优秀经验传播等形式进行自我培训。

要达到相应标准，就必须引入能够跟进教师职业成长进程的工具。因此，意大利教育部开放了线上系统，每位教师都能在线上系统直接操作，建立自己的职业档案，并在职业档案中记录自己的培训经历。职业档案还提供了记录完成培训单元并评估其效果的数字环境，有助于教师反思自己的教学活动和设计、开展教学的方式。所有人都能在该平台上了解教师的实际教学领域和专业能力，这也为学校提供了极大的便利。

简而言之，职业档案在教育部信息系统录入的信息基础上，还包括许多其他不同信息，能够帮助教师展示自己的职业经历和培训经历，从而便于学校领导在分配三年制任务时根据教师能力做出选择。教师可以在线上平台对自己的能力进行预估，规划自己的职业发展方向，收集并记录教学设计、开展的教学活动和各类考核活动。

从管理角度来看，职业档案是教师数字档案的一部分，可以帮助行政单位、学校和领导了解教师的职业经历，并掌握与其职业过程相关的所有行政信息。职业档案由两部分组成，一是人们能在教育部开发的平台上获取的公开信息，二是供教师自己内部使用、管理的保密信息。教育部于 2016 年 10 月发布了职业档案的操作说明，正式启动 2016—2017 学年的教师职业档案。

本章第一节中已经提到，新入职的教师在培训试用期最初阶段需要填写能力预估报告，这一报告对于了解教师需求并为其提供良好的培训有着重要意义。教师的能力预估与其个人职业发展计划中的在职培训目标保持一致。每位教师都应定期更新自己的个人职业发展计划，并在其中提出自己的需求和职业发展提案。个人职业发展计划一方面能让每位教师积极地参与到培养和发展过程中，更好地融入集体，另一方面也能够全面地收集培训需求。

在制定学校培训计划时，学校领导应考虑教师在其个人计划中表达的需求。学校培训计划是评估多份个人计划后得出的结果，需被纳入每年更新的《三年培养计划》中。

四、发放教师卡

教师卡是教育部在 2016 年 7 月 13 日第 107 号法令第 1 款第 121 段中规定的一项举措，是主要用于支持学校在职教师参加培训和进修的电子卡片。最初，政府仅向公立学校在编的全时和非全时教师发放教师卡，其中包括仍在培训试用期的教师和因身体原因无法胜任当前岗位的教师。后来经过调整，非在编教师、国外学校和军校的教师也可享用教师卡福利。每一学年，教师卡的资金额度为 500 欧元。教师可以使用该卡购买以下内容：（1）有助于职业进修的纸质或电子书籍和出版物、杂志文本；（2）硬件和软件；（3）注册教育部承认的机构组织的职业能力进修和资格认证课程；（4）注册与职业相关的本科、硕士研究生或本硕连读课程，或是博士和其他高级进修课程；（5）剧院演出票、电影票；（6）博物馆、展览、文化活动和现场表演门票；（7）与《国家培训计划》和学校《三年培养计划》有关的项目和活动。

五、重视和鼓励创新

通过规划、实施改革措施，意大利在职培训体系不断得到完善和发展，并始终重视和鼓励创新，通过各类改革促进了对创新培训模式的研究，推动着教师教育体系与大学、研究中心、专业组织和地区合作伙伴的实际关系。关于全国评估体系的相关政策，教育部投入了部分资金用于加强其研究、试验和对可取培训案例的搜集。

《教师培训计划》中提到，为了加强教育与研究之间的联系，促进教育领域和科研机构的系统合作，政府每年在相关项目上投入不少于 300 万欧元的总资金。该项鼓励措施的受益者需同整个学校团体分享自己的研究和创新活动的成果，并在可能的情况下公开数据。该计划建议，为促进培养模式的创新，还可以开展相关竞赛。教育部教育人事办公室于 2017 年面向学校和培训机构设立的学校在职培训创新奖即为典型的例子。该奖项旨在表彰《教师培训计划》第一年实行期间（2016—2017 学年），教学机构根据规定实施的优质培训举措。奖项尤其关注培训项目的实施方法、举措在其他地域背景下的可转移性、内容的质量和监管的特点和方法，并基于以上标准，最终挑选出创新性较强的培训项目。

每个人区教育办公室需在所在大区中各学校推荐的培训项目中进行选拔。这些候选项目将由大区技术委员会进行评估。委员会由大区教育办公室主任任命，并由在培训领域具备优秀能力的人员组成。每个大区教育办公室需挑选出 9 个培训项目（2016—2017 学年），这些项目需与计划中规定的、与学校需求相关的 9 个优先培训事项一一对应：（1）组织管理和教学自主性；（2）技能教学、方法创新和基本技能；（3）数字技能和新的学习环境；（4）外语技能；（5）帮助残疾人融入社会；（6）社会凝聚力和预防全球青年社会不适应综合征；（7）融合、公民能力和全球公民；（8）学校与工作；（9）评估和改进。

各大区教育办公室选出的培训项目需上报至教育部，教育人事办公室将成立由培训专家组成的国家委员会，在每个优先事项对应的培训项目中选出一个优胜者，评出共计 9 个国家获奖项目。各大区教育办公室推选出的项目也会在教育部网站进行系统有序的呈现和公示，以供其他学校参考。

第三节 教师教育挑战

一、参与度有待提高

根据经济合作与发展组织 2014 年的数据 [1]，意大利教师参与在职培训活动的比例低于欧洲伙伴国家的比例，且差距在之后几年进一步扩大。

2013 年"教师教学国际调查"数据显示，在初级中学中，仅有 75% 的教师参加了在职培训活动，而参与该调查的国家的平均比例为 88%。在高级中学中，数据也与上述情况相似，仅有 76% 的教师参加了在职培训活动，而参与该调查的 10 个经合组织国家的平均比例为 90%。[2]

上述数据表明，意大利的教师教育参与度有待提高，增强教师群体对于培训和进修课程的积极性，是有效开展教师教育的首要前提和保障，也是意大利教师教育的重点努力方向。值得一提的是，意大利教师的平均年龄较高，这就要求相关部门为各年龄段的教师都提供培训机会，并同时考虑教师的能力水平、经历、所处的职业阶段和可能引发争议的问题。

二、数字技能和语言能力培养有待加强

一个国家对人力资源（尤其是对年轻人和教育体系中的中心人物）的重视是社会发展的优先事项，甚至比关注经济更为重要。对于教师专业水平的提高需与全球正在发生的社会、文化、科技改革趋势保持一致。

---

[1] 资料来源于经济合作与发展组织网站。

[2] 资料来源于经济合作与发展组织网站。

数字技能和外语技能代表着两个重要的社会需求，是在教师教育中应当优先发展的两项重要能力。尽管数字技能早已被证实是各领域经济发展的基础以及公民应当具备的基本能力，政府越来越重视和鼓励数字经济的发展，人们也越来越重视数字技能的获取和发展，近年来社会的数字化程度有所提高，但意大利在这方面仍有待加强。加强和推广对教师数字技能的培养，不仅是教师教育的重要内容，亦是一项重大挑战。

与此同时，在一个各国越来越相互依赖的全球化社会中，外语技能也是寻求发展的基本要素。因此，在教师教育中加强语言能力的培养，对教师开拓视野、增强职业发展能力有着不可忽视的作用。

（一）数字技能

现代教育中，教师不再是知识的绝对掌握者，尤其在新技术使用方面，学生往往比教师具有更强的能力。这种教学关系中的逆向性和不同步性表明，为更好地培养学生，有必要面向教师开展一场"数字扫盲运动"。

意大利针对学校工作人员开展的数字技能培训旨在确保教学创新、组织创新和数字技术之间建立起有效的、充分的联系。数字技能培训计划以《国家数字学校计划》中的指示为基础，并致力于实现其中的所有行动方案，基本目标是通过运用教学语言，推动主观能动性教学法，加强教师队伍对数字技术的掌握程度。

在教师教育方面，《国家数字学校计划》提出开展教学创新，发展教学中的数字文化和学生的数字技能，针对管理人员、行政人员和技术人员，则提出开展有关行政工作的数字创新培训。要通过数字技能加强教学创新和组织创新，不仅需要熟练掌握数字技术，还需要理解两种创新与新的学习环境（学校及其他地方的物理环境和数字化环境）、新的学校建筑、教学内容的变化、数字技能的持续演变之间的关系。此外，《国家数字学校计划》中还提到，培训过程中也可开展研习会和模拟活动，并最好以混合式教学模式开展。

《教师培训计划》在数字技能方面则提出了以下战略指导：促进教学创新、方法创新和数字技术的联系；促进组织创新、自主设计和数字技术的联系；加强对各级教师（初级、入职、在职）的教学创新培训；采用数字教学行动方案和创新团队行动方案；加强学校工作人员的文化和数字技能，尤其是数字技能的三个方面（横向、计算和"数字公民"）；在各阶段学校推动媒体教育，培养学生用批判、积极的方法有意识地应对媒体语言、技术和文化；加强教学技能和新的学习环境（物理环境和数字化环境）的联系；运用数字技能和数字化环境来提升阅读和信息技术基本素养；推动数字技能和动手能力（如书写）之间的互补性，从而促进学生心理-运动能力的全面发展；鼓励开放教育资源的建设，从推动文化开放性的角度促进共享和合作；支持在国外开展的关于创新主题的高级培训课程。

（二）外语技能

随着各国之间交流和关系的加强，面对新的多语言环境，意大利意识到有必要开拓学校全体工作人员的视野，并发展他们的多语言能力和跨文化能力。《教师培训计划》认为，最关键的一步是具备良好的外语理解能力，这也是促进每一位教师个人职业发展的必备技能。

目前意大利在初级中学和高级中学（小学中也正在推行）中推行内容和语言整合学习法，鼓励使用外语教授非外语学科，这就要求授课教师必须具备较强的语言能力。对于外语教师而言，保持较高水平的语言交际能力和方法能力是职业持续发展的重要因素。对于其他学科的教师而言，在多数情况下，外语技能培训亦是巩固和强化语言能力的机会，或是开启外语学习的途径。

根据《教师培训计划》规定，相关部门需保证每位教师在职期间都有机会参加实习、访问学习、出国交流。教师可以通过参加教育部组织的培训课程、访问学习和交流或参与伊拉斯谟＋计划来实现职业发展，提高自身的语言能力和跨文化交流能力。

为提升教师外语技能，《教师培训计划》提出了以下具体策略：强化全体教师的平均英语水平；为不同阶段学校的外语教师和非外语教师制定职业持续发展框架（职业目标、合格标准等）；为培训教师／指导教师制作职业简历；设计以指导和支持持续能力评估为特点的个性化培训课程；推动以听说能力实践和文化交流为基础的培训课程，加强与远程学习班级、学校、教师、国外班级的联系；提供多种培训方式相结合的课程（如语言与文化、创新技术、语言能力的测试与评估、线下课程、线上课程、国外实习等）；鼓励语言使用和阅读；由第三方机构颁发语言技能水平合格证书。

三、国际交流合作有待深化

面对日益发展的全球化趋势，加强国际交流与合作成为各领域的重要内容，对于教育领域更是如此。国际交流和国外培训不仅有助于提高教师培训质量，亦有利于促进人力资源的成长以及创新实践的发展与分享。

为强调国际合作的基本价值，教育部专门设立了一笔基金用于教师国际合作，包括参加语言培训。同时，意大利还与不同国家签订协议，积极推动学校之间以线下和线上方式开展国际交流。目前意大利参与的国际交流项目中，伊拉斯谟＋计划和欧洲学校网络项目都为参与的教师提供了丰富的机会。意大利分别与法国、西班牙开展的双边合作项目——"职业交流"项目致力于推动教师流动，其主要目标是促进内容和语言整合学习法教学实践的传播，并促进意大利学校和法国学校、西班牙学校之间的合作项目。职业交流活动为期两周，意大利学校与法国、西班牙的学校互派教师。在职业交流期间，每位教师可以多种形式参与培训交流，包括在班级中直接观课，与外国同事进行实践和经验交流，教授自己的母语或用自己的母语教授其他学科内容等。教育部学校制度和国家教育体系评估办公室会为每一位参加该项目的意大利教师提供一笔经费，用于交通和住宿开销。该项目也对教授法语语言文化、西班牙语语言文化的教师和具备良好的法语、西班牙语水平的非外语学科教师开放。

第十章 教育政策

第一节 政策与规划

一、教育政策沿革

（一）义务教育普及

1861 年意大利统一初期，文盲率极高，平均文盲率为 80%，南方部分大区达到 90% 以上。学校是教育的最主要场所，国家的教育发展从普及义务教育和扫盲开始。

1859 年《卡萨蒂法》的颁布被认为是意大利教育史的开端，其规定的教育体制随后通用于整个意大利王国，该法旨在减少当时社会广泛存在的文盲现象，法律的主题是公共教育体制。意大利统一之初，基础教育管理主要由地方政府承担，王国未确立统一的基础教育管理体制。第一部有关学校改革的法令，是 1877 年的《科比诺法》，该法令的推行标志着意大利小学阶段义务教育的开端，确立了意大利国家教育体系，为之后的扫盲运动奠定了基础。

1904 年，奥兰多法令 [1] 将义务教育的年限延长至 12 周岁。1911 年，为解决意大利小学管理的经费问题，时任教育大臣路易吉·克雷达罗颁布了法令，将意大利小学的管理权由地方移交到中央。20 世纪 20 年代，意大利政府非常关注文盲问题，实施专门的扫盲计划。1923 年，意大利教育部设置了扫盲委员会。1936 年，意大利政府开展教育程度普查，与以往官方数据进行对比，统计真正的文盲率和方言使用情况。

二战后，意大利具有小学文化水平的人口比例增加。1948 年，立宪会议将义务教育编入意大利《宪法》，标志着义务教育成为意大利学校改革的核心问题。意大利《宪法》第二章第 34 条规定：学校向一切人开放，至少为期八年的教育为义务免费教育。1955 年，教育部部长朱塞佩·埃尔米尼根据总统令发布了一系列针对小学的改革计划，规定这些计划在此后的三十年里都有效。

1962 年，意大利教育部颁布教育改革条例，将义务教育的年限提高至 14 周岁，设立统一学制的初中学段，并将其纳入义务教育阶段。受该改革条例的影响，意大利在 1979 年的初中改革和 1985 年的小学改革中，进一步普及了义务教育的覆盖面。意大利扫盲运动取得了显著的成效，文盲率从 1861 年的 75% 下降到了 2001 年的 1.5%，义务教育的年限也从 1951 年的三年增至 2011 年的十二年，超过世界平均水平。随着教育改革的推行，意大利公民入学率和受教育水平都实现了大幅度提升。1961—1962 学年意大利约有 60% 的民众进入初中学习，1971—1972 学年增至 90%，至 20 世纪 70 年代中期，意大利实现 11—13 岁公民全体入学。

扫除文盲、增强公民识字能力是国家教育的基本途径。除小学至高中教育外，意大利教育改革还延伸到了成人教育领域。1997 年，意大利建立

---

[1] 维托里奥·埃马努埃莱·奥兰多，时任意大利教育大臣。

了成人教育系统，并组织地区常设中心开设课程，在第二阶段教育机构开设夜间课程。2012 年，根据第 263 号总统法令，意大利成立了省立成人教育中心，取代了 1997 年成立的意大利继续教育中心，省立成人教育中心成为该领域改革的核心。

（二）教师师资培训

意大利十分重视教师规范培训，并贯穿教师从培养到录用的整个过程。意大利政府针对教师培养方案、语言学习课程制定了一系列政策，形成了比较完整的体系。

最早对教师选用提出要求的是曼佐尼，他建议从托斯卡纳地区选录教师。之后，政府对教师的语言能力和标准语规范使用一直保持着很高的要求，并成立了一些专门培养教师的职业学校。为提升教师语言能力，政府调整了文科课程设置。1998 年，意大利教育部部长路易吉·贝林格颁布了第 39 号部长令，规定有意教授文科科目的大学毕业生必须参加相应教学阶段的意大利语水平资格测试。这个政策最直接的影响是修习意大利语言学课程的学生显著增加，而在此之前的很长一段时间内，对教师语言学方面知识的要求是被忽略的。

伴随义务教育的普及、政府政策的推进，语言能力成为学校改革的关注重点。2010 年，意大利教育部颁布部长令，就初级教师培训做出规定，继续保持与大学之间的合作，指出了原有规定的模糊之处，强调要划分清晰意大利文学和语言学两个学科，二者都是公民教育的核心组成部分，教师应具备这两个方面的语言能力。同年颁布的总统令指出，不再对教学的具体内容做出强制规定，但明确规定意大利语能力是教学目标之一，并要求贯彻到教学的各个环节中。

二、现行教育政策法规

意大利现行教育体制和法规是通过一系列教育和培训改革以及与其相适应的法令法规逐步确立下来的。其中，2003 年第 53 号法令（莫拉蒂改革）奠定了意大利现行教育体系的基本框架，2015 年第 107 号法令（优质教育改革）及其扩展法令成为随后教育立法的重要依据。

（一）第 53 号法令

欧洲理事会 2000 年提出里斯本战略后，意大利于 2003 年通过了全国教育系统改革总体计划的第 53 号法令，即莫拉蒂改革。法令重新划分了意大利教育与培训制度体系，重新规定了义务教育年限和升学考试政策，引入了内容和语言整合教学法和学校–工作互换的教学活动形式。确立了"个人的成长和发展"在学习过程中的中心地位，重视家庭在学生培养过程中的作用。

第 53 号法令将意大利教育与培训制度重新划分为：幼儿园、第一阶段教育（包括小学和初中）、第二阶段教育（包括普通高中体系和职业教育与培训体系）。法令规定所有公民有权利和义务接受至少 12 年的教育（普通教育体系）或至 18 岁达到就业资格（职业教育与培训体系）。在设立第一阶段教育的同时，取缔了小学毕业考试，强化了初中毕业考试的政策性意义。

法令对职业教育加以重视，第一次将职业教育和培训与普通教育摆在同等重要的位置。在此之前，意大利对职业教育体系的重视不够，职业教育体系与横向的普通高中体系和纵向的高等教育体系之间均缺乏有机衔接，改革后的职业教育体系在学制年限、考核方式、学历认证等各方面都有了较为合理的设置，与其他教育体系尤其是高等教育体系之间的流动性和衔接性增强。

法令也重视外语教育与教学，英语科目自此列入了意大利小学一年级必修课程；在教学方法上，法令引入了欧盟于 20 世纪末提出的内容和语言整合学习法，提倡以一门外语教授一门非语言学科，要求将学科内容学习和语言知识学习相结合。

（二）第 107 号法令

2014 年 9 月 3 日，总理府和教育部共同发布了题为《优质教育：助力国家发展》的十二点文件，该文件以《国家教育和培训制度改革以及调整现行立法规定的政令》的形式，于 2015 年 7 月 13 日获得议会的最终批准，成为第 107 号法令，这一改革又称为优质教育改革。

第 107 号法令增加了对学校行政管理人员的相关规定，加大了学校的自主权力和教育投资力度，引入了教职人员评估系统，细化了学生评估规则和评估形式，重视师资培训和数字化管理，出台了《国家数字学校计划》并为学生建立了数字档案。

在一定程度上，第 107 号法令是对莫拉蒂改革的呼应和深化。法令肯定了莫拉蒂改革中对职业教育和培训的总体思路和规划，并对莫拉蒂改革中的学校–工作互换活动、内容和语言整合学习法以及提高学校自主性等方面的内容进行了深化。

法令将对教学和教务人员开展的培训定义为义务的、终身的和战略性的教育政策。提出了"三年教学计划"，以此加强对教师尤其是新入职教师的师资能力培养，并重新启动了相关竞争考核机制，增设专项管理人员岗位，以保证该计划的顺利实施。

在外语教育方面，法令依然提倡使用内容和语言整合学习法，并提出了学校的优先教育目标为"开发和增强学生的语言能力，包括意大利语、英语和其他欧盟语言的能力"，并建议通过使用内容和语言整合学习法来实现这一目标。

为应对数字时代的挑战，法令出台了《国家数字学校计划》，旨在提升意大利学校的站位，在学校教育领域创造更多优势资源，并加强国家行政部门和地区教育机构以及各项目基地之间的合作。法令还在数字化管理方面进行创新，为学生建立了数字简历和档案。

法令十分重视评估体系的建立和推广，学校制度和国家教育体系评估办公室组织专家团队，为评估工作的开展制定了相关指南，并对相关教育政策的实施和效果进行监督和评价。法令还强调了学校在教育过程中拥有自主性，承认各大区在各教学阶段，尤其是职业教育和培训阶段的自主权限，认同学生在学习计划制定过程中的主体作用。第 107 号法令也成为此后历届政府在制定和调整教育法令法规方面的重要参考依据。

第二节 实施与挑战

一、教育政策实施现状

意大利现行教育法规的基本框架延续自莫拉蒂改革。2021—2022 学年的学制仍由学前教育、基础教育和高等教育三部分构成。其中学前教育主要针对 3—36 个月儿童的幼儿教育和为 3—6 岁儿童提供的幼儿园教育。基础教育包括第一阶段教育（共八年，6—11 岁的五年小学教育和 11—14 岁的三年初中教育）和第二阶段教育（分为两种，一种为五年中学教育，顺利从初中毕业的学生可以选择进入高中、技术学校或职业学校接受高层次中学教育；另一种则为三至四年的大区内职业学校教育，接收对象同样为初中毕业生）。高等教育主要由综合性大学教育（主要分为三年制的本科教育、两年制的硕士研究生教育和三年制的博士教育）和高等艺术教育（主要分为三年制的第一级课程、两年制的第二级课程和三年制的第三级课程）两个平行教育系统构成。以上所有教育阶段，除 3—36 个月幼儿教育外，皆由教育部统一负责。

2019 年开始的新冠肺炎疫情，是影响近年意大利教育政策制定的最主要因素。疫情对意大利学校教育产生了巨大影响，意大利是为应对新冠肺炎疫情最早宣布进入紧急状态并在全国范围内实施封锁措施的欧洲国家。2020 年上半年，按照国家防疫法令的相关要求，意大利在全国范围内开实施远程教学模式，2020 年 9 月起，各大区中小学视疫情程度陆续恢复线下佩戴口罩教学，在此过程中，政府先后斥资共计 26 亿欧元用于改善学校教学环境和师资力量补充。2021—2022 学年起，意大利中小学全面恢复线下授课，大学也由之前的线上线下结合授课逐步恢复为常规线下教学。2021 年 8 月，意大利政府紧急批准第 111 号法令，作为确保 2021—2022 年度学校教育活动安全的紧急措施。同年 9 月，意大利政府批准了第 112 号法令，扩大了第 111 号法令的适用范围。其中，关于儿童教育服务和教育机构的法令规定：原则上不再开展远程学习；在各级学校，除 6 岁以下儿童及因特殊原因并经官方认证允许的人员外，所有人必须佩戴口罩。所有人员之间需保持 1 米以上的间隔，体温高于 37.5℃的人员不得进入学校；教学人员和工作人员需持绿码 [1] 开展教学和教学保障工作，所有访客（包括家长）须持绿码入校。对于因特殊原因并经官方认证允许不接种疫苗的人员，不强制要求绿码。

2021 年 4 月，教育部颁布了学校暑期计划。该计划旨在通过专项资金使学校在暑期期间仍然开放，以此减少新冠疫情对学生的负面影响，尽可

---

[1] 即证明该人员已接种新冠疫苗，或证明该人员已从感染状态恢复，或证明该人员核酸检测呈阴性。

能保障学生的学习时长和效果。该专项资金共计 5.1 亿欧元，由意大利政府以及欧盟提供，由学校提交特定申请获得。计划共分为三个阶段：第一阶段（6 月），通过合作实践、户外活动、研讨会和其他形式的教学活动，巩固和加强学生自律。第二阶段（7—8 月），学生通过一系列与音乐、艺术、体育、环保、创意写作等有关的活动，加强个人社交能力。第三阶段（9 月），适时引入心理辅导及破冰活动，帮助学生适应新学期教学环境。

除疫情时期相关应急预案和教育政策出台之外，引入公民教育和加强小学生评估是近两年教育改革工作的重点。2019 年 5 月 2 日，众议院批准了第 682 号法案，将公民教育作为一门独立的学科，纳入小学和中学阶段的课程中。法案自 2019 年 9 月 1 日开始生效，规定必修时长至少 33 学时。同时，取消"公民和宪法"教育的跨学科教学。在第一阶段教育中，公民教育由全体任课教师共同实施。在第二阶段教育中，各任课教师自愿参与，或由法律和经济类课程教师主动承担。同其他科目一样，公民教育需接受相关评估。2020 年 12 月 4 日，意大利教育部公布了关于小学生评估的第 172 号法令。其中规定，恢复对小学生学习效果的描述性评估，而不得使用打分评估。学生在小学教育最后一学年年末获得主要能力水平认证证书。学生能力评估的四个层级评定标准由各学校自主起草制定，但需至少包括以下四个维度：学生完成任务的自主程度，学生在何种情况下完成的学习任务，用于完成任务所利用的资源，学习过程的连续性。在评估文件中，教师可以将学生达到的水平和学校官方描述或学生个人描述结合起来，但必须始终参照这四个维度。另外，任课教师分类地方化和数字化、教育部推出教师资格认证课程、各地市长作为特派员监督当地学校设施建设也是一系列教育新政策的主要内容。

二、教育政策存在的主要问题

（一）教育投资少，教育投资占公共支出比例低

尽管重视教育，意大利政府在各教育阶段的投资占公共支出比例仍为欧盟国家最低。欧洲统计局 2018 年调查数据显示，2008 年经济危机后直至 2018 年，意大利教育经费支出尚未达到经济危机前水平。其中，2009 年公共教育支出为 714 亿欧元，2018 年为 698 亿欧元，而 2018 年欧盟其他成员国国内教育经费支出占总支出的比例皆高于意大利，其中爱沙尼亚最高（15.8%），接下来依次是拉脱维亚（15.1%）、瑞典（13.8%），意大利以 8.2% 居末位 [1]。

此外，根据意大利国家统计局 2009—2018 年的调查数据，意大利在十年间还削减了对中学 [2] 及大学的教育经费支出。2018 年意大利教育支出仅占国民生产总值的 4%，位列欧洲倒数第 5 位。2018 年，意大利对每个学生的教育支出为 8 514 欧元，比欧洲大型经济体的平均水平（10 000 欧元）低 15%。从公共开支来看，意大利对学校和大学的投资仅略高于国家预算的 8%，而欧盟的平均记录是 9.9%，法国为 9.6%，德国为 9.3%，瑞典为 14%。就国内生产总值而言，意大利的支出也是最少的，仅为 4%，而欧盟的平均支出为 4.7%。欧洲以外，日本、美国、加拿大和巴西等国家在教育部门的支出都超过了意大利。

---

[1] 资料来源于欧洲统计局官网。

[2] 此处的中学是指意大利义务教育体系中包含的中学，即第一阶段教育的三年初中以及第二阶段教育的两年高中。

（二）改革质量欠佳，辍学现象严重

根据意大利国家教育和培训系统评估协会的数据，截至 2020 年，意大利全国范围直接或间接的辍学比例超过 20%，远落后于《2030 可持续发展议程》第四个目标及欧洲各国平均水平；其中 14.4% 的学生在离开学校时，数学、意大利语和英语的能力水平较差，其中南部情况较北部更为堪忧。

此外，意大利学校在贫困地区的教育公平方面表现较差，各学校甚至各班级之间的教育结果差异悬殊，由此极易造成"教育贫民窟"的现象 [1]，并由此产生连带效应。

在评估协会测试的所有科目中，学生的分数与其父母的社会地位正相关，低分和中低分之间的差距比高分之间的差距更大。父母的地位也影响到学生高中的选择：在学校成绩相同的情况下，那些来自较富裕家庭的学生比来自普通家庭的学生更有可能上高中。另外，公民身份对教育程度也有影响，这方面受负面影响较大的是非意大利籍的外国人。根据意大利国家统计局 2020 年的调查数据，15—29 岁没有工作且没有接受教育或培训的年轻人占到意大利人口的 23.3%，其中，以妇女、残疾人、有移民背景的人、家庭条件差的人和生活在偏远地区的人居多。

（三）新冠肺炎疫情下的远程教学质量严重下降

如前所述，受疫情影响，意大利在实现《2030 可持续发展议程》的第四个目标（有关保证教育质量）时脚步严重滞后。教学活动的中断对教学和学生的学习都有较大负面影响。意大利可持续发展联盟的研究结果显示，

---

[1] 经济和文化上较差较落后的学生往往聚集在某些学校。

以疫情期间每三个月为统计单位，大约有 300 万年龄在 6—17 岁的学生难以跟上远程学习课程，究其原因，主要是家庭中缺乏或没有足够的远程网络上课设备。除此之外，中小学生网课仍需家长陪同，繁重的工作使家长分身乏术，难以做好陪伴工作；大学方面，线上实现国际化教学的设想与现实中大学网课的设置不匹配，学生共用电脑与网速不足之间的矛盾，教育系统的一系列漏洞（技术问题、教师技能问题），都导致远程教学效果差，考试评估难。因此，远程教学质量差导致意大利学生的学业水平明显下降，辍学率也由此呈上升趋势。

（四）低工资、低稳定性的教师队伍，直接影响教育水平

优质教育改革引起的混乱的招聘和调动机制、代课教师补充制度等都成为意大利教师系统不稳定的主要因素，教师的不稳定又进一步导致了整体教育质量的下滑。此外，意大利还存在教师工资水平偏低（见图 10.1）、奖金发放不平等、工资水平上升缓慢等问题。随着疫情的影响，固定教师人手短缺、技术培训缺位等也成为意大利教师系统亟待解决的问题。自逐步恢复线下教学以来，意大利教育部门出于安全卫生因素考虑，采用了新的教学场地和时间安排，然而，由此产生的教师流动被迫增强，师资力量稳定性差，课程设置及教学场地安排不合理，临时无法协调等问题频发，致使教学秩序更为混乱。

（五）教学设施落后，教学方式与教育政策规划不同步

意大利各学校普遍存在学校建筑老旧、教学空间紧张的问题，且教学场所用地规划不甚明晰。据统计，80% 的意大利学校建于并非为教学活动设计或规划的建筑中，导致了教学空间短缺、具有安全隐患、缺乏教学

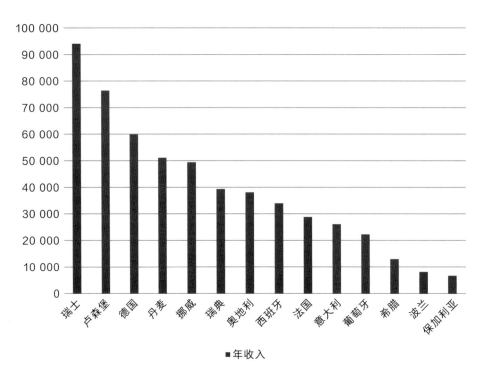

图 10.1 欧盟国家高中教师年收入统计（单位：欧元）

专业性设施等问题。与此同时，不同步的教学法、教师培训难以应对教育政策的变化，这些都最终导致教学进度落后，既定的教学目标也无法实现。

当今意大利学校较大的班级容量及更为包容的教育政策使得班级成为不同背景、不同起点、不同生理及心理特点、不同国籍、不同种族的学生共同学习的"小社会"，而这些小社会中也存在着较多具有学习障碍或特殊教育需求的学生，因此，班级容量过大、学生情况复杂，也是影响线下教学全面恢复的重要因素之一。

当今的意大利学校中常见的"特殊"学生主要有以下五类。（1）有足够的认知能力而没有任何认知或感官缺陷的学生，2010 年 10 月通过的第 170 号法律将书写障碍、计算障碍和速记障碍认定为特殊学习障碍。

（2）2012 年的一项部长令承认有特殊教育需求的学生，即所有由于认知、社会、心理和身体因素而不断或暂时表现出特殊教育需求的学生。（3）有遗传或精神方面病症的学生。（4）患有注意力缺失多动症的学生，这是一种影响自我控制、自我调节情绪并因此影响行为的能力的疾病。（5）患有对立违抗障碍的小学生，该诊断适用于那些表现出持续的、与发展不相称的愤怒、易怒、挑衅和攻击性行为的儿童，这些行为损害了他们的社会适应能力。

（六）外国学生的教育平等问题及社会融入问题

随着意大利逐渐成为新的移民国家，不具有意大利公民身份的儿童也构成了意大利学生的重要组成部分。在 2019—2020 学年，有 87.7 万名外国国籍的学生在意大利的学校注册入学。这个数字自 20 世纪 80 年代以来一直在逐步增加，但最近渐趋稳定。虽然在 2000—2010 年，非意大利国籍的学生人数增加了 357%（约 52.6 万人），但在接下来 2010—2020 年的十年里，增幅减小，为 23.4%。与此同时，在意大利出生但没有意大利公民身份的第二代移民数量增加。这一增长对意大利中学教育产生了较大影响。根据意大利教育部对 2018—2019 学年的调查结果，在意大利出生的外国学生是意大利学校总人数中唯一增长的部分，这些人数又集中分布在中学段（增长约 18%），小学的增长率较低（增长约 3%），学前教育阶段未体现，甚至出现了下降（下降约 3.3%）。

学前教育保障的不到位会直接影响外国学生后续的学习，这些影响体现在语言水平、择校、技能习得等各方面。与意大利籍学生相比，意大利的外国学生更倾向于选择职业技术学校，比意大利籍学生辍学率更高，入学时间的推迟率也更高。

（七）南北方教育失衡

意大利南北方教育水平和教育资源分布差异较大，该差异与意大利国内南北方经济差异状况相吻合。就辍学率和延迟接受教育率而言，意大利南方远高于北方，南部平均辍学率约为 16.7%，东北部为 9.6%。在南部各个地区中，卡拉布里亚、坎帕尼亚、西西里、阿普利亚和撒丁岛尤为明显，辍学率超过 15%。意大利南方比北方还呈现出更高的失业率，究其原因，一方面，辍学学生在择业时选择面较窄，竞争力较低；另一方面，由于缺乏学校毕业后进入工作岗位或合作校企这一自然过渡，辍学学生往往成为裁员中的牺牲品。此外，意大利的教师队伍也呈现出从北往南由稳定趋向不稳定及教学水平由高至低递减的趋势。意大利南方教师的低收入和高失业率也不利于整体教育质量的提高。

第十一章 教育行政

第一节 中央教育行政

一、议会：教育立法发动机

根据意大利《宪法》，议会是意大利共和国最高立法和监督机构。议会的主要职能是：制定和修改宪法和法律，选举总统，审议和通过对政府的信任或不信任案，监督政府工作，讨论和批准国家预算、决算，对总统、总理、部长进行弹劾，决定战争状态和授予政府必要的政治决定权力等。

意大利议会实行完全两院制（又称对称两院制），由众议院和参议院组成，两院职权完全相同，可各自通过决议并相互关联，这被认为是长期以来意大利政府更迭频繁、议会效率低下的结构性原因。议会议员每5年选举一次。

意大利众议院和参议院分别下设若干委员会，分管不同领域法律和决议的起草和审核工作。其中，参议院下属的与教育政策相关性较大的委员会有：第一委员会（宪法事务），第三委员会（外事和对外移民），第七委员会（公共教育和文化遗产），第十一委员会（工作和社会救济），第十四委员会（欧盟政策），以及特别委员会等。众议院下属的与教育政策相关

201

性较大的委员会有：第一委员会（宪法事务）、第三委员会（外事和对外移民）、第七委员会（文化科学教育）、第十二委员会（社会事务）、第十四委员会（欧盟政策）等。

意大利共和国成立 70 多年来，历任的十八届议会立法机构制定了大量与教育政策相关的法律，涉及国家教育生活的方方面面。除在中央层面设有议会外，意大利在大区、省、市等地方层级也设有地方议会，行使地方立法权。在教育政策方面，意大利各级地方议会针对本地实际教育情况立法，是意大利教育政策制定与实施过程中不容忽视的组成部分。例如，意大利大区一级地方议会在语言上的少数群体的教育保护政策方面进行诸多地方立法工作，这也是对意大利《宪法》中教育部分条款的补充和完善。

意大利作为欧盟创始成员国之一，历届政府均高度重视并积极推动欧洲一体化建设。因此，意大利议会的教育政策立法工作也受到欧盟相关政策的影响。例如，20 世纪末，欧盟提出了内容和语言整合学习法理念；2004 年，欧盟委员会将这一教学方法列入《语言教学和语言多样性提升》行动方案；2015 年，这一教学方法作为学校教育目标纳入意大利优质教育改革。

二、政府：教育政策实施者

意大利实行议会共和制。总理为政府首脑，行使管理国家职责，由总统任命，对议会负责。在国家的教育管理过程中，意大利政府使用行政手段落实国家的教育立法：一方面，出台议会法律的配套行政法规，进行补充和细化；另一方面，在自身行政领域范围内，依法履行职权。例如，在高等教育评估体系方面，20 世纪 90 年代初以来，意大利政府出台了一系列大学管理的改革法令，在授予大学更多自主权的同时制定相应的评价和认证标准，保障高等教育质量。1993 年颁布的第 537 号法令规定在每所大学内部建立内部评价小组，1996 年的部长法令规定在国家层面建立大学评估监察机构，按照大学三年发展规划评价大学的教学与研究活动。1999 年的第 370 号法令继续修改与完善了评价体系，规定建立新的质量保障体系，重新确定国家一级和院校内部评价组织的功能和作用。同年颁布的509/1999 号部长法令《大学教学自治规定》及其 2004 年的修正案成为进入 21 世纪以来意大利高等教育改革的主要法律依据。法令规定所有的大学重组自评体系，并用国家质量保障委员会取代以前的大学评估监察机构，负责建立评估标准和发布评估报告。良好的质量保障意识和规范的法律措施是确保意大利高等教育质量保障体系与博洛尼亚进程质量保障框架接轨的前提 [1]。教育政策涉及多个政府部门，如教育部、外交与国际合作部、内政部等。

（一）教育部

意大利教育部是意大利主管教育事业的中央级行政机构，制定教育政策和规划，并通过各地方行政机构具体管理和实施。具体而言，教育部推行现行各项教育相关法律法规，引导学前教育，加强基础教育，促进高等教育、职业教育和成人教育发展，建立各级各类学校并进行监督管理，落实教师教育政策，并与其他各部合作负责意大利语的国际传播及国际教育交流等事务。

其他中央级别教育机构、委员会为：国家大学理事会，意大利各（自治）地区大学教育系统代表选举机构；公共教育高级委员会，学校各个组成部分在中央层面的代表机构；全国高等艺术和音乐教育委员会；理事会主席国家

---

[1] 资料来源于科塔学术网站。

委员会；政策研究专家委员会；大学体系评价国家委员会；研究评估指导委员会；联合工作组，旨在建立两个高等教育系统的协同创新机制。

另外，教育部在地方设立 18 个大区教育办公室和 104 个地方教育办公室。

（二）外交与国际合作部

促进意大利教育合作交流以及教育国际拓展是意大利外交与国际合作部的职能之一，也是意大利文化外交政策的一部分。

意大利高等教育的国际化是其外交及海外政策的有效手段，也是当前意大利高等教育发展的重要发展目标和挑战之一，其"科学外交"目标和国际化推广战略主要基于外交部及其海外各分支机构得以发展。2016 年，意大利成立了由外交与国际合作部、教育部、内政部、意大利大学校长联合会、学术交流与学历认可信息中心、意大利教育中心、意大利工业联合会以及锡耶纳和佩鲁贾外国人大学等机构组成的意大利高等教育海外推广工作组。各部门统筹协调，在整体推动意大利经济、文化、科学等各个方面互动的同时，成功推动了意大利高等教育国际化的发展。

（三）内政部

在意大利，外来移民的管理属于内政部职权范围。意大利《马罗尼法》第 1 条第 22 款规定外来移民需通过意大利语言知识测试，方可取得长期居留许可，测试的开展方式由意大利内政部和教育部的法令决定。该法的实施法令于 2010 年出台，外来移民的语言能力需达到《欧洲共同语言参考标准》的 A2 等级水平。

三、司法机构：教育生活监督者

意大利的司法机构是国家和公民教育生活的监督者，依照宪法和其他与教育事务相关的法律法规做出判决，维护意大利国内教育秩序，对保持意大利本国人民和外来移民的教育生态平衡起着重要的作用。例如，2012 年米兰理工大学评议会决定自 2014 学年起开设纯英文的硕士和博士课程，一些教师反对这一决定，并向伦巴第大区法院提起诉讼，大区法院判决要求米兰理工大学废除这一决定。米兰理工大学和意大利教育部对这一判决又提出上诉，最终宪法法院于 2017 年做出判决，根据宪法第 3、6、33 和 34 条，最终宪法法院不支持米兰理工大学的上诉，认为大学的国际化发展不得迫使意大利语处于边缘地位，大学的课程可以同时使用意大利语和外语授课，但不得以纯外语进行。

第二节 地方教育行政

一、大区教育办公室

意大利教育部在地方设立 18 个大区教育办公室和 104 个地方教育办公室。由于意大利有大区教育高度自治的特点，因此意大利的教育政策主要依托各大区的地方行政机构制定。

大区教育办公室是意大利教育部分布在 18 个大区首府（瓦莱达奥斯塔和特伦蒂诺–上阿迪杰两个大区除外，有单独的教育行政规定）的省级（大区级）行政管理机构，办公室为地区教育的行政管理中心和指导支持中心。该办公室根据 2000 年第 347 号总统令设立，各办公室总负责人以教育部地方总代表的身份指导当地教育工作。2006 年之前，该办公室被命名为行政服务中心，2006 年更名为省级教育办公室，2010 年起与地方教育办公室共同负责地方教育事务。2007 年的总统令 260 号第 7 条对大区教育办公室的职能做出了明确规定，但由于各大区内学校的高度自治，规定中的办公室职能被弱化，最终该法令被总统令 347/2000 中第 6 条所取代，办公室成为地方教育的监督者角色。具体而言，大区教育办公室的职责包括：监督地方对国家教育政策的执行情况，制定相关规章制度，落实具体教学计划，监督相关法规合同的执行以及财务管理，配合教育部做好各地、市、镇的教育工作，与各地方教育办公室统筹协调，相互联动，并负责监督成人教育以及高等技术教育和培训后的就业工作；监督各类非公立学校的教学秩序；分配财政拨款和人力资源；开展教育教学评估，监督各项教育计划的实施进度；行使与诉讼活动程序相关的各种权利。104 个地方教育办公室隶属于大区教育办公室，推行地方教育办公室和教育部的各项法律法规，是地方教育机构与大区教育办公室沟通的纽带，地方教育办公室遍布意大利全国各地。

二、民间机构

意大利的地方教育文化机构还具有民间性质，这些机构既不属于中央教育行政机构，也不属于地方教育行政机构，可以说这些民间机构并不直接构成意大利国家教育政策机构体系，但是对国家教育政策推行的影响巨大，很多官方行政机构皆依托民间机构推广各项教育政策。意大利民族统一进程的长期性和复杂性，导致意大利教育政策的推广困难重重，尤其是通用语的普及、教学用语的确立以及教师教学资格的评判标准不一，使得官方的行政机构不得不依靠民间机构，因此，本部分着重以意大利语言文化教育相关民间机构为例，就其在国民教育尤其是语言文化教育中的作用进行阐述。

（一）秕糠学会

秕糠学会是意大利历史最为悠久的语言文化机构，1583 年在佛罗伦萨成立，并在意大利统一时期的语言规范方面做出了理论贡献，至今仍在举办各种活动。早期秕糠学会以学术研究为主，以意大利语词汇的完善与规范、词典编撰为其要务，在意大利语语言系统研究上发挥作用。由于一战经济危机以及一系列针对词典编撰方法论的批评，根据 1923 年 3 月 11 日法令第 735 条，学会的词典出版印刷被当时的政府暂停，直到 1964 年，在国家研究中心的帮助下，学会的词典编撰工作才恢复正常。秕糠学会重启后，在弗朗西斯科·萨巴蒂尼等历任学会主席的带领下，学会开始涉及更加广泛的领域，除了单纯的学术研究外，还开始承担普通民众的语言顾问、指导工作。1990 年，秕糠学会创办了半年刊《您的秕糠学会》，致力于为读者解决语言语法相关问题。20 世纪末，秕糠学会已不再是一个专门的学术研究团体，而开始顺应现代科学与社会的潮流。为转变组织职能，提高社会效益，秕糠学会的资源逐渐电子化，开始将现代语言研究的成果融入工作，并更加面向大众，能够将语言研究与社会生活相结合，同时通过便利的渠道对社会生活进行指导。例如，2017 年，秕糠学会与都灵出版社签订协议，从同年 5 月 9 日开始，学会官网上的《意大利语大词典》电子版对所有读者免费开放。另外，学会致力于完善基于语料库的线上词典《现代意大利语动态词典》，供用户自由查阅。除此之外，秕糠学会下设意大利语言史协会，协会设有专门部门为学校提供学术咨询。

自意大利统一以来，秕糠学会在制定语言规范和语言政策方面一直发挥着和官方机构同等重要的作用，是现代意大利语的权威参考标准，进入

20 世纪后，学会更是主动承担起语言文化传播的职责。在国内方面，学会从 2007 年起和教育部联合创办面向各级学校的"意大利语奥林匹克运动会"国家竞赛，以提高民众对于语言的重视程度，并促进国内的语言文化传播。国外方面，学会主要从两个方面入手，既促进意大利语在国外的传播，又为意大利语国内外双向的沟通拓宽了渠道。在学术研究方面，秕糠学会为丛书《世界意大利语史》提供支持，还创办"世界意大利语观察者"以及"活用意大利语"研究项目，前一项目主要用于研究意大利语在其他语言使用中的流变，并收集信息材料，后者致力于为国外意大利语建立一个完整的电子信息资料库，以多媒体数据库为载体传承意大利语言文化。另外，在传播普及方面，秕糠学会与外交与国际合作部一起，从 2001 年开始举办"世界意大利语言周"系列活动，活动于每年 10 月举行，得到了但丁学会、各驻外使领馆以及海外意大利语言文化组织的支持，具有广泛的影响力。

（二）但丁协会

但丁协会成立于 1889 年，具有悠久的历史，至今仍活跃在意大利语推广领域。无论是对于意大利国内语言组织，还是对于国外的文化代表机构，但丁协会都是一个重要的参照体。其关注点不局限于语言范围，囊括教育、移民、道德等各个方面。它强调语言在公民道德教育中的角色，要重视海外意大利社区，并对其需求给予精神支持。另外，协会强调要重视学校教育以及教师的培训，帮助意大利移民融入新社会却又不丢失自己的原始身份认同，对外国人保持开放的态度，这些倡议也对当今意大利语的推广与传播提供了重要参考。

（三）意大利猞猁之眼国家科学院

意大利猞猁之眼国家科学院成立于 1603 年，定位为"推动传播，协调融合科学知识，并在完整统一的文化中，以崇高的方式来表达科学知识"，该院在意大利语言研究方面做出过重要贡献。2010 年，学院与意大利教育部联合推出"新型教学方式：建立国家网络"计划。计划的目标为建立针对教师的培训活动体系，并以意大利语、数学、科学三个学科的进修课程作为实验，探索改善国家教育系统的教学方法。

（四）语言教育研究与干预小组

语言教育研究与干预小组为意大利语言学会下的分支机构，1973 年在图利奥·德·毛罗的提议下成立，宗旨是"致力于创新语言教学方法和技术，推动不同教育阶段语言学习者提高理解能力和学习意识，研究社会现实语言状况和多样化特征，研究语言官能整体和多样化的特点，以及语言机制历史流变的决定特征"。小组的创立宣言是《关于民主语言教育的十点论纲》，旨在定义语言教学的基本理论和参与途径。该协会和意大利语言学协会关系密切，在各大区设有分支机构，各机构之间由大学教师和其他各学段的学校教师维持紧密联系。

第十二章 中意教育交流

第一节 交流历史

中意两国建交 50 多年来，两国在各个领域的交流与合作取得了令人鼓舞的成就。诚然，教育领域的合作与交流是发展中意双边关系的重要组成部分，是两国人文交流合作的重要形式和内容，是促进人力资源开发、加强合作共赢以及推动中意两国经济发展和社会进步的重要动力。回顾 50 多年的中意教育交流与合作，不同时期合作交流活动的阶段性进步与阶梯式发展都实现了历史性跨越，值得回顾和展望。

一、初步探索期

中意两国于 1970 年 11 月 6 日建立外交关系，建交后在教育领域方面的交流与合作应该来说还是处于空白，主要表现为交流形式单一，仍然以语言与文学研究领域的学者交流为主，而科技和其他行业的学生交流不足。根据教育部统计，1972—1978 年，中国共派出 1 977 名国家公费留学人员，主要以语言类进修生为主，科技类进修生占少数。

1978 年 10 月，两国签署的《中华人民共和国政府和意大利共和国政府文化合作协定》为两国今后的教育交流与合作的方向和内容勾勒了基本框架。《协定》指出："缔约双方为增进相互了解，应发展文化、艺术、教育、体育和旅游领域的合作。一、缔约一方为另一方的青年提供学习机会（包括互换奖学金）。二、互换客座学者进行讲学活动。三、鼓励和支持两国高等学校间建立校际交流，包括学术论文、资料、图书等交换关系。"该协定的签署表达了双方开展教育领域交流与合作的共同意愿，标志着两国的教育交流与合作正式起步，进入探索阶段，同时也标志着双边的交流与合作迈出了可喜的一步。

1978—1999 年，虽然两国在经济贸易等领域的双边关系发展取得了较大进步，教育交流合作有一定拓展，但留学意大利依然以国家公派留学为主。从 20 世纪 90 年代开始，中意两国政府交换奖学金成为常态，双方每年以 20 多人的规模互派学生学者。这一时期，作为双边经贸合作的配套项目，意大利政府还向中国提供部分奖学金名额，由当时的对外经济贸易合作部和意大利外交部合作与发展司共同选拔和选派，所涵盖专业覆盖工程、农业、能源等行业，其中一部分奖学金名额向中西部的高等院校和科研院所倾斜。

二、深度接触期

2000—2005 年，以中国正式加入世贸组织为契机，受我国留学政策的逐步调整与进一步放开，公民收入的不断提高以及境外教育机构扩大招生等诸多因素的影响，自费出国留学成为一些高收入家庭的选择。但是意大利留学仍然以国家公派留学、部分中意两国大学间的合作框架下的学生与学者交流、科研机构间合作框架下的研究人员互访为主。根据中国驻意大利使馆教育处的统计，2005 年只有 700 多名留学生或访问学者就读于意大利大学。与英国、美国、澳大利亚、加拿大等国相比，自费留学意大利的学生数量很少。中国加入世界贸易组织后，意大利开始关注中国经济发展和社会进步所带来的机遇和以教育交流与合作带动其他领域的合作与交流的重要性。

2004年5月，时任国务院总理温家宝访问意大利，中意两国发表两国政府联合公报，强调建立稳定、友好、长期、持续发展的中意全面战略伙伴关系。双边首次建立"中意政府委员会"机制，提升两国在各领域的合作水平。双方表示要加强教育领域的合作以及相互推动对双方语言和文化的了解，以及加强在各领域的培训。同年12月，时任意大利总统钱皮访华。访华期间，钱皮总统要求意大利政府主管部门、大学以及企业积极设法吸引中国留学生赴意大利留学并扩大两国在教育领域的交流与合作。随后，钱皮总统在多种场合表态，欢迎更多的中国学生到意大利大学就读。

两国间的高层互访推动了两国在教育领域的合作与交流，主要表现在以下几方面。（1）不同层级学校之间的交流频繁，涉及的学科和学术领域内容广泛，包括语言教学、服装设计、艺术、建筑、法律等专业。与以往相比，双方中学之间的交流明显增加。（2）意大利大学掀起了一股"中国热"，仅2004年，意大利一些大学校和学术机构就举办了"鲁迅研讨会""马可·波罗750周年研讨会"等多场研讨会，从不同层面介绍中国数千年的历史变革、文化和社会发展，让意大利人更全面地了解中国。2004年10月，来自意大利全国16所综合性大学和汉语教学机构的30多位代表参加了在罗马大学东方研究学院举办的首次"意大利汉语教学研讨会"，交流了各自的汉语教学经验和存在问题。（3）在高层互访的推动下，两国政府教育主管部门的互访开始增多，从而为推动与促进双边教育交流合作以及对存在的问题进行探讨并寻找解决方案。2005年7月4日，时任中国教育部部长周济会见了时任意大利教育部部长莫拉蒂，就两国教育合作与交流举行了会谈。

双方签署了关于互相承认高等教育学位的协议、关于教育合作的联合公报和关于实施相关项目的备忘录等文件。（4）中意两国签署《中华人民共和国和意大利共和国政府关于承认高等教育学位的协议》，是中意两国教育合作与交流的里程碑事件，为深化两国教育合作、促进双方学生的交流和为更多的中国自费留学生赴意大利就读本科与研究生课程奠定了坚实的法律基础。（5）为了增进中国学生和公众对意大利高等教育的了解，2005 年 2 月26 日至 3 月 5 日，意大利 24 所大学参加在北京、上海和青岛举办的"第十届中国国际教育巡回展"，这是意大利高校第一次以展会的形式与中国公众见面，收到了良好的效果。

三、全面拓展期

2006—2010 年，中意两国教育领域的双边合作进入全面拓展期，两国政府与教育机构采取多项措施，全面拓宽两国教育交流渠道，双方高水平大学间的合作逐步启动，为后续合作探索成功模式创造了有利条件，主要表现有以下几方面。（1）双边教育领域的合作的一些基本框架已经构建，互认学历学位的障碍已经突破。两国在政府层面上积极探索有益的推动合作的方式和积极面对存在的问题。（2）在当时，中国学生赴意大利大学就读学位课程还存在一些学生需求与意大利有关法律法规上有冲突的地方，最为突出的是签证与语言问题。为了突破这一障碍，2006 年 10 月，意大利有关部门会同意大利大学校长联合会等部门推出了旨在吸引中国学生就读意大利综合性大学的马可·波罗计划。该计划为中国学生赴意大利提供签证的便利化措施，学生可在意大利进行一段时期的意大利语学习，通过这一过渡期进入意大利大学学习。2006 年该计划开始实施，当年就有 500 多名中国学生自费去意大利就读。随着中国学生数量的不断增加，意大利大学积极为中国学生在融入意大利大学环境和融入意大利文化氛围方面提供服务与帮助。（3）两国的部分高等院校尤其是工程类大学和管理类大学开始积极探讨深层次合作。2006年2月20日，时任中国教育部部长周济出席了在米兰举办的中意高校合作项目启动仪式，两国教育部签署了6所高校有关具体实施中意高校合作项目的协议。意大利米兰理工大学、都灵理工大学、博科尼大学、路易斯大学与中国的复旦大学、同济大学签署了合作协议，就在两国教育部和企业界的支持下联合开设经济学科和工程学科学位课程以及开展科研合作确定了具体措施。意大利企业为该项目合作提供经费支持。中意高校合作项目于2006年9月在上海正式招生。（4）两国教育主管部门高度重视两国高校在联合培养高层次人才和联合申请双方政府和欧盟科研项目方面开展实质合作，积极考虑设立合作培养汉语和意大利语高级人才项目的可能性。（5）2010年7月，意大利教育中心协会在意大利罗马成立，意大利外交部、教育部、内政部以及意中基金会四方为发起单位，协会总部设在意大利外交部。该协会在北京、上海、广州的意大利外交机构设有办公室，成为宣传和推广意大利高等教育体系和促进中国与意大利大学合作的窗口。（6）高等艺术教育是意大利高等教育的重要组成部分，意大利具有历史悠久、学科齐全、体系完整的艺术教育网络，中国学生对艺术教育的需求随着经济的发展和社会进步不断增加。以马可·波罗计划为参照，意大利政府教育主管部门推出了旨在吸引中国学生赴意大利美术、音乐、舞蹈、设计类的高等艺术院校就读本科和硕士研究生的图兰朵计划，与马可·波罗计划相似，学生可在意大利进行一段时期的意大利语学习，通过这一过渡期进入意大利艺术院校学习。图兰朵计划实施的当年（2009年），有130名中国学生通过该计划赴意大利留学。

在双方的不懈努力下，2008—2009学年，中国学生赴意大利留学人数首次突破1 000人，达到1 136人，次年达到1 640人。马可·波罗计划和图兰朵计划开始成为中国学生自费留学意大利的主要渠道。双边教育交流也极大带动意大利语的教学。中国开设意大利语言以文化本科专业的大学由2000 年的 5 所增至 2010 年的 13 所，一些民营的意大利语言培训机构和留学中介机构也相继成立。

四、深度融合期

2011 年以来，中意两国将教育的国际化置于非常重要的位置，支持高校在人才培养和科研方面的国际合作，大力推进教育合作，强调要使双边常态化的教育交流进一步向高水平、国际化方向发展。

也正是在这一时代背景下，中意两国教育交流与合作进入高速发展阶段，具体表现有以下几方面。（1）高层互访频繁，在此期间中意两国国家元首和政府首脑实现互访，其间多次谈到教育交流与合作，强调促进两国间学生与学者交流、推动大学的创新合作，这些都为两国深化教育领域的合作与交流提供了顶层设计。（2）两国教育主管部门的各层级往来也十分密切，制订双边教育交流合作行动计划，积极跟踪落实有关合作项目。（3）双边高等教育合作的质量不断提高、内容不断丰富，从互派留学生、访问学者到大力支持和促进中意两国高水平大学得实质性合作。清华大学、复旦大学、同济大学、中国人民大学等与米兰理工大学、都灵理工大学、帕多瓦大学、博洛尼亚大学、博科尼大学、路易斯大学等除学生交流外，还建立了合作办学、联合培养博士生等机制。此外，中意大学间的合作办学项目不断增加，据不完全统计，中意高校间的双学位项目已经超过 30 项。（4）两国大学间的科研合作频繁。中国国家留学基金委对赴意大利攻读博士学位的资助量不断增加，两国高校研究人员积极联合申请双边合作科研项目和中国与欧盟科技项目，并积极参与欧洲 H2020 框架下的科技合作项目。（5）两国合作建设海外教学与研究基地，充分利用国际教育资源。2017年，清华大学与米兰理工大学签署协议，双方在意大利米兰合作建设"中意设计创新基地"，旨在进一步深化中意创新合作，助力两国设计创新产业发展。（6）中国赴意大利留学生数量不断增加。根据意大利教育部2018年的统计，中国学生在意大利综合性大学国际学生中数量位居第三，在意大利美术学院国际学生中数量位居第一，而在音乐学院国际学生中数量位居第二。2019年中国自费赴意大利留学生数量首次超过5 000人，中国学生对所学专业的选择更加多元化，涵盖多个学科，但意大利的优势专业（建筑、设计、文化遗产、美术、音乐等）更受青睐。（7）意大利来华留学的学生数量也呈现逐年增加的趋势。据中国教育部统计，2018年来自意大利的来华留学生人数共5 386人，其中学历生1 237人，非学历生4 149人。在欧洲国家中，位列来华留学人数第五位。（8）双方重视彼此语言在两国的教学与推广。中国国家留学基金委对学习意大利语专业的本科生赴意大利进修的资助力度不断加大，每年有100多名学生获得奖学金去意大利高校交流，截至2019年11月，中国有22所高校开设了意大利语本科以上专业（2000年只有5所大学开设意大利语专业），在校生超过1 600人。同时，一些高校已经将意大利语设为选修课，一些中学向有意赴意大利留学的学生提供意大利语课程，民营意大利语言培训机构数量也不断增加。2016年意大利教育部发布《高中汉语教学大纲》，推动"规范化、统一化、系统化"的汉语教学体系的建立和完善。截至2019年11月，中国在意大利共开设12所孔子学院和近40个孔子课堂，有3万多人注册学习。此外，据意大利教育部门统计，意大利有279所中学开设汉语课（占学校总数的8%），40余所大学设置汉语专业。

第二节 现状、模式及内容

一、中意教育交流合作现状

进入 21 世纪以来，中意两国政府将教育交流与合作视为双边合作的重点领域，双方在教育领域的合作与交流经历了从互相接触到全面拓展再到深度融合的近 20 年的历程。双方秉持互惠互利、互学互鉴的原则，开展了卓有成效的合作，并共同探索出适合两国特点的合作模式，取得了积极的成果，这些都为今后深入开展高质量和高水平的交流合作奠定了良好的基础。2008 年以来，赴意留学的中国学生数量不断增加。2019 年 3 月，中国国家主席习近平对意大利进行正式友好访问。其间，中意两国发布了《中华人民共和国和意大利共和国关于加强全面战略伙伴关系的联合公报》，签署了共同推进"一带一路"建设的谅解备忘录等一系列重要的政府间文件，其中包含了两国教育交流与合作内容和框架。进入 21 世纪以来，双边教育交流与合作不断"走高走实"（见表 12.1）。

意大利的基础教育与高等教育基本上以国家投入为主，政府不鼓励和实施教育产业化。目前双边教育交流与合作主要集中在高等教育的交流与合作。"低龄化"赴意留学生较少，仅有几所意大利艺术高中尝试性地接受过部分高中生。据意大利教育中心和有关部门的统计，目前在意就读的各类留学生（持学习签证）维持在 2.6 万人左右，大部分在大学和艺术院校攻读本科和硕士学位。

表 12.1 2008—2022 年中国赴意留学学生的预注册人数 [1]

学年	国际生	图兰朵计划	马可·波罗计划	总计
2008—2009	370	0	766	1 136
2009—2010	541	130	969	1 640
2010—2011	672	447	991	2 110
2011—2012	942	743	994	2 679
2012—2013	1 039	1 327	1 152	3 518
2013—2014	1 274	1 428	997	3 699
2014—2015	1 261	1 522	943	3 726
2015—2016	1 502	1 652	984	4 138
2016—2017	1 328	1 907	1 003	4 238
2017—2018	1 714	1 723	739	4 166
2018—2019	2 066	1 464	714	4 244
2019—2020	2 191	1 744	727	4 662
2020—2021	2 099	2 090	880	5 069
2021—2022	—	1 102	342	1 444
总计	16 999	17 279	12 191	46 469

　　截至 2020 年 12 月，中国教育部批准的中意合作办学项目共 24 项。另据不完全统计，两国大学间签署的双学位项目等校际交流项目有 200 多项。自 2020 年以来，新冠肺炎疫情给两国的学生、教师等人员往来以及合作办

---

[1] 资料来源于意大利教育中心协会。

学造成了一定影响。但总体上看，双方高校本着积极态度，努力克服疫情的负面影响。大学间交流合作并未中断，在此期间大学互动仍然频繁。一些大学采用"云签约"方式达成多项合作协议。中意合作办学项目中无法来华授课的意方教授，认真完成远程授课。因疫情回国和暂时无法返回意大利的中国学生基本上都坚持远程上课。一些大学以视频会议的形式召开多个学术研讨会。

意大利教育部门始终高度重视高等教育国际化和与中国的交流与合作，如期公布了国际学生赴意留学以及马可·波罗计划和图兰朵计划的招生简章，并向非国际学生和中国学生开放签证申请。2020 年度预注册意大利综合性大学和高等艺术院校的中国学生数量没有因为新冠肺炎疫情而出现大幅度的减少。赴意大利留学的中国学生的预注册数量仍然接近 3 500 人（由于疫情的原因，大部分学生目前在国内接受远程授课和语言培训），大部分学生已获得签证。

2020 年 6 月，中国教育部等八部委印发了《关于加快和扩大新时代教育对外开放的意见》，出台了对于今后教育国际交流与合作具体指导意见，充分显示了中国进一步扩大教育领域对外开放和加强教育国际合作的决心。2020 年 12 月 26 日，两国政府以视频会议形式召开了"中意政府委员会第十次联席会议"，并发表了《中意政府委员会第十次联席会议共同文件》，谈到教育领域的交流与合作，共同文件指出：双方一致认为有必要深化在教育和高等教育领域的合作，愿继续扩大留学生、教师和研究人员交流规模，加强科研项目合作；双方强调推广语言和文化的重要性，鼓励两国有条件的中学及高校开设对方国家语言课程。双方同意将加强意大利语在中国的传播和教学，以期未来探讨意大利语在中国的考试。可以说，虽然有新冠肺炎疫情等不确定因素的影响，但中意双边教育交流与合作仍然保持着良好的发展势头。

二、合作模式与内容

（一）自费留学就读学位课程

中国学生自费赴意就读本科与硕士研究生层次课程是两国教育合作的主要内容之一，赴意留学生中自费留学生占比最大，约占总人数的 90%。其中马可·波罗计划和图兰朵计划是中国学生赴意大利自费留学的主要渠道。意大利来华学生中就读学位课程的学生仍然很少，主要以非学历生为主。据有关部门的统计，2019 年意大利的来华留学生人数约 6 000 人。

（二）校际交流项目

大学校际交流是目前最为普遍和较为灵活的双边交流方式之一，其中大部分是非学历生。据不完全统计，两国间高校签署的校际合作项目达 200 多个，主要合作内容包括双方学生的短期交流、互派访问学者、双学位硕士课程、部分学分互认等。一些项目已经持续多年，且收到了较好的效果。

（三）中意合作办学项目

中外合作办学是近年来中国政府提倡和鼓励的一种提升高等教育国际化水平、充分利用国外优质教育资源的创新方式。中意大学间的合作办学项目近两年呈增加趋势，特别是在设计、时尚和音乐教育方面，中国大学表现出较为强烈的合作意愿和办学积极性（见表 12.2）。

表12.2 中意合作办学项目一览 [1]

地区	名称
北京	北京化工大学与意大利热那亚大学合作举办工业设计专业本科教育项目。
上海	同济大学与意大利米兰理工大学、意大利都灵理工大学合作举办电子信息工程专业本科教育项目； 同济大学与意大利米兰理工大学、意大利都灵理工大学合作举办机械设计制造及其自动化专业本科教育项目； 同济大学与意大利博洛尼亚大学合作举办自动化专业本科教育项目。
重庆	四川美术学院与意大利米兰新美术学院合作举办环境设计专业本科教育项目。
江苏	南京艺术学院与意大利博罗尼亚大学合作举办文化遗产保护与修复专业硕士研究生教育项目； 南通大学与意大利锡耶纳 R. 弗朗齐音乐学院合作举办音乐表演专业本科教育项目。
浙江	浙江海洋大学比萨海洋研究生学院合作项目； 浙江海洋大学与意大利比萨大学合作举办海洋生物学专业硕士研究生教育项目（已并入浙江海洋大学比萨大学海洋研究生学院）。
广东	华南理工大学与意大利都灵理工大学合作举办建筑学专业（城市设计方向）硕士学位教育项目。
福建	福州大学与意大利罗马第三大学、意大利巴里理工大学合作举办土木工程博士研究生教育项目； 福建师范大学与意大利卡塔尼亚大学合作举办体育教育专业本科教育项目； 福建师范大学与意大利那不勒斯美术学院合作举办美术专业硕士研究生教育项目。
山东	鲁东大学与意大利那不勒斯帕萨诺普大学合作举办社会体育指导与管理专业本科教育项目； 烟台大学与意大利诺瓦拉 ACME 美术学院合作举办环境设计专业本科教育项目。
河北	河北美术学院与意大利米兰 ACME 美术学院合作举办服装与服饰设计专业本科教育项目。

[1] 资料来源于中国教育部官网。

续表

地区	名称
河南	新乡医学院与意大利都灵大学合作举办医学影像技术专业本科教育项目； 河南中医药大学与意大利锡耶纳大学合作举办护理学专业本科教育项目； 郑州轻工业大学与意大利卡梅里诺大学合作举办食品科学与工程专业本科教育项目； 河南中医药大学与意大利基耶地–佩斯卡拉大学合作举办医学影像技术专业本科教育项目。
湖北	中南财经政法大学与意大利罗马智慧大学合作举办欧洲学、比较法与欧洲法硕士学位教育项目。
陕西	西安交通大学与意大利米兰理工大学合作举办建筑学专业（古迹与遗址保护方向）硕士学位教育项目。
吉林	吉林农业大学与意大利卡麦利诺大学合作举办生物技术专业本科教育项目。
云南	云南艺术学院与意大利欧洲设计学院合作举办环境设计专业本科教育项目。

（四）"一带一路"框架下的中意教育合作

意大利是唯一与中国签署共同推进"一带一路"建设谅解备忘录的七国集团（G7）国家。近年来，双方高校在"一带一路"框架下积极探索合作项目。由中方高校发起成立的"大学联盟"等多边平台的倡议也得到了意大利大学的积极响应。在"一带一路"框架下开展合作无疑对推动两国的高等教育国际化、提升竞争力和扩大双边及与"一带一路"沿线国家的高校多边交流与合作具有重要意义。

1."丝绸之路"大学联盟

"丝绸之路"大学联盟由西安交通大学发起，成立于 2015 年，是中外大学结成的非政府、非营利性的开放性、国际化高等教育合作平台。联盟弘扬"和平合作、开放包容、互学互鉴、互利共赢"的丝绸之路精神，旨在推动高等教育开放合作、倡导多元文化交流互鉴，并加强不同国家和地区大学之间在校际交流、人才培养、科研合作、文化沟通、政策研究等方面的交流合作。迄今为止，有 38 个国家和地区的 151 所高校加入。意大利米兰理工大学、都灵大学、帕维亚大学加入了该联盟。

2．"丝绸之路"农业教育科技创新联盟

该联盟是西北农林科技大学发起成立的"丝绸之路"沿线国家和地区涉农高校、科研机构及企业自愿加入的非政府、非营利的开放性、国际化的多边合作平台。联盟以弘扬"和平合作、开放包容、互学互鉴、互利共赢"的丝绸之路精神为宗旨，致力于推动成员在人才培养、科学研究、技术推广、人文交流、政策研究等方面的密切合作，通过搭建合作平台、创新合作机制、加强资源共享，共同促进沿线国家与地区农业教育科技的进步与发展。意大利泰拉莫大学、米兰圣心天主教大学已加入该联盟。

3．两国高校共同参与"一带一路"项目

"一带一路"也为意大利高校与沿线国家开展交流与合作提供了机遇。例如，都灵理工大学利用其在工程、城市规划、能源等方面优势与中国的大学和研究机构合作，共同积极参与"一带一路"项目，在中国和乌兹别克斯坦合作的中乌工业园区落户，深度参与汽车、航空航天、城市规划、石油和天然气等领域的工程技术有关项目。

4．其他合作平台

世界人文社会科学高校联盟是由中国人民大学与意大利路易斯大学共同发起成立的以人文社会科学为主要领域的大学联盟，旨在推动全球以人文、社会科学为优势的大学间在人才培养、科学研究、学术创新、政策制定、文化传播等领域交流合作，积极参与全球治理，提升政策影响力，成为全球人文社会科学高等教育的领跑者。联盟致力于整合全球优质人文社科资源，塑造更公平公正的学科评价体系，提升人文社科高校的全球知名度与影响力。意大利欧洲学院也是联盟成员之一。

（五）科研合作

意大利大学是国家科学研究的中坚力量，科学研究也是大学的主要职能之一，大学还设有科研专职岗位。意大利在一些领域的科研具有优势，在世界上也具有一定的学术地位。近二十年来中意两国大学的科研合作不断得到深化与加强，合作渠道多样化。两国大学间科研合作项目提升了两国的科研能力，培养了一批优秀人才，在国际知名期刊上发表了一批优质论文。

1．联合培养博士

近年来赴意攻读博士学位的中国学生人数逐年增加。意大利大学很多专业的博士课程，如工程、医学、航空航天技术、人工智能与计算机、建筑与设计、文化遗产科学与技术、跨文化交流等专业都可以采用英语进行论文答辩，一些学科的学术影响力较高。因此，赴意就读博士研究生课程也受到中国学生的青睐。另外，米兰理工大学、都灵理工大学、比萨大学、博洛尼亚大学、帕多瓦大学与中国国家留学基金委签署合作协议，经过双方选拔的中国高校的优秀学生可获国家留学基金委资助并赴意攻读博士学位。

2．中意高校科研合作

中国国家自然科学基金委与意大利外交与国际合作部签署科技合作谅解备忘录，双方共同资助中意研究人员之间的合作项目。该项目由中意双方共同确定特定的研究领域。2017 年双方确定对量子技术与暗物质、二维材料与石墨烯、城市循环经济和个性化医疗、基因组学和慢性病等合作研究进行资助。在获得资助的 10 个项目中有 7 个项目的承担和依托单位是中意两国大学。

此外，中意两国政府为"中国与意大利双边政府间科技合作项目"共同进行资助（2016—2019 年项目的总投入为 250 万欧元）。有意获得资助的双方高校可以共同申请。

3．产学研基地和联合实验室建设

中意高校充分发挥各自优势，聚焦产业需求，创新人才培养模式，积极探索产学研基地和联合实验室建设。为进一步深化中意创新合作，助力两国设计创新产业发展，清华大学与米兰理工大学在意大利合作建设"中意设计创新基地"。在联合实验室建设方面，华南理工大学与都灵理工大学共建"华南都灵联合实验室"，在建筑及汽车工程领域密切合作。华南师范大学与米兰比可卡大学共建"华南师范大学–米兰比可卡大学量子结构光催化国际联合实验室"，致力于发展成为新型量子纳米结构光催化材料与器件领域具有科研成果转化能力的国际创新平台。

企业与意大利大学合作也是近年来的发展趋势，由帕多瓦大学、特伦托大学、威尼斯大学等组成的意大利创新技术联盟近期与广州通骏环境技术股份公司在可再生能源以及智能环保领域开展合作。中国企业与意大利大学在意建立联合实验室也是合作方式之一，例如，华为与米兰理工大学、帕维亚等意大利大学的联合实验室开展 5G/6G 方面的合作研究，并提供奖学金，为意大利优秀研发人才的培养创造条件。

第三节 案例与思考

一、合作办学项目

2006 年 2 月，中意两国教育部签署实施"中意高校合作项目"协议。在该协议框架下，意大利米兰理工大学、都灵理工大学与同济大学分别达成了联合开设工程学科学位课程和开展科研合作的协议，确定了具体合作内容，这是第一个以培养工程类国际化人才为目标的中意教育合作项目（中意学院项目）。意企业为该项目合作提供经费支持。该项目于2006 年 9 月正式开始招生。

根据两国教育部门的协议内容，中意学院项目的实施旨在共同促进中意两国高等教育的发展，培养熟悉两国文化的工程类人才，共同促进科研和两国企业间的合作。项目的具体合作模式为：同济大学与意大利米兰和都灵理工大学首先启动了机械与生产工程和信息与通信技术专业本科合作办学课程，具体模式见表 12.3 和表 12.4。

表 12.3 中意学院项目学生培养模式（同济大学）

学年	地点	授课语言 /语言培训	授课教师	专业课程方案	授予学位
第一学年	同济大学	英语 /意大利语	同济大学	双方拟定	
第二学年	同济大学	英语 /意大利语	中意双方	双方拟定	
第三学年	同济大学	英语 /意大利语	中意双方	双方拟定	
第四学年	米兰 / 都灵理工大学	英语 / 意大利语	米兰 /都灵理工大学	规定课程 +毕业设计	同济大学和米兰 / 都灵理工大学学士学位

表 12.4 中意学院项目学生培养模式（米兰 / 都灵理工大学）

学年	地点	授课语言 /语言培训	授课教师	课程方案	授予学位
第一学年	米兰 / 都灵理工大学	英语	米兰 /都灵理工大学	意方拟定	
第二学年	同济大学	英语 / 中文	中意双方	双方拟定	
第三学年	米兰 / 都灵理工大学	英语	米兰 /都灵理工大学	修满 180 学分 +毕业设计	米兰 / 都灵理工大学学士学位
第四学年（六个月）	同济大学	英语 / 中文	同济大学	参与研究项目	同济大学学士学位

在总结本科层次项目的成功经验基础上，2011年中意两国又开始启动硕士层次培养项目。同济大学与米兰理工大学硕士项目有以下两类。（1）双类别硕士学位课程，专业为管理工程，意大利学生可获得米兰理工大学的工程类硕士学位和同济大学的经济管理学硕士学位，需要在对方学校学习至少一年。要获得两个学校的学位，还必须增加6个月的学习时间。（2）双学位硕士课程，包括产品与服务体系设计、室内设计、建筑学、城市规划、机械工程专业硕士课程，学生需要在对方学校学习至少一年，而要获得两个学校的学位，还须增加6个月的学习时间并在两个学校进行毕业论文答辩。同济大学和都灵理工大学硕士项目为双学位硕士课程，主要包括生态设计和土木工程。其合作模式与同济大学、米兰理工大学相同。

二、经验与思考

中意学院项目自2006年实施至今已有十几个年头。据统计，已经有1 000多名中意学生受益，是迄今两国教育交流与合作具有可持续性发展的成功案例。

中意学院项目是由两国政府部门牵头，大学积极响应，意大利企业投入专项资金支持的项目，也可以说是探索两国高校交流合作模式的初创和示范项目。项目从一开始就定位为两国高水平大学之间的合作，起点较高。同济大学、米兰理工和都灵理工大学都是世界著名的理工类大学，以培养工程和设计类专业人才见长，三所高校的国际化程度都很高。中意学院项目充分发挥各自的优势，可谓"强强联合"。合作培养模式规划缜密、可实施性强。培养模式的制定过程中充分考虑了两国高等教育体系的差异和文化差异，在充分研究对方专业培养模式和方案的基础上，制定适合双方学生的培养方案。高生源质量确保项目的可持续发展。参与项目学生都是双方学校正式录取的学生，参加该项目还需要进行单独选拔。被选学生基础知识扎实、学习成绩优异，英语表达能力较强，这些都为项目的顺利实施奠定了良好的基础。另外，中意学院项目的双向特征明显，也有较多的意大利学生参加。在本科阶段项目中，意大利选派米兰理工和都灵理工大学教师在同济大学授课，中意双方的教师充分互动，对彼此了解教学方法和学科前沿信息等也起到了互相促进和提高的作用。双方参加项目的学生可以共享特定专业领域的优质教育资源。虽然是全英文授课，但项目还安排了中文和意大利语课程，使得参加项目的学生在学习专业的同时，也可以了解对方文化和适应留学生活。中意学院项目的经验可为今后中意合作办学项目的规划、实施、管理与评估提供有益的参考。

中意两国的教育交流与合作在各自国家的建设中发挥了积极作用，推动了两国教育国际化，提高了人才培养质量，提升了科技创新能力，拓展了国际学术交流渠道，为两国在其他领域的合作发展奠定了良好的基础。教育领域的交流与合作是促进两国相互深入了解的重要知识基础，也是两国经济关系持续发展的人才基础。随着两国在经贸、科技和人文科学领域合作关系的不断拓展，两国在教育领域的交流将会步入快速发展期和质量提升期，在高水平高层次人才培养、基础教育、大学科研、共建大学产业园的合作将进一步得到提升与深化。

在未来，将有更多的中国学生选择意大利为留学目的国，在留学生数量持续稳定增长的同时，生源质量将会进一步提高，中国学生选择的专业将进一步多元化。随着中国在国际教育领域的实力不断提升，中国高校在工程技术、智能制造、通信技术、人工智能、信息、生物和能源技术等领域的教学与研究实力不断增强，将有更多的意大利学生来华在中国高水平大学接受本科和研究生学历教育。中意两国在职业教育领域的合作将得到更大幅度的拓展，在基础教育领域的合作交流也将有实质性的进展。

结　语

　　从前文分析研究可以看出，意大利教育呈现出较好的连贯性和较强的自主性。学前阶段开始培养儿童的身份认同和公民意识，并将这一目标贯穿教育始终；学前教育与基础教育、高等教育之间衔接紧密，管理统一；重视职业教育，职业教育与高等教育衔接良好；重视外语能力培养，注重历史知识与艺术情操培养；国际交流资源丰富，重视国际教育市场拓展。在教育政策制定方面，意大利能够借鉴他国经验，充分利用资源，紧跟欧盟步伐，融合本国创新。但在具体实施层面，虽有较为系统的教师培训体系和较为明确的培训目标，意大利各阶段教师普遍存在多媒体运用技术欠佳和外语水平不高的情况，直接影响了教学效果。同时，意大利存在数字化发展程度较低、教育投资不足、教学设施相对落后、南北方教育水平差距较大、教育监督机制作用较低、辍学率较高、大学毕业生就业率低等实际问题。自主灵活的高等教育和职业教育的管理模式，虽在一定程度上发挥了学生的主观能动性，但从实际教学效果来看，学生的习得水平与培养目标之间仍有较大差距。

　　随着科学技术的发展，意大利学校教育的活动设计、教学方式以及教学工具均发生极大程度的改变，教学软件推陈出新，以适应信息时代的变化和要求。与此同时，意大利教育系统积极加强校企合作，结合企业需求培养学生。意大利对国家教育智能化，尤其是语言教育智能化建设较为重视，对语言资源保护方面的探索可以追溯到20世纪50年代，并在自然语言处理研究、信息检索、机器翻译、语料库建设和语言资源保护等领域颇有建树。尤其是自然语言处理领域，意大利形成了政府机构、大学、研究协会、基金会协同合作、民间企业奋力发展的局面。

初看上去，意大利的教育体系相对完整，政府对国家教育规划和管理上下联通，有覆盖全国的机构体系，横向机构之间也有相应的联动与合作，整个行政体系有相应部门监管和评估运行效果。但就具体工作落实和内部分工来看，意大利的教育行政体系中各部门之间联系松散，行政架构较空，缺乏负责各项具体工作的专门机构，工作任务落实效果不佳。

但意大利的教育行政体系主体有多元性特征，除政府行政部门外，意大利的教育管理多依赖社会主体实现，其中包括社会组织、学术研究团体、学校、媒体。行政主体通过与社会主体的交互组成网络，相互提供支持。这一体系的优点在于灵活程度较高，但相互制约不足。总体而言，意大利的教育行政机构体系呈现出相对分散与自发的特点，非政府的语言文化研究传播机构自发地为政府分担了社会责任，政府和社会组织的互动合作较频繁。

从国际范围来看，能否贯彻落实欧盟的教育政策，是欧盟对其准成员国及成员国进行监督和评估的一项重要标准。意大利作为欧盟的成员国之一，在欧盟发挥自身优势展现本国实力的同时，一直紧随欧盟步伐，落实欧盟教育政策，制定本国法律法规和相关规定。

国际教育交流能力是一种涉外能力，是加强本国与各国交往，向世界传达本国诉求，并构建本国国际形象的重要依仗。从中意两国教育交流情况来看，中意两国可从以下几个方面加强教育交流与合作。（1）中意两国的高等教育体系虽然不同，但存在较强的互补优势，双方应本着互惠互利、互学互鉴的原则，充分体现优势互补。因此，在规划中意教育交流与合作项目时要充分考虑双方优质资源的共享。例如，在艺术与文化产业领域鼓励两国高校间的高水平和实质性合作。在办学理念、培养模式、课程设置、教学方法等方面加强交流，充分借鉴意大利高校的一些成功经验。（2）要本着提高合作质量和提升水平的原则，促进高水平高校的交流与合作。意大利的一些高校办学历史悠久，一些学科在教学和科研上具有明显的国别优势，如文化遗产科学、文物修复等专业。他们积累的教学方法、培养模式等都值得中国高校学习借鉴。通过多种合作方式采取"走出去"和"引进来"的办法借鉴和吸收优质教育资源。虽然中意两国的合作办学项目逐渐增多，但真正触及意大利优势专业/学科的项目还不多，同时，高水平大学之间的合作办学项目还不够丰富，因此，应继续加大力度，鼓励和支持两国高水平大学的合作办学项目。（3）重视语言教学与培训是中意教育交流与合作的重要保障。语言教学是高等教育国际化和跨文化交流的重要组成部分，对对方语言和英语的掌握程度是赴意中国学生和来华意大利学生顺利完成学业和适应对方环境的重要保障。语言教学、培训、水平测试和资格认定应该受到足够的重视。在中国，意大利语教学与培训"前移"可作为提高自费留学生赴意大利生源质量和学习能力的有效途径。这也与近期中意两国政府关于教育合作的总体方向与政策相契合。另外，有条件的中国高校应该鼓励高水平大学的一些优势专业设立全英文授课专业，如此可吸引更多的优秀的意大利学生来华就读本科和研究生学位课程。（4）加强中意两国高校在"一带一路"框架下的教育交流与合作。共建"一带一路"，为推动区域教育大开放、大交流、大融合提供了大契机。"一带一路"沿线国家教育加强合作、共同行动，既是共建"一带一路"的重要组成部分，又为共建"一带一路"提供人才支撑。中意两国高等院校已经在"一带一路"框架下开展了合作，一些具体合作项目还在稳步推进。应鼓励两国高校充分发挥各自优势，形成合力共同参与"一带一路"沿线国家的有关人才培养、科学研究和产学研项目。双方应积极倡导和鼓励双方更多的高校加入已有的"一带一路"教育交流与合作平台。（5）鼓励有实力的中国企业参与中意高等教育合作。中意两国的经济贸易合作正在逐步扩展与加强，在意大利投资的中资企业数量也逐年增加。因此，应鼓励和支持有实力的中资企业参与中意两国高等教育的合作，以扩展企业人才的培养渠道和空间。在意大利的中资企业可为中意合作项目的学生提供实习岗位。另外，中国企业可以参与意大利专门针对企业研发高水平人才培养的"产业博士培养计划"有关项目。

我国对意大利的教育研究刚刚起步，在理论和实践层面都有很多工作要做。2016 年 5 月 17 日，习近平主席在主持召开哲学社会科学工作座谈会时指出："要按照立足中国、借鉴国外、挖掘历史、把握当代，关怀人类、面向未来的思路，着力构建中国特色哲学社会科学，在指导思想、学科体系、学术体系、话语体系等方面充分体现中国特色、中国风格、中国气派。"[1] 根据这一精神，我们一方面要把握中国国情、立足中国实践，另一方面要研究和借鉴其他国家教育建设经验，为中华民族伟大复兴的中国梦的实现积极建言献策。中意友谊源远流长，历久弥新。历史上，中华文明和古罗马文明交相辉映，未来我们将继续互相汲取智慧和营养。

---

[1] 新华网. 习近平主持召开哲学社会科学工作座谈会 [EB/OL].（2016-05）[2021-08-30]. http://www.xinhuanet.com/politics/2016/05/17/c_1118882832.htm.

参考文献

一、中文文献

本书编写组. 习近平总书记教育重要论述讲义 [M]. 北京：高等教育出版社，2020.

陈逢华，靳乔. 阿尔巴尼亚文化教育研究 [M]. 北京：外语教学与研究出版社，2021.

冯增俊，陈时见，项贤明. 当代比较教育学 [M]. 2 版. 北京：人民教育出版社，2015.

顾明远. 顾明远教育演讲录 [M]. 北京：人民教育出版社，2014.

国家信息中心"一带一路"大数据中心. "一带一路"大数据报告（2017）[M]. 北京：商务印书馆，2017.

贺国庆，朱文富，等. 外国职业教育通史 [M]. 北京：人民教育出版社，2014.

黄雅婷. 塔吉克斯坦文化教育研究 [M]. 北京：外语教学与研究出版社，2021.

教育部课题组. 深入学习习近平关于教育的重要论述 [M]. 北京：人民出版社，2019.

李洪峰，崔璨. 塞内加尔文化教育研究 [M]. 北京：外语教学与研究出版社，2021.

刘辰，孟炳君．阿联酋文化教育研究 [M]．北京：外语教学与研究出版社，2021．

刘迪南，黄莹．蒙古国文化教育研究 [M]．北京：外语教学与研究出版社，2021．

刘捷．专业化：挑战 21 世纪的教师 [M]．北京：教育科学出版社，2002．

刘捷．教育的追问与求索 [M]．北京：人民出版社，2021．

刘进，张志强，孔繁盛．"一带一路"高等教育研究（2019）：国际化展望 [M]．北京：北京理工大学出版社，2020．

刘生全．教育成层研究 [M]．北京：教育科学出版社，2011．

刘欣路，董琦．约旦文化教育研究 [M]．北京：外语教学与研究出版社，2021．

卢晓中．比较教育学 [M]．北京：人民教育出版社，2020．

陆有铨．教育的哲思与审视 [M]．北京：人民教育出版社，2016．

欧洲理事会文化合作教育委员会．欧洲语言共同参考框架：学习、教学、评估 [M]．刘骏、傅荣，主译．北京：外语教学与研究出版社，2008。

秦惠民，王名扬．高等教育与家庭流动 [M]．北京：科学出版社，2019．

秦惠民．教育法治与大学治理 [M]．北京：人民出版社，2021．

任钟印．东西方教育的覃思 [M]．北京：人民教育出版社，2017．

沈萼梅．意大利文学 [M]．北京：外语教学与研究出版社，1999．

石筠弢．学前教育课程论 [M]．2 版．北京：北京师范大学出版社，2014．

孙彦红．意大利发展报告（2019—2020）[M]．北京：社会科学文献出版社，2020．

孙有中．跨文化研究论丛 [M]．北京：外语教学与研究出版社，2019．

滕大春．教育史研究与教育规律探索 [M]．北京：人民教育出版社，2019．

万作芳．谁是好学生：关于学校评优标准的社会学研究 [M]．长春：吉林人民出版社，2006．

王承绪，顾明远．比较教育 [M]．5 版．北京：人民教育出版社，2015．

王定华，秦惠民. 北外教育评论：第 2 辑 [M]. 北京：外语教学与研究出版社，2021.

王定华，杨丹. 人类命运的回响——中国共产党外语教育 100 年 [M]. 北京：外语教学与研究出版社，2021.

王定华. 教育路上行与思 [M]. 北京：人民出版社，2020.

王定华. 美国高等教育：观察与研究 [M]. 2 版. 北京：人民教育出版社，2021.

王定华. 美国基础教育：观察与研究 [M]. 2 版. 北京：人民教育出版社，2021.

王定华. 新时代高品质学校建设方略 [M]. 长春：东北师范大学出版社，2019.

王定华. 中国教师教育：观察与研究 [M]. 北京：人民教育出版社，2020.

王定华. 中国基础教育：观察与研究 [M]. 北京：人民教育出版社，2021.

王吉会，车迪. 刚果（布）文化教育研究 [M]. 北京：外语教学与研究出版社，2021.

王晶，刘冰洁. 摩洛哥文化教育研究 [M]. 北京：外语教学与研究出版社，2021.

王名扬. 美国公立研究型大学内部质量改进的实证研究 [M]. 北京：中国社会科学出版社，2020.

王军，王苏娜. 意大利文化简史 [M]. 北京：外语教学与研究出版社，2010.

文秋芳，杨佳. 新中国国家语言能力研究 [M]. 北京：外语教学与研究出版社，2021.

文秋芳，张天伟. 国家语言能力理论体系构建研究 [M]. 北京：北京大学出版社，2018.

吴式颖，李明德. 外国教育史教程 [M]. 3 版. 北京：人民教育出版社，2015.

习近平. 论坚持推动构建人类命运共同体 [M]. 北京：中央文献出版社，2018.

习近平. 习近平谈"一带一路" [M]. 北京：中央文献出版社，2018.

谢维和. 我的教育觉悟 [M]. 北京：人民教育出版社，2016.

徐辉. 国际教育初探——比较教育的新进展 [M]. 2 版. 成都：四川教育出版社，2005.

杨汉清. 比较教育学 [M]. 3 版. 北京：人民教育出版社，2015.

杨鲁新，王乐凡. 北马其顿文化教育研究 [M]. 北京：外语教学与研究出版社，2021.

苑大勇. 国际高等教育协同创新与人才培养比较研究 [M]. 北京：知识产权出版社，2020.

张方方，李丛. 安哥拉文化教育研究 [M]. 北京：外语教学与研究出版社，2021.

郑通涛，方环海，陈荣岚. "一带一路"视角下的教育发展研究 [M]. 广州：世界图书出版广东有限公司，2017.

朱睿智，杨傲然. 莫桑比克文化教育研究 [M]. 北京：外语教学与研究出版社，2021.

二、外文文献

ALFIERI G, CASSOLA A. La "lingua d'Italia": usi pubblici e istituzionali. Atti del XXIX congresso della società di linguistica italiana[M]. Roma: Bulzoni, 1998.

BARBUTO E, MARINAI G. Avvertenze generali per tutte le classi di concorso[M]. Napoli: EdiSES, 2020.

BERTONELLI E, RODANO G. (a cura) Il laboratorio della riforma: verso i nuovi curricoli[M]. Firenze: Le Monnier, 2000.

BONOMI I, MASINI A, MORGANA S. (a cura) La lingua italiana e i mass media[M]. Roma: Carocci, 2003.

BOTTAI G. La carta della scuola. Milano: Mondadori, 1939.

CAMPBELL G. The Oxford dictionary of the Renaissance[M]. Oxford: Oxford University Press, 2003.

COONAN C M, BIER A. La didattica delle lingue nel nuovo millennio: le sfide dell'internazionalizzazione[M]. Venezia: Edizioni Ca'Foscari, 2018.

COPPER R L. Language planning and social change[M]. New York: Cambridge University Press, 1989.

DALOISO M, BALBONI P E. La formazione linguistica nell'università[M]. Venezia: Edizioni Ca'Foscari, 2012.

DANIEL M, ELISABETTA C. Educazione e giovani[M]. London: UCL Press, 2016.

DANIEL M, ELISABETTA C. Lavoro e commercio[M]. London: UCL Press, 2016.

DANIEL M, ELISABETTA C. I risultati della nostra indagine[M]. London: UCL Press, 2016.

DE ARCANGELIS A. The cosmopolitan morphology of the national discourse: Italy as a European centre of intellectual modernity[M]. London: UCL Press, 2019.

DELL'AQUILA V, IANNACCARO G. La pianificazione linguistica: lingue, società e istituzioni[M]. Roma: Carocci editore, 2004.

DELLA VALLE V. La lessicografia italiana, in Storia della lingua italiana[M]. Torino: Einaudi, 1993.

DE MAURO T. Grande dizionario italiano dell'uso[M]. Torino: UTET, 1999.

FRANCESCO M. Nuove e permanenti questioni sull'insegnamento del progetto la Scuola di Milano[M]. Macerata: Quodlibet, 2018.

LUBELLO S. Lessicografia italiana e variazione diamesica: prime ricognizioni, in prospettive nello studio del lessico italiano[M]. Firenze: Firenze University Press, 2008.

MIGLIORINI B. Storia della lingua italiana[M]. Milano: Bompiani, 2019.

MARAZZINI C. International journal of lexicography[M]. Oxford: Oxford University Press, 2004.

PIZZOLI L. La politica linguistica in Italia: dall'unificazione nazionale al dibattito sull'internazionalizzazione[M]. Roma: Carocci Editore, 2008.

ROBIGLIO M. Le Scuole di Architettura italiane in un contesto globale[M]. Macerata: Quodlibet, 2018.

SABATINI F, COLETTI V. Dizionario della lingua italiana[M]. Milano: Rizzoli Larousse, 2007.

SERIANNI L, ANTONELLI G. Manuale di linguistica italiana. Storia, attualità, grammatica[M]. Milano: Bruno Mondadori, 2011.

TAVIAN L. La legislazione linguistica in Italia da un punto di vista storico[M]. Venezia: Università Ca' Foscari Venezia, 2013.